KB097294

대구경북의
사회학

대구경북의
사회학

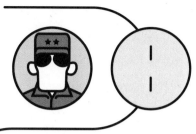

**대구경북 사람들의
마음의 습속 탐구**

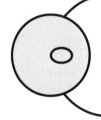

최종희 지음

오월의봄

차례

1부   대구경북 사람들의 자아

2부   대구경북 사람들의 언어

3부   **대구경북 사람들의 삶의 지향**

01
욕받이

대구말, 서울말

"인자부터 대구말 쓰지 마래이."

"그기 말이다. 서울말 억지로 쓴다고 대구 사람 티 안 나나?"

"아이다. 서울말은 끝만 올리면 된다 안 카더나."

"여 사람들 대구 사람들 보면 억수로 미울 끼라."

"사람들이 전부 우리만 쳐다보는 것 같제?"

서울역에 도착하자마자 친구가 소곤대며 꺼낸 첫마디는 대구말 사용 금지령이었다. 2016년 11월, '박근혜-최순실 게이트'로 전국이 떠들썩할 무렵에 친구들과 서울 나들이를 했다. 시국이 시국인지라 청와대 관람을 해야 할지 말아야 할지 고민했다. 결국, 몇 개월 전에 예약해놓은 상태라 어쩔 수 없이 KTX에 몸을 실었다. 새벽에 상경한 우리는 서울역 광장에서부터 왠지 모를 경계태세를 갖추었다. 택시를 타고 목적지인 청와대로 가는 도중에 룸미러를 통해 바라보던 택시기사와 눈이 마주쳤다. 우리의 말투가 대구경북 억양이라 관심을 가졌던 모양이다.

"대구경북 사람들 지금 괜찮아요?"

택시기사의 질문에 서로 눈을 마주보며 껌뻑거리다가 대답할 기회를 놓쳐버렸다. 대한민국 국가 문제를 대구경북과 연관시키는 데 주저함이 없다는 사실에 새삼 놀랐다. 그 순간 대구경북의 한 사람으로서 부끄러움이 밀려왔다. 청와대에 도착했다. 원래 근엄한 장소라는 걸 알고 있었지만, 유별나게 을씨년스러운 공기가 온몸으로 전해졌다. 줄을 서서 기다리며 친구들과 이야기를 나누는데, 뒤에 있던 나이 지긋한 아주머니가 다가와 나지막이 속삭였다.

"대구말 쓰지 마이소. 그라고 박근혜 불쌍하다고 카면 여 사람들 싫어합니데이."

조금 전 "남편도 없고 자식도 없는데 이래 돼뿌가 불쌍해서 우야노!"라고 했던 친구의 말이 아주머니를 걱정시켰던 모양이다. 그도 대구경북 지역의 구성원으로 우리 일행을 동류집단으로 인식해서 당부하는 것 같았다. 대구말을 쓰는 데 위기의식을 느낀 우리는 가급적 말을 아꼈다. 점심을 먹은 후, 우리는 서울 남산타워에 올랐다. 중국 사람이 대부분이었다. 친구가 소리를 질렀다.

"휴-, 인자부터 마음대로 말 좀 하자!!!"

공공의 적

"어떻게 하나도 안 변했지? 똑같네, 똑같아!"

캐나다로 이주해 20여 년 동안 살다가 귀국한 지인이 대 뜸 대구경북을 향해 분노를 터트렸다. 우리 지역의 중·장년층 들이 깨어나야 악순환의 고리를 끊을 수 있다며 심하게 다그 쳤다.

"대구경북 50대 이상 사람들이 다 책임져야 돼."

생활수준은 향상되었는데 여전히 예전 그대로인 습속에 혀를 내두르며 '박근혜 탄핵'에 대한 책임론을 제기했다. 인터 넷 게시판에 올라온 글들에서도 대구경북을 향한 욕설이 난 무했다. 2018년 6월 13일 제7회 지방선거를 끝내고 소설가 이 외수 씨가 '정치적 무인도'라는 발언을 해서 대구경북이 또다 시 소용돌이에 휩싸였다. 게시판에 댓글이 쓰나미로 밀려오 면서 대구경북을 강타했다.

소설가 이외수 씨가 최근 자신의 SNS(사회관계망서비스)에 6·13 지방선거 결과에 대한 소신을 밝히면서 대구·경북을 무 시하는 듯한 발언을 해 온라인상에서 논란이 일고 있다. 이 씨는 지난 14일 밤 10시 27분 페이스북에 "북한도 변했는데 여긴 아직 안 변했네요. 정치적 무인도 같다는 생각을 합니다'라는 글과 함께 1장의 사진을 올렸다. 사진은 대구·경북엔 빨간색, 그 외 지역은 모두 파란색이 들어간 대한민국 지도였다. 페이스북 이용자들의 반응은 엇갈렸다. '정치적 무인도, 기막힌 표현입니다', '눈 귀 닫고 사는 동네 같아 안타깝습니다' 등 공감하는 댓글이 있는가 하면 '내부적으로 나름 많이 변한 듯합니다. 너무 나무라지 마십시오', '작가님은 5천만 명 모두 같은 생각을 해야 만족하시겠습니까?'라는 비판도 적지 않았다. ······ 15일 영남일보에는 이 씨의 글에 항의하는 전화도 잇따랐다. 한 독자는 "2002년과 2006년 호남을 제외한 모든 지역에서 보수당 후보가 광역단체장을 석권했을 때 이 씨는 과연 무슨 생각을 했을지 궁금하다"며 "비교할 데가 없어서 북한과 비교하느냐. 정치적 무인도라는 표현은 TK를 무시하는 발언"이라고 목소리를 높였다. (《영남일보》, 2018.6.16.)

네티즌 중 일부는 '정치적 무인도'라는 표현에 강력하게 반발했다. 나는 대구경북이 북한과 비교되는 걸 보고 자존심이 무척 상했다. 지역 공동체에 속해 있다는 사실만으로도 '오염된 존재'가 된 듯한 기분이 들었다. 왜 우리 지역을 '공공의 적'으로 간주하며 삿대질을 해대는 것일까? 왜 'TK 정서'를 부정적인 용어로 인식하는 것일까? 내 생활세계의 근간인 대구경북에는 타 지역과 다른 독특한 집합표상이 있는 것일까? 2018년 6월 22일 낙동강 수돗물 과불화화합물 발암물질과 관련해 대구가 또다시 구설수에 올랐다.

제목: 대구 수돗물 발암물질 검출 파문, 청와대 국민청원에 담긴 분노 ……

"이번이 처음도 아니고 이제까지 제 아기에게 발암물질로 분유를 태워 먹이고 그 물로 밥을 지어 먹이고, 씻기고, 옷을 빨아 입히고 생각만 해도 화가 치솟습니다." 22일 대구 수돗물에서 발암물질이 다량으로 검출됐다는 보도가 나오면서 이를 해결해달라는 청와대 국민청원 글 일부 내용이다. 시민들의 분노를 쉽게 알 수 있는 대목이다. (《업다운뉴스》, 2018.6.22.)

위 기사 내용에 대한 댓글을 몇 개 발췌했다.

아직 괜찮아****인과응보 아니겠는가? 자한당이 국민을 위해 일한다고 착각한 잘못이겠지, 그동안 작태를 보고도 자한당 뽑은 대구 시민의 잘못이다. 처절하게 응징당하고 정신 차렸으면 좋겠다.

bamm****대구 영감님들께 물갈이하고 정신 차리든가 그냥 그 물 먹고 죽어가든가.

kjbl****지네가 주구장창(주야장천) 그것들만 찍어서 뽑아놓고 어디서 청원 질이냐 생각은 하고들 사냐 ㅋㅋㅋ

sang****4대강 정비사업 찬성할 땐 언제고? 걍 처먹어라.

bjja****우리가 남이가 암 걸린 지역에 발암 물 좀 먹으면 어때서?

네티즌들이 대구를 향해 던지는 비난은 상상을 초월했다. 당연한 인과응보라며 비웃음을 날렸다. '발암물질 마시고 죽어라'라는 극단적인 표현이 섬뜩하기만 했다. 어떻게 이토록 무분별한 언어를 쓸 수 있단 말인가? 대구가 아닌 다른 지역에서 이런 사태가 발생해도 막무가내로 독설을 퍼부었을 것인가? 왜 우리 지역이 무지막지한 언어 총살을 당해야만 하는가? 대구경북에 속한 한 개인으로서 표현할 수 없을 정도의 씁쓰레한 감정이 밀려왔다.

이보다 앞서 내가 살고 있는 지역의 자존심을 공개적으로 짓밟은 사건이 또 하나 있었다. 《매일신문》(2010.10.16.)의 기사 내용을 살펴보면 다음과 같다. 대구시·경상북도교육청 국정감사에서 민주노동당 권영길, 민주당 김상희 의원이 '대구경북은 보수 꼴통'이라고 표현한 것이다. 이에 정치권은 발칵 뒤집혔다. 당시 한나라당 대구시당 위원장이었던 유승민 의원은 "호남에 가서는 뭐라고 얘기할 것인가?"라며 우리를 모독하는 발언이라고 강하게 반발했다. "대구경북이 대한민국의 현대화에 미친 영향력을 왜곡하는 발언을 해서는 안 된다"라며 당시 한나라당 경북도당 위원장이던 이인기도 격분했다. 한나라당 대구시당·경북도당에서는 그들이 대구경북시·도민들을 반민주적이고 반시대적인 사람들로 치부했다며 "무릎 꿇고 사죄하라"고 항의했다.

서라벌의 아랍인

"당신 할아버지와 우리 할아버지는 아주 오래전부터 친구였습니다."

아랍 지역에서 획기적인 사업을 추진하자, 여러 나라에서 입찰을 따내기 위해 뛰어들었다. 경쟁이 치열해지자 경주 고위직 관료가 브리핑을 하면서 느닷없이 던진 말이었다.

"내가 태어나고 자란 경주에 당신네 조상들이 있습니다."

뜬금없는 말에 모두가 의아해했다. 경주 고위직 관료는 신라 제38대 원성왕이 잠들어 있는 괘릉의 사진을 보여주었다. 그 사진에는 아랍인의 형상을 한 무인석이 있었다. 무인석은 죽음의 세계에서 왕을 호위하는 막중한 직무를 수행한다. 삶과 죽음의 세계를 하나로 인식했던 그 시대에 왕을 보필하는 호위무사로 아랍인을 임명했다는 역사적 사실은, 그 시대가 개방성과 다양성을 추구하는 역동적인 사고를 지향했다는 것을 짐작하게 한다. 그것이 사람들의 호기심을 유발하여 프로젝트를 성공적으로 이끌 기회를 제공하게 되었다.[1]

반만년의 역사 속에서 대구경북은 전국적으로 삿대질을 당할 만큼 속된 집단인가? 먼저 '신라'의 이름에서 그 오명을 벗겨보자. 신라는 한자어로 '新羅'로 표기되는데, 영어로 하면 'New Open'으로 해석할 수 있다. 이는 '새롭게 펼쳐 연다'는 뜻을 함유하며 세계를 향해 주체적으로 대응하려는 의지를 나타낸다.[2] 또한 조선시대에 대구경북은 불교 사상을 밀어내고, 유교 이념을 어느 지역보다 적극적으로 수용한 지역이었다.[3] 불교는 삼국시대부터 우리 민족의 정신적 지주로 자리잡은 종교였고, 그 당시 유교는 신흥 종교에 불과했다. 폐쇄적 사고를 지닌 조상들이었다면 새로운 사상을 받아들이는 데 호의적이지 않았으리라. 일제강점기에는 주권을 회복하기 위해 국채보상운동에 앞장서 항일운동을 주도적으로 펼쳐나갔다.[4] 해방 전후의 대구는 '한국의 모스크바'로 불릴 만큼 진보적인 지역이었으며,[5] 1960년 대구에서 발현된 2·28민주화운동은 4월혁명의 도화선이 되어 민주주의를 꽃피우기도 했다. 이러한 역사적 사실을 살펴보더라도 대구경북은 비판적 목적의식이 뚜렷한 지역으로 손꼽힌다.

1960년대부터는 박정희-전두환-노태우-이명박-박근혜 대통령을 탄생시킨 지역, 즉 중앙 권력의 산출지라는 자부심을 가지게 되었다. 이때부터 혁신보다는 질서와 안정에 치중하려는 보수주의적 권력 집단의 성향을 강하게 띠기 시작했다.[6] 익숙한 것을 유지하고, 변화를 거부하는 태도가 대구경북의 집합표상이 되었다.

역사적으로 긍지와 자부심을 간직한 대구경북이 왜 지금은 폐쇄적 이미지로 상징화되었을까?

03
무뚝뚝한 남자

세 마디 말.

"밥도."

"아는?"

"자자."

대구경북 남성들이 사적 영역인 가정에서 위 세 마디만 말한다는 이야기가 있다. 간단명료한 우스갯말에 내포된 의미를 보더라도 상황이 어느 정도인지 짐작할 수 있다. 무뚝뚝함과 박력이 대구경북 남성의 전형적인 이미지로 그려진다. 드라마나 영화에서 서울 출신 여자가 이러한 '남자다움'에 반해 사랑하게 된 이야기는 드물지 않다.

1980년대 후반, 20대 시절이었다.

"말 많은 남자는 딱 질색이야."

내 주위에 있는 대부분의 여성은 배우자 선택 조건에서 말수가 많은 남자를 신랑감 후보에서 탈락시켰다. 대구경북 사람들은 종종 다정다감한 언행을 표현하는 서울 지역 남성을 '간신배' 같은 인간으로 추락시킨다. "남자 같지 않다", "징그럽다", "닭살 돋는다"라는 부정적인 반응이 주를 이룬다.[7] 이렇게 말하는 근거는 없다. 단지 언행이 남자답지 못하고 친절하고 부드럽다는 것이 이유다.

언어는 과거와 현재, 미래를 구성하는 소통의 줄에 영원히 매달려 있다.[8] 마음의 습속을 알려면 생활세계에 있는 행위자의 언어를 살펴봐야 한다. 사람들은 이야기를 통해 개인의 정체성을 형성한다. 그래서 그들이 스스로 정의하는 이야기를 통해 의미의 문제를 분석하는 것이 중요하다. 마음의 습속은 서사를 통해야 접근이 가능하다. 서사하는 행위자는 어떤 목적과 의도를 가지고 특정 방식으로 이야기를 꾸려나간다. 그 이유는 "특정 방식으로 이야기된 삶이 실제의 삶에 특정 방식으로 실제 효과를 낳는다고 보기 때문"이다.[9] 어떠한 문제적 상황이 발생했을 때 그 언어를 사용해서 문제가 잘 해결되면 습속으로 남는다. 그런데 문제적 상황에 처했을 때 예전의 언어로 해결이 안 되면 새로운 이야기를 만들어낸다. 그렇다면 대구경북 사람들은 습속에 따라 행위를 하는가? 새로운 이야기를 구사하는가?

"말 많으면 빨개이라 카이."

단체 카카오톡 방에 올라온 메시지다. 요즘은 일반적으로 소모임 내의 의사소통 수단으로 SNS를 많이 활용한다. 어떤 논의 사항이 생길 때, 작은 친목 집단조차도 소수 의견은 묵살되고 모임의 장長에게 권력이 집중되는 경우가 허다하다. 만약 여기서 의사 표현을 많이 하면 나대는 사람이 된다. 괜히 나섰다가 부정적인 인성을 갖춘 사람으로 취급당하기 십상이다. 일상의 삶에서 소통보다 더 효율적인 방법은 순종과 복종이라고 규정짓는다. '말이 많으면 빨갱이'라는 사악한 습속에 젖어 개인의 의사 표현은 가급적 줄이게 된다. 자발적인 의사 표현을 하면 할수록 속된 개인으로 추락하기 때문이다. 조금 부당하더라도 대세에 따라가는 개인을 성스러운 존재로 상정한다.

내가 속한 문화 집단은 강제적 규율과 위계구조에 복종하고 본인 의사를 될 수 있으면 피력하지 않는 것을 하나의 덕목으로 삼고 있다. 지역에서는 어제, 오늘, 내일 만나는 사람들이 크게 다르지 않으므로 주변인들과의 어울림이 무엇보다 중요하다. 그런데 서로 견해가 다를 때 문제가 발생한다. 이때 사람들은 대부분 침묵을 선택하게 된다. 평범함이 악이 되는 이유는 사악한 습속 때문이다.[10] "TK 지역에서 출세한 인사들은 강고한 토호 집단과 지도층 사회에서 왕따를 당하지 않기 위해 눈치 보며 사는 것이 체질화되어 있다. 그래서 기존의 지배 이념이나 지배 질서에 대한 소수자의 건강한 문제 제기는 늘 허공에서 맴돌다 증발해버린다."[11] 의사소통 과정에서 공동체의 의견에 순응하며 따라가는 다수결의 원칙은 그 무엇보다 효율적인 수단으로 인정받으며, 불문율로서 우월한 지위를 차지한다. 다수를 위한 개인의 희생은 당연하며 개인의 의사를 나타내는 "표현적 개인주의 언어"[12]는 필요하지 않다. 합리적인 의사소통보다 다수결의 원칙에 순응하며 습속의 세계에 머무는 사람이 더 '사람답다'고 여겨진다. 그런 사람이 곧 '의리' 있는 선한 인간이다.

04
박힌 돌, 굴러온 돌

"○○아!"

이웃에 사는 친구 이름을 부르자 어머니의 불호령이 떨어졌다.

"쟈 봐래이. 아재를 갖다가 함부로 이름을 부르고 캐쌌네."

어머니는 먼 친척인 내 친구에게 '대름(도련님)'이라고 부르며 깍듯이 존댓말을 썼다. 내가 이름을 부르자 항렬에 맞는 호칭을 사용하지 않는다는 꾸지람이 떨어졌다. 어른들 몰래 친구 이름을 불러야 할 지경이었다.

나는 시골의 집성촌에서 성장기를 보냈다. 내가 살던 공동체는 혈연으로 촘촘하게 맺어진 친족 집단이었다. 같은 성씨라는 연결망에 의해 친밀한 동류 집단으로 인식되었다. 항렬과 촌수에 따라 위계 서열이 엄격했다. '당숙', '백부', '숙부'를 비롯하여 먼 친척들에게도 나이와 상관없이 촌수를 따져 호칭을 부르도록 강요되었다. 제사, 결혼, 장례, 문중 모임 등의 집합의례를 통해 집합의식을 고취하면서 집합정체성을 강화했다. 마을 이장을 선출할 때는 동종 출신이 맡는 것을 원칙으로 했다. 다른 성씨는 아예 그 자리를 넘보지 못하도록 일찌감치 방어막을 쳤다. 정부에서 베푸는 지원금은 호혜성의 원칙에 따라 우리 씨족 집단에게 집중적으로 부여되었다. '굴러온 돌' 취급을 받는 다른 성씨들은 '박힌 돌'이 받는 수혜에서 멀리 비켜나 있었다. 만약 굴러온 돌이 박힌 돌에게 어떤 부당한 사항을 항변하면 박힌 돌은 굴러온 돌에게 떼거리로 달려들었다.

05
남자다움, 여자다움

나는 이러한 문화 환경에서 철저하게 이분법적 언어를 활용하는 교육을 받았다. 가부장적 제도의 구속을 당연하게 여기는 가족 집단에서 자란 나는 젠더 역할로 각각 구분된 '남자다움', '여자다움'에 관해 한 치의 의심도 하지 않았다. 딸과 아들에게 사용하는 언어도 달랐다.

"남자가 말이 많으면 고추 떨어진데이."

아들에게는 남자는 용감해야 하고 말이 많으면 안 된다는 교육을 시켰고, 표현 방법을 억제하도록 했다. 매운 음식을 거부하면 남자는 매운 것도 잘 먹어야 한다고 가르쳤다.

"여자는 조신해야 된데이."

딸에게는 여자는 성품이 얌전하고 깔끔해야 한다고 교육시켰다. 이러한 젠더 역할 규범에 익숙했으므로 내가 활용하는 언어에 대해 성찰해본 적이 없었다.

가부장제는 다분히 권위적이다. 그 집단에 속한 구성원은 가부장이 이끄는 대로 순종하면서 묵묵히 따라간다. 말이 많은 것은 간신배나 하는 짓거리다. '우리가 남이가' 하는 구호 아래 뭉치기만 하면 된다.

내가 속한 문화 집단은 이러한 가치를 '도덕적 선'이라고 여긴다. 관습과 인습에 따라가는 문화를 '좋은 삶'이라 여기는 집단에서 사회학적 언어를 활용하여 일상의 삶을 성찰하는 일은 필요하지 않다. 오히려 그런 성찰을 하는 사람을 공동체에 도움이 되지 않는 또 다른 '간신배'로 분류할지도 모른다. 아마도 이러한 마음의 습속은 비단 나에게만 한정된 것이 아니라, 가부장제의 배경표상에서 살아온 대다수 사람에게 체화된 집합의식이 아닐까? 나는 이러한 질문에 대한 답을 내가 태어나서 생활하고 있는 공동체 집단에서 찾아보고 싶었다. 생활세계에서 부대끼는 사람들을 통해 찾아보고 싶었다. 거울을 통해 반사되는 자아는 곧 나의 자아를 표상하는 것이 아니겠는가?

06
두 개의 세계

나는 요즘 두 개의 세계에서 살고 있다. 습속이 지배하는 '생활세계'와 사회학적 사고를 지향하는 '학문세계'가 내 안에서 각축을 벌인다. 일상의 삶에 깊게 연루된 두 세계를 오가니 무척이나 혼란스럽다. 나는 50여 년의 세월을 살아오는 동안 내가 속한 문화 집단에서 별다른 불편함을 느끼지 않았다. 하지만 학문세계에 입문하고 나서부터는 생활세계에서 부대끼던 사람들과의 관계가 어색해졌다. 지금까지 두세 해 잠깐 서울에서 생활한 것 외에는 대구경북 지역을 떠나본 적이 없었다. 나와 상호작용하는 타자들도 대개 이 지역에서 태어나고 자랐다. 자아는 태어나자마자 존재하지 않으며 사회화 과정에서 일반화된 타자나 사회적 집단에 의해 구성된다. 사회는 수많은 개인과 개인이 상호작용하면서 존재하며, 서로가 서로에게 영향을 미치고 영향을 주고받는다.[13] 사람은 누구나 공동체에 속하므로 자신의 행위 속에 공동체의 제도를 받아들이며, 그럼으로써 인격이 형성된다.[14]

"언젠가부터 공동체 속에서 침묵해야 할 때가 너무 많아."

나는 학문세계 구성원들에게 이러한 호소를 하곤 했다. 침묵은 다양한 문화적 의미를 내포하고 있으며 긍정적인 것과 부정적인 것이 있다.[15] 이때의 나의 침묵은 상대방에 대한 '불쾌감'과 '어이없음'의 감정을 나타내는 의사 표현 수단이다. 하지만 집합의식과 나의 사고 사이에 마찰이 생겨도 대항하지 않았다. 만약 사회학적 세계에서 바라보던 관점을 생활세계에서 공유하려고 한다면 사람들과의 관계에 틈이 생겼을 것이다. 때로는 엄청나게, 때로는 미세하게 느껴지는 차이로 인해 평온했던 내면이 흔들리며 고통스러워졌다. 이 세계와 저 세계가 완전히 별개로 존재하게 된 듯하다.

07

"산은 왜 삼각형인가?"

사회학자이자 작가인 정수복은 정신분석가가 남을 분석하려면 자기부터 알아야 하듯이 사회학자는 자신의 삶부터 이해해야 한다고 주장한다.[16] 사회학을 공부하는 사람이라면 자아를 가족, 사회, 나라, 세계와 인류의 역사 속에서 사고하는 역량을 갖춰야 한다. 나는 주어진 삶의 방식에 별 의문을 던지지 않았고, 사회 속에 있으면서 사회에 대해 고민해본 적이 없었다. "자신을 성찰과 비판의 대상으로 놓는 일은 인간의 본성에 어긋"[17]난다. 인간은 선천적으로 자신을 긍정적으로 평가하려는 본성을 지니기에 스스로 문제점을 지적하는 것은 수치심이 뒤따를지도 모른다. 하지만 "성찰성이 약한 사회는 성찰성이 약한 개인을 낳는다. 성찰성을 갖춘 개인의 탄생"[18]이 공동체를 변화시킬 수 있다는 사명감을 가지는 냉철한 시각이 필요하지 않을까?

문학의 세계는 당연시하는 대상을 '낯설게 하기'로 접근한다. 이성복은 그의 시에서 산은 왜 삼각형이며, 물은 왜 삼각형으로 흐르지 않는가에 대한 의문을 제기한다.[19] 문학은 일상의 삶에서 의심하지 않고 살아가는 모든 대상을 낯설게 대한다. 보통 사람들의 눈에 익숙해서 이미 규정지어진 사물들을 또 다른 시각으로 해석해서 '문학을 문학답게' 구성한다.

사회학을 공부하는 나는 무엇을 해야 하는가? 오랫동안

체화되어 고정불변이던 나와 내 공동체의 마음의 습속에 대해 '낯설게 하기'로 도전장을 던져보고 싶었다. 어쩌면 이러한 문제 제기는 별다른 의식을 느끼지 못하고 살아가는 집단에게 딴죽을 거는 버르장머리 없는 행위일지도 모른다. 일상생활을 낯설게 하여《한국인의 문화적 문법》을 연구한 정수복은 한국 사람들을 부정적으로 바라본다는 비판을 들었다고 밝힌다.[20] 이러한 현상은 남녀노소, 교육 여부와 상관없이 나타난 공통적인 반응이었다고 소회한다. 그만큼 한국인들은 자신을 객관화해서 비판하는 일에 익숙하지 않다. 평온한 일상을 낯설게 비틀어 보는 과정을 통해 시가 시로서 가치를 발하듯 '사회를 사회답게' 하기 위해서는 의심하고, 따지고, 질문하는 관점으로 접근해야 할 것이다.

08
"대구경북은 하나"

그렇다면 대구경북은 하나인가, 둘인가? 대구경북이 하나라는 사실은 달구벌이라는 대구의 옛 지명에서 발견할 수 있다. 달구는 닭의 방언이다. 계림鷄林은 경주의 옛 이름이며 닭을 토템으로 숭배했다. 달구벌이라는 지명을 통해 대구는 신라에 복속되었다는 것을 알 수 있다. 그러므로 대구와 경북은 한 뿌리에서 찾아야 한다.[21] "조선시대부터 동일한 행정구역에 속해 있었고, 오랫동안 역사·문화적 경험을 공유해온 까닭에 오늘날에도 문화적 정서상 같은 지역으로 인식하고 있다."[22]

상식의 세계에서도 대구경북은 늘 하나로 인식되었다. 나는 태어나서부터 중학교를 졸업할 때까지 경북에서 생활하다가, 고등학교를 진학하면서부터 대구에 터를 잡아 지금까지 줄곧 지내고 있다. 내 생활세계의 활동 범위는 수시로 대구경북을 넘나든다. 이곳에 거주하는 지역민들도 대구에서 경북으로, 경북에서 대구로 이주하거나 출퇴근과 통학을 반복한다. 즉 경계 없는 상호작용을 한다. 대구경북은 역사적·정서적 측면뿐만 아니라 인구학적 측면, 경제 영역에서도 긴밀하게 결합되어 있다. 그래서 과거와 현재, 미래를 이야기할 때 하나의 단위로 구상해야 한다는 주장이 설득력을 얻는다.[23]

물론 대구경북은 동등한 광역자치단체로 분화하여 딴살림을 하고 있으므로 하나가 아니라 둘이라는 현실론을 내세우는 이도 있다.[24] 그러나 이러한 문제는 어느 개인의 판단에 달린 것이 아니라 해당 지역민의 집합의식을 통해 가늠해야 한다.[25] 오랜 역사 속에서 정서와 사고, 생활양식, 가치관, 정치 등에서 대구경북은 하나라는 동질감을 공유한다. 문화 특질이 동일하고 하나의 생활권역을 형성하고 있으며 'TK 정서'라는 용어가 이 지역 사람들에게 동질적인 요소로 다가온다.[26] 이 책은 행정단위로서가 아니라 하나의 삶의 의미[27]인 문화적 차원에서 탐구를 진행하는 게 목적이므로 대구경북을 공동의 범주로 묶어서 이야기를 진행하고자 한다.

09

연구 참여자

나는 나이, 계급, 젠더, 직업, 생활수준에 대한 표집틀을 세워 연구 참여자를 선정했다. 우선 대구경북에서 태어나 군대, 직장 등의 사정으로 잠깐 떠난 경우를 제외하고 이 지역에서 줄곧 거주해온 지역민들을 대상으로 했다. 대구경북에서 성장기를 보내고 학교에 다니고 직장생활을 하면서 일상의 삶을 영위하고 있는 토박이들이다. 마음의 습속을 탐구하기 위한 연구 참여자 선정 기준은 다음과 같다.

첫 번째, 50~60대 연령으로 선정했다. 그 이유는 두 가지다. 50~60대는 가정과 교육, 시장, 정치 등 사적 영역과 공적 영역에서 활용하고 있는 사회적 규칙이 가장 잘 체화되어 거기에 따른 질서를 유지하고 있다고 판단했다. 한국인의 문화적 문법은 성인, 남성, 기득권층의 사고방식과 행동양식에서 가장 전형적으로 발견할 수 있다.[28] 또 하나는 자아를 성찰하는 글쓰기를 하려면 나와 동일 세대의 인물이 적정하다고 판단했다. 이들은 나와 같은 시대를 살아가면서 정치적·문화적·사회적·경제적 격변기를 함께 보냈다. 세대는 삶의 주기에서 어떤 특정 단계와 역사적 동류 집단을 동시에 지칭한다.[29] 연구 참여자들의 이야기는 내가 공유하는 사회적 맥락과도 연결된다.

두 번째, 대구경북의 마음을 알기 위해 일상을 살아가는 평범한 기성세대 집단을 선정했다. 상류층에 속하는 소수 엘리트 집단은 언론이나 자서전을 통해 정제된 이데올로기 언어를 사용할 수 있다. 하지만 대부분의 사람은 일상적인 언어를 활용해 삶을 영위하며 자신의 목소리를 낼 기회가 없다. 마음의 습속은 서사할 기회를 얻지 못했던 평범한 사람들의 이야기에서 잘 드러난다고 본다. 현대사회에서는 개인이 자신의 삶에 대해 서사할 수 있는 능력을 무엇보다 중요시한다.[30] 사람의 서사는 스스로가 어떻게 구성하느냐에 따라 다양한 의미를 함축하고 있다.

세 번째, 본 이야기를 이끌어갈 범주의 인원을 여성 5명, 남성 5명 총 10명으로 정했다. 제도, 문화, 사회구조, 교육 정도에 따라 여성과 남성이 살아온 삶은 제각각 다르다. 사적 영역에서의 가부장적 제도, 공적 영역에서의 젠더화된 구조가 어떻게 서사되는지 그 차이점을 알기 위해 성별 균형을 유지했다.

자료 수집 과정에서 이론적 질문들에 답할 수 있는 자료를 찾는 것이 무엇보다 중요했다. 통계적 표본을 추출하려면 아무리 많은 포화 상태에 있더라도 데이터 수집을 계속해야 한다. 정확한 근거를 위해 최대한의 범위를 요구하므로 이런 과정을 반복해야 한다.[31] 하지만 심층 면접 시 연구 참여자 선정 방법은 통계적 확률 표집과 달리 연구자의 이론적 관심과 부합하는 사례를 선택하는 '이론적 표집' 방식을 취한다. 연구 진행 과정에 새로운 사항들이 발견되면서 표집의 범위가 늘

어나기도 하는데, 이때 기준이 되는 것이 '이론적 포화'라는 개념이다. 연구 중에 새로운 사실이 발견되지 않는 시점인 이론적 포화 단계에 이를 때까지 지속적으로 사례를 추가해야 한다.[32]

이론적 표본 추출과 통계적 표본 추출의 또 다른 중요한 차이점은 멈춰야 하는 시점을 연구자가 알아야 한다는 점이다.[33] 나는 10명을 인터뷰하는 과정에서 연구 참여자들이 비슷한 대답을 한다는 사실을 포착했다. 이들의 서사에 동일한 패턴이 생성되면서 이론적 포화에 다다랐다는 한계를 느꼈다. 연구 참여자를 더 선정한다고 해서 새로운 정보를 발견할 수 없다는 것을 깨달았다. 자료가 필요 없으면 버려야 한다. 이미 수집한 자료와 같고 그전 내용을 확인하기만 하는 단계에 이르면 자료 수집을 끝낼 시기다.[34] 삶의 의미와 가치를 탐구하는 문화적 작업이 목적이기에 소수의 사례만으로도 충분한 근거를 확보할 수 있다고 보았다.

네 번째, 연구 참여자들은 비교적 동질 집단으로 구성되었다. 남성 연구 참여자들은 오래된 직업군에 속하는 소규모 자영업자를 선택했다. 전국 평균 자영업자 비율은 21.3퍼센트인데, 영남 지역 자영업자 비율은 22.6퍼센트, 대구는 22.8퍼센트로 전국에서 가장 높은 수준이다.[35] 이들은 경북에서 대구로 이주하면서 가족이나 유사 가족이 경영하는 가게에서 일하다가 독립하면서 자영업자로 전환한 경우가 많았다. 안정적인 직장인보다 다양한 경험을 하며 살아온 것으로 추정되는 이들의 서사를 분석하고 싶었다. 소규모 자영업자들은 시장에서 각계각층의 사람들과 상호작용하면서 전형적인 대구경북 사람들의 마음을 가장 잘 드러낸다고 보았다. 여성 연구 참여자 중 2명은 회사에서 근무하다가 현재 전업주부로 살고 있고, 2명은 결혼 후부터 최근까지 각각 자영업과 기능직 공무원으로 일과 가사를 병행했다. 1명은 결혼 후부터 현재까지 영업직에 종사하고 있다.

다섯 번째, 연구 참여자의 생활수준은 중산층이다. 여러 학자들은 사회에서 중산층의 역할이 크다고 주장해왔다. 중산층에 속한 이들이 거창한 결정권을 행사하는 것은 아니지만 사회의 상징적 구심원이며, 전통적으로 자유로운 사회가 제대로 역할을 할 수 있도록 활발하게 사회 참여를 해왔다.[36] 나는 이러한 이유로 중산층을 표집으로 조사하고자 했다. 아래는 한국사회에서 규정하는 중산층의 기준이다. 중산층의 실재를 보여주는 것이 아니라 한국사회에서 상식적 수준으로 상정되는 중산층을 의미한다.

몇 년 전 중산층 기준에 대한 직장인 설문 조사 결과가 이야깃거리가 됐다. △부채 없이 아파트 30평 이상 소유 △월급 500만 원 이상 △2000cc급 중형 자동차 이상 △예금 1억 원 이상 △해외여행 연 1회 이상 등의 조건을 모두 만족해야 중산층이라는 답변이 가장 많았다고 한다. (《한겨레》, 2015.11.4.)

나는 연구 참여자들과 상호작용하는 관계에 있기에 자가 아파트 평수를 알고 있고, 자가용을 소유하고 있다는 정보도 알고 있다. 하지만 자산 규모는 잘 모른다. 라포 형성 Rapport building은 마음의 문을 여는 데 도움이 될 수 있지만 불편한 문제를 일으키기도 한다.[37] 불특정 다수를 상대로 하는 인터뷰라면 구조화된 질문지를 던져 물을 수도 있겠지만 상식의 세계에서 통장에 현금 잔액이 얼마인지, 연봉이 얼마인지 묻는 것은 '상호작용 질서'를 어지럽히는 행위일 수 있다. 타자와의 관계에서 "만남이 지속되는 동안 사람은 자기 체면과 다른 참여자들의 체면이 모두 유지되도록 처신하는 경향이" 있다.[38] 연구 참여자의 감정을 살피는 것도 중요하므로 상대의 체면을 위협하지 않도록 처신해야 한다. 일상의 삶을 통해 그들의 생활수준이 중산층이란 걸 감지했다.

나는 위와 같이 글쓰기에 만족할 만한 답을 얻기 위해 나이, 계급, 젠더, 직업, 생활수준을 고려한 표집 대상을 비교적 동질적 집단으로 구성했다. 하지만 이 연구에 참여한 연구 참여자들의 이야기를 대구경북 사람들 전체로 확대해 일반화할 의도는 없다. '경험적 일반화'가 연구 목적이라면 연구 가설을 설정하고 이를 검증할 표집을 구성해야 한다.[39] 이 연구는 대구경북 사람들에 대한 일반화된 경험적 사실이 아니라 연구 목적에 맞는 '분석적 예시analytic illustration'를 제시하는 데 있다. 분석적 실재는 내가 만든 연구 질문에서 나왔다. 실증적 연구는 질문에 대한 답변 항목이 나열되어 있고, 설문지를 통해 얻은 통계 자료를 기준으로 결과를 도출한다. 하지만 질적 연구는 서사적 인터뷰를 통해 얻은 자료를 분석하고 글을 쓰는 과정에서 새로운 것을 발견하고 배운다. 화자의 말이 참이냐, 거짓이냐가 중요한 게 아니라 왜 그러한 문화화용론[40]을 펼치느냐에 주목한다. 나는 단순한 설문지 조사를 통해 획득하는 결과물이 아니라 실증적 연구가 포착할 수 없는 독특한 분석적 실재의 대구경북의 마음의 습속을 보여주고자 했다.

독자들은 이 글을 읽으면서 내가 알고 있는 대구경북 사람들은 그렇지 않다고 말할 수 있다. 또 대구경북 사람 모두가 그렇지 않다든가, 다른 지방 사람도 그렇다는 비판도 가능하다. 질적 연구는 늘 대표성 문제에 시달린다. 하지만 연구 참여자들의 이야기를 통해 일반화를 추구하는 것이 아니기에 대표성이 있느냐, 없느냐 하는 문제 제기보다, 사회생활 전반에 걸쳐 이야기꾼으로서 그들이 살았던 장소와 시대의 감성을 서사하는 것에 집중하고자 했다.[41] 마음의 습속을 파악하는 작업이 목표이므로 독자가 체험한 경험적 실재로서 대구경북 사람과 분석적 실재로서 연구 참여자를 분리해서 바라보면 좋겠다.

익명성을 위해 연구 참여자의 이름은 가명으로 표기했다. 남성은 성을 '남'으로 하고, 여성은 성을 '여'로 해서 남성과 여성을 구분했다. 개인정보는 민감한 부분이라 구체적이고 명시적으로 다루지 않았고 다소 광범위하고 포괄적으로 설정했다. 〈표 1〉은 연구 참여자에 대한 인적 사항이다.

〈표 1〉 연구 참여자 기초 자료

이름	나이	태어난 곳	현재 사는 곳	가족관계	교육 수준	직업
여미순	50대 후반	경북 영천	대구 수성구	남편, 1남 2녀	중학교	요식업 →전업주부
여은정	50대 중반	대구 남구	대구 달서구	남편, 2남	대학교	회사원 →전업주부
여정란	50대 중반	대구 서구	대구 중구	남편, 1남 1녀	대학교	회사원 →전업주부
여재선	60대 초반	경북 영주	대구 서구	남편, 1녀	대학교	기능직 공무원 →전업주부
여경숙	50대 후반	대구 북구	대구 수성구	남편, 1녀	고등학교	영업직
남연철	50대 중반	경북 구미	대구 북구	아내, 2남	대학교	자영업 (기계 판매, 수리)
남민수	50대 후반	경북 김천	대구 수성구	아내, 1남 1녀	중학교	자영업 (부품업)
남현무	50대 중반	경북 포항	대구 동구	아내, 2남	고등학교	자영업 (건축 기능공)
남두일	50대 후반	경북 성주	대구 남구	아내, 1남 1녀	전문대 중퇴	자영업 (건물 분양업)
남계식	50대 초반	경북 경주	대구 중구	이혼, 2녀	대학 중퇴	자영업 (잡화점)

10

책을 펴내며

    나는 나의 학문의 방식인 뒤르케임주의 문화사회학으로 대구경북 사람들의 마음의 습속^{The Habits of heart}을 탐구하고자 한다. '나는 어떻게 살아왔는가?', '나는 어떻게 살고 있는가?', '나는 어떻게 살 것인가?', '좋은 삶은 무엇인가?' 하는 질문을 던져 연구 참여자들의 사회적 삶의 의미를 알아보고자 했다. 좋은 삶에 대한 추구는 좋은 사회를 전제로 해야 가능하다. 그렇게 되려면 시민의식이 성장한 시민사회가 있어야 한다. 대구경북 사람들은 정치는 정치인에게 맡기고, 경제는 경제인에게 맡겨야 한다고 생각하는가? 아니면 시민으로서 직접 참여해야 한다고 생각하는가? 대통령을 통치자의 언어인 왕조 시대로 바라보는 전근대적인 사고를 뛰어넘고 있는가? 친밀성·시장·시민사회·지역 공동체·정치·종교 영역에서 자아를 어디에 두는가? 어떠한 가치, 규범, 목표를 지향하며 삶을 영위하고 있는가? 이 질문들은 곧 도덕적(진)·정서적(선)·인지적(미) 코드와 관련된다.

    가치는 도덕적 코드이다. 인간의 삶에 내재적 가치가 있다고 보고 '무엇이 가치 있는가'를 주관적으로 한정하는 질문이다. '인간에게 그 자체로 무엇이 가치 있다고 생각하는가?' 이 질문은 지금 살아가고 있는 현실이 가장 좋은 삶이 아니라는 가정을 전제로 한다. 눈에 보이는 직설법의 세계를 뛰어넘어 '마치 ~인 것 같은' 미학적 세계로 진입해 더 나은 세계를 꿈꿔볼 수 있게 한다. 규범은 정서적 코드다. 가치판단의 기준으로 삼는 것이며 관례, 습속, 규칙, 법 등을 일컫는다. 목표는 인지적 코드다. 가치나 규범과 상관없이 효율성을 추구하며, 수단 목적 범주를 통해 합리적인 행위를 수행하는 코드다.[42]

자아는 좋은 삶에 대한 지향 없이는 존재할 수 없다. 인간은 '좋은 삶이란 무엇인가' 하는 가치론적 질문을 던지고 그 가치지향에 따라 행위를 하면서 정체성이 형성된다. 정체성은 사람이 살아가야 할 이유를 알려주는 의미의 문제와 직결된다.[43] 우리는 삶에서 스스로 선택해야 하는 수많은 상황과 마주친다. 그때 자신에게 가장 가치 있고 의미 있는 선택을 하며 삶을 구성한다. 나는 대구경북의 대학생을 연구한 최종렬의 안내를 받아 아래의 세 가지 질문을 통해 가치, 규범, 목표 차원의 코드를 구성했다.[44]

1) '좋은 삶good life이란 무엇인가?' 이것은 가치를 알기 위한 질문이다. '대구경북 사람들은 성스러운 가치와 속된 가치를 어떻게 규정짓는가?' '지금까지 어떤 삶을 살아왔는가?' '삶의 위기를 느낀 적이 있는가?' '삶의 가치는 무엇인가?' 이러한 질문을 통해 대구경북 사람들이 추구하는 좋은 삶에 대한 가치이념을 살펴볼 것이다. 자아, 가족 집단, 공동체, 시장, 시민사회, 국가, 민족, 세계, 우주, 초월적 존재 등과 관련해서 가치를 만드는 서사적 능력이 있는지 파악해볼 것이다.

2) '좋은 삶을 안내하는 규범은 무엇인가?' 이 질문을 통

해 대구경북 사람들은 자신이 생각하는 좋은 삶을 어떻게 추구해가는지 알아보고자 한다. 규범은 가치를 추구하는 행위 방식을 조절하며, 이를 통해 우리는 행위자가 자아를 실현하는 방식을 알 수 있다. 행위자가 내면 깊숙한 곳에서 우러나는 신념에 의해 자기 통치의 길로 나아가고 있는지 분석해볼 것이다.

3) '좋은 삶을 추구하기 위해 일상의 삶에서 무엇을 어떻게 행하고 있는가?' 이 질문은 목표를 알기 위한 것으로 효율성·비효율성과 관련된다. 대구경북 사람들은 수단 목적 도식을 활용해서 일상의 삶을 조직하고 있는지, 삶의 목적을 이루기 위해 합리적인 행위를 하고 있는지 살펴볼 것이다.

〈표 2〉는 이야기를 이끌어낼 인터뷰 가이드다.

〈표 2〉 인터뷰 가이드

1. 기본 정보	나이	태어난 곳	현재 사는 곳	가족관계	교육 수준	직업
2. 생애사	1) 자신의 삶에 대한 상세한 이야기 • 어떠한 가족 환경에서 자랐는가? 가족관계 • 교육은 어느 정도 받았는가? • 살아오면서 가장 기억나거나 위기에 처한 일은 무엇인가? • 어떤 삶을 살아왔는가?						
3. 가족/친밀성	2) 가족에 대한 상세한 이야기 • 어떻게 결혼하게 되었는가? • 배우자를 선택하게 된 이유는? • 좋은 남편/아내는 어떤 사람인가? • 좋은 아버지/어머니는 어떤 사람인가? • 자녀가 어떤 사람이 되면 좋겠는가? • 자녀가 어떤 가정을 꾸리고 살면 좋겠는가? • 자녀가 나이 든 부모님에게 어떻게 하길 원하는가?						

4. 지역 공동체	**3) 대구경북 지역에 대한 이야기** • 대구 사람, 경북 사람은 어떤 사람인가? • 대구경북 외의 사람들이 대구경북 사람을 어떻게 평가할 것 같은가? • 대구경북 지역에서 정기적으로 만나는 친구나 모임이 있는가? 얼마나 자주 만나는가, 모임의 구성원은 몇 명이고 누구인가, 모임에서 자신의 역할은 무엇인가? 어떻게 모임을 갖게 되었는가? 모임에서 주로 어떤 일을 하는가, 모임을 어떻게 활용하는가?
5. 국가	**4) 정치적 성향에 대한 이야기** • 지지하는 정당이 있는가? 있다면 그 이유는 무엇인가? • 지금까지 대통령 선거에서 누구에게 투표했는가? • 역대 대통령 중에서 존경하는 사람이 있다면? • 어떤 대통령이 좋은 대통령인가? • 어떤 나라가 좋은 나라인가? • 유아 무상급식이나 청년 실업수당과 같은 복지 정책에 대한 생각은?
6. 시민사회	**5) 시민사회(사회운동 포함)에 대한 입장** • 박근혜 탄핵 촛불집회에 대해 어떻게 생각하는가? • 시민단체는 무엇을 하는 곳이라고 생각하는가? • 지역 시민단체에 가입하거나 후원한 적이 있는가? • 국제결혼이주여성이나 이주노동자를 어떻게 생각하는가? 한국은 이민을 허용해야 하는가? • 국회는 무엇을 하는 곳인가? • 국회가 일을 잘하고 있다고 생각하는가? • 언론의 임무는 무엇인가? • 한국의 언론은 자유롭고 공정한가?
7. 시장	**6) 직업에 관련된 이야기** • 평생 어떤 직업에 종사하며 살아왔는가? • 자신이 해온 일에 만족하는가? • 만약 다시 젊은 시절로 돌아간다면 어떤 직업에 종사하고 싶은가? 그 이유는 무엇인가? • 자녀는 어떤 직업을 갖고 살아가면 좋겠는가? 그 이유는 무엇인가?
8. 종교	**7) 죽음과 관련된 이야기** • 나는 왜 지구라는 혹성에 태어난 것 같은가? • 나는 우연히 이 지구에 태어났는가, 아니면 어떤 신의 섭리나 기획에 의해 이 땅에 태어났는가? • 죽고 나면 나의 삶은 어떻게 되는가? 나의 삶은 무슨 의미가 있었나?

책의 짜임

1부에서는 친밀성·시장·시민사회·지역 공동체·정치·종교 영역에 대한 이야기를 들어본다. 각 영역은 우리 삶과 밀접한 관련이 있다. 마음의 습속을 탐구하려면 각각의 영역에서 자아를 어디에 두는가가 중요하다. 인간은 자신이 속한 영역 안에 있는 언어와 질서를 배우며 특정 가치를 공유한다.[45] 영역별로 질문을 한 뒤 자신의 자아를 다양한 영역으로 진입시켜 이야기를 꾸려나가는 능력이 있는지 살펴본다. "주어진 삶 그대로를 의심 없이 받아들여 모방하며 살아가는 것에 그치지 않고 '마치 ~인 것 같은' 영역으로 진입하여"[46] 각각의 영역을 상호 침투시키는가, 아니면 서로 적대적인 관계를 형성하는가를 탐구해본다.

2부에서는 1부에서 도출된 근거를 중심으로 대구경북 사람들이 어떠한 언어를 사용하여 삶을 꾸려나가고 있는지를 분석한다. 연구 참여자들은 자신의 삶을 서사하는 도중 자신이 아닌 또 다른 사람을 불러들이는 경우가 많았다. 이를 '그림자 언어'로 칭하고, 이것이 뜻하는 바를 분석해본다. 또 연구 참여자들은 '공부'와 '교육'에 대해 많은 말을 한다는 것을 발견했다. 특히 여성 연구 참여자들은 진학의 갈림길에서 좌절한 경우가 많았다. 이들이 말하는 '공부 언어'를 통해서 연구 참여자가 살아왔던 시대의 문화구조를 들여다본다. '우리가 남이가' 하는 '연대 언어'는 대구경북 지역의 특성이기도 하다. 하버마스의 이론으로 이 마음의 습속에 대해 살펴본다. 그다음 대구경북을 '정치적 섬'이라고 부르는 세간의 관심을 슈워츠의 이론을 빌려 '문화적 섬'으로 분석한다. 기억은 삶의 방향을 이끌어주는 상징적 역할을 한다. 대구경북 사람들의 집합의식 속에 있는 기억의 얼굴을 분석하고 그들의 언어에 내재된 의미를 알아본다. 그리고 대구경북 사람들의 무조건주의에 관해 탐구한다. 이러한 현상은 '박정희 토템'에서 잘 드러난다. 대구경북 지역 사람들이 왜 박정희에 이토록 열광하는지 그들의 '무조건주의 언어'를 통해 살펴본다. 또 성장주의와 반공주의로 형성된 무조건주의 이념, 포틀래치^{potlatch}(북서부 아메리카 인디언 사회의 과거 의례 중 하나로, 사람들을 초대해 음식과 선물을 나누어 주는 선물 교환 풍습)와 증여의 위반으로 인한 균열의 조짐, 부모 세대와 자녀 세대의 분열에 관해 다룬다.

3부에서는 1부와 2부에서 분석한 자료를 토대로 대구경북 사람들이 지향하는 삶의 가치, 규범, 목표를 탐구해본다. 연구 참여자들이 사용하는 서사에는 근본 코드가 있다. 마음의 습속은 공적으로 존재하는 다양한 코드를 통해 형성된다. 그 언어들을 파악해서 대구경북 사람들이 공유하는 문화구조를 가치, 규범, 목표 차원에서 해석학적으로 재구성한다. 이들이 지향하는 가치이념은 무엇이며, 어떠한 규범에 따라 행위를 하는가? 목표 달성을 위해 어떠한 수단 목적 도식을 효율적으로 활용하는지 탐구해본다.

에필로그에서는 앞에서 진행된 논의를 중심으로 공적 상징체계인 '보수주의적 가족주의'를 넘어서는 대안을 모색해 본다. 보론에서는 이 글을 안내하는 이론과 방법론을 다룬다. 《미국인의 사고와 관습》을 연구한 벨라 연구팀의 논의를 살펴보고, 뒤르케임주의 문화사회학에 대해 알아본다. 독자에 따라 이 책에 나오는 언어들이 다소 생소하게 느껴질 수도 있을 성싶다. 이 책에 대해 더 정확한 내용을 이해하고 싶은 독자는 보론 부분의 이론적 틀을 먼저 읽어보는 것도 효율적인 방법이 되리라 본다.

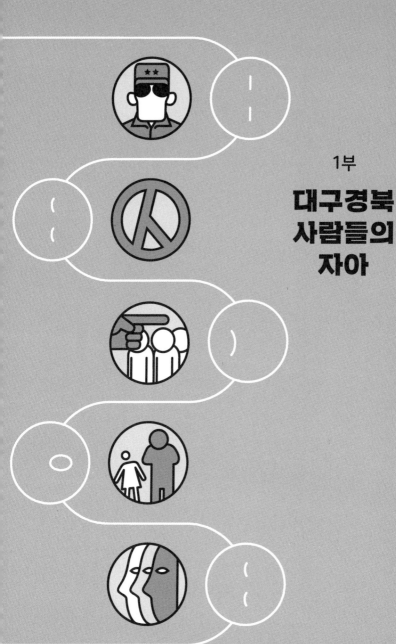

1부

**대구경북
사람들의
자아**

1장

친밀성 이야기

친밀성은 사적 영역을 다룬다. 부모, 자녀, 조부모, 형제자매, 가까운 친척이나 친구를 포함하는 구체적인 타자들과의 상호작용이 주를 이룬다. "개인적인 자아가 도덕적 안내를 하는 유일한 근원이라면 각 개인은 자신이 무엇을 원하는지 무엇을 욕망하는지를 항상 알아야만 하고 자신이 느끼는 감정을 직관적으로 알 수 있어야만 한다."[1] 가족에 대한 친밀성은 다양한 신뢰의 정도에 의존한다. 가족은 위험한 상황이나 어떤 문제에 직면했을 때 정서를 공유하고 정서적 안온감을 제공한다. 반면 부정적인 관점으로 보면 가족 간 신뢰는 비대칭적일 수 있으며 사회적 위치에 손해를 입힐 수도 있다.[2]

나는 친밀성에 관한 서사 분석을 하기 위해 다음과 같은 질문을 했다.

어떠한 가족 환경에서 자랐는가?

교육은 어느 정도 받았는가?

살아오면서 가장 기억나는 일은 무엇이고, 위기에 처한 일은 무엇인가?

어떤 삶을 살아왔는가?

어떻게 결혼하게 되었는가?

왜 이 배우자를 선택하게 되었는가?

좋은 남편, 좋은 아내는 어떤 사람인가?

자녀가 어떤 사람이 되면 좋겠는가?

자녀가 어떤 가정을 꾸리면 좋겠는가?

자녀가 나이 든 부모님에게 어떻게 하길 원하는가?

01
"아들 낳다 죽을깝시라도"

여미순은 유년의 기억 속에 '불쌍한 어머니'가 있다. 어머니는 딸 넷을 낳은 후 아들을 낳지 못했다.

"우리 엄마가 그래가꼬 어데 딴 데 가가 진짜 없는 사람 씨받이가 있잖아. 그런 사람을 엄마가 델꼬 와가 얼마나 아들을 낳고 싶었으면 그랬겠노? 아부지를 방으로 밀어넣가 좋다 카는 약 여자를 다 사 먹이가메 쪼맨할 때 기억이 난다. …… 세상에 그기 있잖아 화장실에 아를 빠자뿟는 기라. 이게 말이 되나? 그 여자가 화장실에 갔는데 아가 나와서 아가 화장실에 빠져 죽었다니까. 그러니까 방에서 낳았는 기 아이고 화장실에 아를 낳았다 말이야. 쑤욱 나와뿟는 기라. 엄마가 보니까 갑자기 배가 쭉득 하거든. 그래가꼬 엄마야! 와 이카노 싶어서 우리 엄마는 화장실에 가가꼬 있잖아. 옛날에 똥 푸는 그거 갖고 아를 건져봤는데 세상에 우리 엄마가 실신했뿟는 기라. 고추가 달린 거를 보고. 어릴 땐데도 기억에 생생해.”

　어머니의 상심은 너무 커서 곧 죽을 것처럼 보였다. 두려웠다. 그 후 씨받이에 대한 미련을 포기하고 생후 2개월 된 남자아이를 양자로 들였다. 행여 그 아이가 자라면서 출생의 비밀을 알게 될까봐 고향을 떠나기까지 했다. 여미순은 그런 어머니를 위해 고등학교 진학을 포기했다. 빨리 돈을 벌어 가난에 대한 짐이라도 덜어드리고 싶었다. 언니가 여미순을 외삼촌이 운영하는 공장으로 데리고 갔다.

　“최-고 한이 되는 게 그거다. 엄마 하지 마라 카마 안 하고 하라 카마 하고, 지금 가마이 생각하면 너무 바보같이 살았어. …… 내 한 번씩 우리 언니 안 좋아한다. 언니 안 좋아해. 언니 니가 내보고 외삼촌 집에 가라 안 캤나 카면서, 그래가 내가 요래 됐다 아이가 카면서.”

　회사에 경리로 취직하고 싶어도 고졸 학력이 없어서 할 수 없었다. 그렇다고 공장에 계속 다니기는 싫었다. 그때 어머니가 지금의 남편과 맞선 보는 자리를 마련했다. 연애 한번 못 해보고 상대방이 어떤 사람인지도 모르고 만난 지 한 달 만에 결혼했다.

남편과 함께 가게를 했다. 자신은 장사 체질은 아니지만 그래도 일은 할 수 있었다. 이가 없으면 잇몸으로 하고 닥치면 닥치는 대로 살아가기 마련이다. 그렇지만 남편과 성격이 맞지 않아 힘들었다. 같은 공간에서 24시간을 함께한다는 것은 훨씬 더 많은 이해와 권리와 의무가 필요하다.[3] '남편과 계속 살아야 하나? 말아야 하나?' 삶의 위기를 겪었다. 그러나 이혼은 하지 않았다.

"우리 나이 때는 그랬잖아. 딸이 이혼하면 어머니가 얼마나 속상하겠노?"

어머니 체면만 아니었다면 이혼할 수도 있었다. 남편과 많이 싸우지도 못했다. 일방적으로 무조건 참았다. 싸우면 결국 여자가 손해다. 남자가 화가 나서 밖으로 나가버리면 여자만 더 힘들다. 딸 둘을 제왕절개를 해서 낳았다. 성모님께 매달리며 아들을 달라고 간절히 기도했다. 성별 검사를 해서 유산을 시키는 과정도 몇 번 되풀이했다. 살인이다. 그 후유증으로 몸은 아프고 마음은 늘 죄스러웠다. 1990년대 초 당시 제왕절개를 두 번 이상 하면 죽는다는 말이 나돌았다. 셋째니까 위험할 수도 있었다. 하지만 아들에 대한 집착은 죽음도 불사하게 만들었다. 나는 왜 그랬냐고 물었다.

"그러니까 나도 우리 엄마 닮았는 기라. …… (울 엄마는) 날 닮아가 딸 많다 소리는 안 들어야 되는데. …… 눈만 뜨면 아들 낳아 되는데, (아들 낳고) 병실에서 아들 사진 찍어주는데 (엄마가) 이 사진을 이불 속에 넣어놓고 '이거 아들 맞제?' 카고 또 '미순아! 이거 너거 아들 맞제?' 또 묻고. …… 웃다가, 울다가, 다른 사람들은 쉽게 아들 낳는데 나는 왜 그리 어렵게 낳는지."

이처럼 어머니와 여미순이 아들을 얻는 과정은 치열했다. 여미순의 큰딸 역시 그 굴레에서 벗어나지 못했다. 결혼 5년째인 딸은 지금 아이가 없다.

"딸내미가 내 닮아서 그런지 아가 안 들어서가지고 내 걱정이다. 아레(그저께)는 가가 탕약도 지어주고. …… 나중에 하다가 안 되면 시험관이라도 해봐야지."

아들이 아니면 아기를 낳지 않는 것과 마찬가지인 것인가? 현재 임신이 되지 않는 큰딸과 결혼하자마자 딸 둘을 낳은 자신을 닮은꼴로 연결한다. 그의 자매들은 친정어머니에게 정성을 다한다. 그렇지만 딸들이 아무리 잘해도 어머니가 불쌍해 보인다. 어머니는 양자로 들인 남동생이 장가를 가지 않아 부끄럽다며 고향에도 가지 않는다. 남동생이 장가가서 손자를 낳으면 어머니 인생이 행복해질 것 같다.

"엄마는 우리한테 맨날 고맙다 카는 거지. 아들 같으면 고맙다 카겠나? 딸이니까 맨날 고맙다 카제. …… 아들 할 일이 따로 있고 며느리 할 일이 따로 있고, 딸 시집보내면 별 볼일 없다."

그는 아끼는 습성이 몸에 배어 있다. 자신에게는 한없이 알뜰하고 인색하다. 그러나 시집 식구들에게는 과감하게 베푼다. 여동생은 그게 불만이다.

"언니 밑에 쓰는 거는 옷 하나 사는 것도 달달 떨면서 시집에 주는 거는 안 아깝나 칸다. 아깝든 안 아깝든 어차피 해야 할 일이잖아. 너거 형부가 내가 안 한다고 주기 싫다고 자기 형제간인데 안 주겠나? 괜히 내만 나쁜 사람 되잖아. 너거 형부가 안 주겠나? 자기 동생이면 안 주겠나? 주지. 어차피 주는 것 내가 시원하이 주고 내가 고맙다는 말이라도 들을 거 아이가."

02
"신기한 게 대소변 다 받아내고 그게 되더라"

여은정은 여상을 졸업하고 17년간 회사에서 일하면서, 가족에게 보탬이 된다. 주변 친구들은 모두 결혼을 하고 자신은 스물일곱 살 노처녀로 혼자 남았다. 1980년대만 해도 여성들은 스물서너 살이면 결혼을 하는 분위기였다. 여기저기 선을 봤지만 인연이 닿지 않았다. 주변에 눈치가 보여 마음이 조급해졌다. 그때 회사 동료가 친오빠를 소개해주었다.

"처음에 만날 때는 되게 촌스럽고 나이도 많아 보이고. …… 우리 시누는 키도 크고 인물 좋거든. 그 인물 생각하고 나갔는데 늙수레하고 웬 아저씨가 나와 있는 기라. 그래서 실망했지. …… 사람이 순박하다 싶었는데, 좋다 이런 생각은 없고. …… 아는 직원의 친오빠니까 신뢰하고, 종교 문제도 있고. 그 두 가지 마음이 컸지."

남편의 직업은 공무원이었다. 당시는 공무원이 요즘처럼 선망받는 직종도 아니었고, 회사에 다니는 자신보다 월급도 적었다. 경제적인 부분은 만족스럽지 않았지만, 피부에 크게 와닿는 문제는 아니었다. 맞벌이하면서 부족한 것을 채울 수 있다고 믿었다. 시누이가 4명이나 된다는 사실에 주변 사람들이 더 놀랐다. 정작 본인은 아무렇지도 않았다. 막상 결혼생활을 해보니까 세상 물정, 이해타산에 좀 더 눈을 떴더라면 하는 아쉬움이 있다.

회사에 근무하면서 일에 자신감이 가득할 무렵 IMF가 터졌다. 구조조정의 한파로 명퇴 이야기가 나돌았다. 억지로라도 버티겠다고 다짐했다. 때마침 공교롭게도 시어머니가 위중했다. 당장 간호할 사람이 필요했다. 결국 직장을 그만두었다. 지금도 그때 견뎠더라면 하는 아쉬움이 있다. 회사원에서 전업주부의 길로 들어서 시어머니 간호를 도맡았다.

"기저귀니 뭐니 변도 다 받아내고. 지금 같으면 어떻게 했나 싶은데 나는 못할 줄 알았거든. 신기한 게 그게 되더라. 똥오줌 다 받아내고, 어머님이라서 그런가. 그게 못할 줄 알았는데 그게 되더라."

열심히 수발했지만 시누이들의 투덜거림이 들려왔다. 남편은 장남이라는 이유로 가족들에게 늘 미안한 마음을 안고 살았다. 지금 생각해보면 자신은 평탄하지 않은 삶을 살아온 것 같다. 그때는 그다지 고통스럽다는 생각을 하지 못했다.

좋은 남편, 좋은 아내는 어떤 사람이냐고 물었다. 그는 다른 것은 몰라도 남편과 가치관이 같다며 그 부분이 남들 보기에 괜찮은 부부로 보이는 것 같다고 대답한다.

03
"저래 미우면 말라꼬 같이 살겠노?"

여정란은 대구의 판잣집에서 4녀 1남 중 장녀로 태어났다. 아버지는 여상에 진학해서 빨리 사회에 나가라고 재촉했다. 맏딸은 살림 밑천이라는 책임감에 아버지의 말에 따라 여상으로 진학했다. 고등학교 졸업 후, 회사와 야간대학을 오가면서 일과 학업을 병행했다. 삶에서 가장 기억에 남는 것은 어머니의 힘든 삶이다. 젊은 날의 아버지는 키가 크고 인물이 훤했다. 문란한 여자관계로 인해 어머니는 몇 번이나 도망치려고 마음먹다가도 5남매를 두고 차마 떠나지 못해 주저앉았다. 그는 고분고분 말 잘 듣는 아이로 자랐다. 열여섯의 나이에 병이 들어 하늘나라로 떠나버린 동생, 세상에 있는 존재 자체가 비극이라며 자살을 시도한 동생, 가정이 평화롭지 않았다.

"엄마가 아부지를 너무너무 미워서 권총이 있다면 뒤에서 쏴 죽이고 싶더라 카대. 그래서 나는 저래 미우면 말라꼬 같이 살까 그런 생각이 들더라. 나는 결혼 안 해야지 싶데."

여동생이 자살 소동을 일으켜 목사님과 상담하던 중, 목사님이 남편을 소개해주었다. 아버지는 여정란이 결혼 결정을 하지 못하자 어서 결혼하라고 재촉했다. 시부모는 군인이라 연금을 받아 생활하면 되고, 남편은 외아들이어서 시부모 재산을 물려받으니 생활은 걱정하지 않아도 된다는 논리였다. 시아버지가 돌아가시고 난 후 시어머니와 살림을 합쳤다. 고부간의 불화로 부부 사이에 냉랭한 기운이 흘렀다. 결국 남편과 시어머니는 각각 원룸을 얻어 나갔다. 딸의 결혼 이야기가 오가자 남편이 다시 집으로 돌아왔다. 그러나 아직 원룸은 처분하지 않았다. 남편은 일주일에 한두 번 원룸에서 기거한다. 그곳에 여자가 있을지도 모른다는 추측을 해보기도 했다. 하지만 왈가왈부하고 싶지 않았다.

나는 좋은 남편, 좋은 아내는 어떤 사람인지 물었다. 그는 역지사지해보면 답이 나온다고 말한다. 시어머니와 갈등을 겪을 때 그 사이에서 힘들어했을 남편의 처지를 이해한다. 그렇지만 이 상황까지 몰고 간 주범은 가부장적인 사고방식이다. 아이들은 어떤 삶을 살기를 원하는지 물었다.

"평범하게 살았으면 좋겠어. 자기들이 생각하기엔 행복하다 이런 생각을 하고 살았으면 좋겠어. 누가 어떠냐고 물으면 괜찮다 이런 대답을 할 수 있었으면 좋겠어. 결혼하든 안 하든. '나는 괜찮아, 행복해' 하는 대답을 했으면 좋겠다. 누가 행복하냐고 물으면 나는 행복하고 괜찮다 하는 대답, 내보고 이런 질문을 하면 괜찮다, 행복하다는 대답이 선뜻 안 나올 것 같애."

그는 자녀들이 부모의 영향을 덜 받기를 바란다. 어버이날, 부모 생활비, 이런 것 신경 쓰지 않고 둘만의 가정을 꾸리고 살면 그게 행복한 삶일 것 같다. 자신은 지금 시부모, 친정 부모 부양에 허덕이고 있다. 지금 요양병원에 있는 아버지를 보면서 인과응보라는 말이 생각난다.

"(아버지가) 너무 힘없이 앉아 계시니까 안됐다. 틀니 터-억 빼가 그저 먹을 거만 기다리는 모습 보면 참 안됐다."

04

"연애도 연애 같잖은 걸 했지, 그 감정이 평생을 가네"

여재선은 3남 3녀의 맏이로 태어났다. 농사짓는 부모님을 대신해 동생들을 돌봐야 하는 처지여서 등은 늘 동생들의 오줌으로 절어 있었다. 1970년대 당시 학교에서 옥수수빵을 무료로 지급받았다. 누구도 빵을 집에 가져오라고 하지 않지만, 그는 먹고 싶은 것을 꾹 참고 할머니에게 갖다 드렸다. 그러면 할머니가 동생들에게 골고루 나눠주었다. 아버지는 ○○농고를 나온 고학력자였다.

"깨인 스타일이었지. 일자무식꾼같이 농사나 짓고 있으면 딸 절대로 고등학교 안 보낸다. …… 딸은 공장을 가든지, 남자 형제들 공부하러 가면 밥해주러 가든지, 촌에서 농사를 짓든지, 나는 고학력자지."

명문 여고에 합격했다. 그 학교에 가게 되면 자취를 해야 하고 경비가 많이 들었다. 할머니는 여자를 고등학교에 보내는 것을 반대했다. 아버지는 맏이가 잘돼야 동생들이 잘된다면서 교육대학교 진학까지 염두에 두고 있었다. 그는 대학에 진학하는 걸 당연하게 여겼다. 그러나 아버지는 알코올 중독자가 되어버렸고, 뒷바라지는 오로지 어머니 몫이었다. 대학에 갈 희망이 없어지자 성적을 포기했다. 그때 철이 들었으면 안 그랬을 텐데 하는 후회가 든다. 고등학교를 졸업하고 면사무소나 농협에 들어갈 수도 있었지만, 아버지는 딸을 밖에 내놓으면 '깨진다는' 이유로 사회생활을 극구 반대했다. 아버지가 무서워 반발할 수도 없었다. 신경을 쓰다 보니까 갑상선 기능에 이상이 왔다. 친구들은 하나둘 결혼을 했고, 스물세 살에 접어든 그는 노처녀가 되었다.

"친구가 교회를 가자 캐가 교회를 갔다니까. 교회서 우리 신랑을 만났다니까. 연애는 했는데 연애도 연애 같잖은 걸 했다. 뭐 좋아해본 적도 없고. 그 감정이 평생을 가네. 그때 내 처지가 집에도 짐밖에 안 되니까 내가 거기서 결혼하게 된 거지. 지가 내 병 고쳐주겠다 카니까. 탈출이지 뭐."

여재선은 결혼을 탈출 수단으로 활용했다. 지방 소도시에서 신접살림을 시작했다. 남편이 바람을 피웠다. 8개월 된 딸을 데리고 무작정 대구로 올라왔다. 야쿠르트 판매를 했다. 부끄러웠다. 고향에서는 그래도 명문고 출신 고학력자에 속하는데. 그래도 밥은 먹고살아야 했다. 일을 한 지 10개월쯤 됐을 때 무릎에 물집이 생겼다. 걸을 수가 없었다. 앞이 캄캄했다. 그때 남편이 직장을 그만두고 대구로 올라왔다. 잘못했다고 용서를 빌었다. 정이 떨어졌지만, 남편을 받아들였다. 지금 생각하면 자신이 남편을 이용한 것 같다. 일단은 먹고살 걱정에서 한시름 놓게 되었다. 그렇지만 남편의 수입은 여전히 박봉이었다. 애만 키우고 있을 수는 없었다. 건강이 회복되자 일거리를 찾아다녔다.

열심히 공부해서 기능직 공무원이 되었다. 맞벌이를 하지만 어렵기는 마찬가지였다. 남편은 여재선에게 괜히 트집을 잡기도 하고, 전업주부의 책임을 강조하면서도 가족을 부양하지는 않았다. 게다가 여재선의 이름을 빌려 친구의 보증을 서서 집까지 날려버렸다. 10여 년간 별거 생활을 했다. 별거 기간에도 공무원 자격으로 대출을 받으면서 남편 사업을 뒷바라지했다.

"이혼하려고 마음먹었지만, 보증 때문에 내가 짊어져야 되는 거라. 나는 전혀 정이 없지. 내가 보증만 아니면 신용불량자가 되든 노숙자가 되든 상관없는데……"

지금은 남편이 암에 걸려 여재선이 마련한 아파트로 들어와 살고 있다. 생활비, 병원비도 전부 그의 몫이다.

좋은 남편, 좋은 아내는 어떤 사람이냐고 묻자 상대를 배려해주는 사람이라고 말한다. 돈을 많이 벌어주는 사람이 좋은 남편은 아니라고 하면서도 경제적 지원을 하지 않는 남편에게 불만을 내쏟는다. 지나간 얘기를 하면 가슴이 시리다. 어디 가서 부끄러워 말도 하지 못한다. 지금은 혼자서 우뚝 설수 있는 자격을 갖췄다. 다른 여자들은 혼자 살 자신이 없다고 하는데 그는 자신감이 넘친다. 아쉬운 게 하나도 없다. 그러다 지금까지와는 다른 시각으로 남편을 말한다. 자신은 남자에 대해 너무 알지 못했다. 남편을 이해하지 못하는 것은 허튼 길을 가본 적이 없는 자신의 무지 탓이다. 인터넷 음악방송에 접속해 채팅을 하면서 다른 세상의 남자들을 만났다. 똑바른 길을 가다가 옆길로 한 번 빠지는 경험을 했다. 동기회에 가서 이야기하다 보면 자신이 남자를 너무 몰랐다는 사실을 깨닫는다. 남자 동기들은 자신들이 바람피운 경험을 위풍당당하게 자랑했다.

살면서 가장 기억에 남는 일, 위기가 있었는지 묻자 여러 번 있었다고 대답한다. 지나온 삶은 굴곡졌다. 위기의 연속이었다. 보통 사람들 같으면 다 넘어졌으리라. 오뚝이처럼 지혜롭게 잘 이겨낸 자신이 대견하다고 말한다.

자신으로 인해 딸이 정상적인 가정에서 자랄 수 있었고, 딸에게 무언가를 해줄 수 있어 행복하다. 모든 고난을 이겨내고 정년퇴임을 한 자신이 대단하다며 자화자찬한다. 남의 덕으로 잘 먹고 잘사는 거는 대단한 게 아니다. 주위에서 자신을 대단하다고 칭찬한다. 지금은 남편에 대한 증오감이 조금씩 희미해져간다.

딸이 앞으로 어떻게 살면 좋을지 물었다.

"니는 내처럼 살지 마라! 딱 그 말이지."

앞으로 딸에게 얹혀살고 싶은 생각은 없다. 삶의 의미를 어디에 둘 것인가를 물었다.

"아이구! 어렵다. 열심히 살았다. 어려움에 굴하지 않고 넘어지지 않고 열심히 살았다. 오뚝이처럼. 내 인생은 오뚝이였다."

05
"지가 내 좋다 카면서 매달리니까"

여경숙의 어머니는 위로 딸 둘을 낳고 아들을 낳으려다 자궁외임신을 했다. 나팔관 한 개를 자르고 결혼한 지 7년 만에 아들을 낳았다. 그 후로 자궁암을 앓으면서 후유증에 시달렸다. 아버지가 가장의 역할을 제대로 하지 않아 어머니는 병든 몸으로 가족의 생계를 책임졌다. 그는 교대를 가고 싶었지만 진로를 실업계로 변경했다. 언니는 가정형편으로 인해 고등학교를 중퇴했다. 집이 없어 떠돌이 생활을 하면서 여섯 식구가 한방에 기거했다. 어머니가 시장 난전에서 과일 장사를 하러 나가면 언니와 그가 두 동생을 돌봤다.

"친구들하고 놀았던 기억은 없고 애 업고 놀았던 기억만 나. …… 우리 언니하고 내하고는 돈 좀 모아가 시집가기 전에 하이튼 부모님 집 하나 해드리고 시집가자 그랬지. 하도 이사를 마이 다녀가지고 포은(한)이 져서."

삶에서 위기가 온 적이 있냐고 물었다.

"아부지 엄마 너무 많이 싸웠어. 20대였는데 아부지 술 잡숫고 주무시는데 내가 목 졸라서 죽일라고 캤다. 하도 고생시키고 동생들은 아직 어리고. 아부지 엄마가 싸우고 하니까 내가 너무 힘들어서 목을 조르려고 칸 적도 있었다. 우리 엄마가 곰보째보 아니면 (나를) 술 안 먹는 사람한테 시집보낸다 그랬거든. 그런데 결혼하니까 신랑이 술고래다."

돈을 벌고 싶은 다급함에 고등학교를 졸업하기도 전에 취업을 나갔다. 바로 옆 공장에서 남편을 만났다. 사랑의 감정은 없었지만 미련 없이 직장을 그만두었다. 시숙들이 어느 정도 사는 게 괜찮아 보였던 이유도 컸다. 하지만 남편이 시숙 공장에서 일했지만 일절 도움을 받은 건 없었다. 신혼생활을 단칸방 사글세로 시작했다.

좋은 남편, 좋은 아내의 기준이 무엇인지 물었다.

"우리 신랑은 좋은 남편은 아이라. 내를 고생시켰으니까. …… 직장 다니기 싫고 집에 있어이 눈치 보이고 하니까 옛날에는 그랬잖아 시집가는 게. 지가 내 좋다 카면서 매달리니까 그래서 시집갔는데 우린 너무 없이 시작했잖아. 우리 신랑이 그런 거 있더라고. 지 벌어가 지 다 쓰는 거."

지방 소도시로 이사를 갔다가 4개월 만에 다시 대구로 돌아왔다. 갈 곳이 없어 친정으로 들어갔다. 돈 때문에 남편과 싸우는 일이 잦아졌다. 밥벌이를 위해 18개월 된 아이를 업고 일을 찾아 나섰다.

이혼을 생각했지만 애한테 몹쓸 짓을 하는 것 같았다. 부모가 이혼했다는 꼬리표를 달아주는 것이 싫었다. 딸이 결혼할 때까지만 버티자고 다짐했다. 가족이라는 관계는 친밀성과 경제적 거래가 동시에 발생한다. 이러한 권리와 의무가 지켜지지 않으면 증오가 표출되고 싸움을 하게 된다.[4] 그가 시장에 뛰어들어 경제 문제를 해결하니 부부 싸움이 줄어들었다. 남편과의 생활은 참는 것이 일상화되었다.

딸은 대학 졸업 후 곧바로 평범한 남자를 만나 결혼했다. 딸이 남들처럼 아기 낳고 살기를 기대했다. 그러나 결혼한 지 4년이 지났지만, 부모의 바람과 달리 아이는 없고 강아지 세 마리만 키우고 있다. 딸이 일찍 결혼한 이유가 남편 탓이라고 짐작한다. 사위는 착하지만 경제적으로 넉넉하지 않아 마음에 걸린다. 그래도 딸은 지금이 편하다고 한다. 그런 딸이 안쓰럽다. 딸과 사위가 부모의 노후를 책임진다고 하지만 바라지 않는다. 딸은 어차피 출가외인이다. 둘이 알콩달콩 살았으면 좋겠다. 자신처럼 살지 않기를 바란다. 그러다가 또 남편 이야기로 돌아간다.

"지금까지 남편과 같이 산 이유가 딸을 시집보내는 문제도 있었지만, 무서워서 이혼을 못했다. 욱하는 성격이 있기 때문에 이혼하자 카면 아파트를 나가기 전에 죽음을 당할 것 같아서 내가 참고 잘못했다 카고 넘어가고 비위를 그렇게 맞추고 살았다. 지금도 마찬가지다. 그래가 화병 생깄지. …… 더러버서 참는 거지. 그때 한번 물어보러 (점집에) 갔거든. 이 사람은 성격이 불이라서 불났는데 화났을 때 대들면 석유 끼얹는 거니까 대들지 마라 카대. …… 내가 화병이 와 없겠노?"

딸은 그에게 아버지를 벗어나라고 하지만, 죽는 것보다

그래도 사는 것이 좋기 때문에 이혼하자는 말을 못 꺼낸다.

"내가 니 시집갈 때까지 참는다 그랬는데, 막상 보내놓고 나니까 이제는 더 못한 인간 만나면 우짜겠노 싶기도 하고, 세상 남자들이 뭐. …… 그래서 되는대로 살자. 슬쩍 무시하면서 지는 게 이기는 거고."

그는 남편이 집에 없으면 일찍 들어가고, 남편이 집에 있으면 늦게 들어간다. 겉으로는 남편에게 맞춰주는 척하지만 속으로는 무시한다.

06

기름때 묻은 작업복을 빨아줄 여자

남연철의 아버지는 일제강점기와 한국전쟁에 징병되어 구사일생으로 살아남았다. 아버지는 군에 있을 때 공병대에서 기술을 익혔고, 사회에 나가 불도저를 구입했다. 어머니는 자식 공부를 위해 대구로 이사하자고 졸랐지만, 아버지는 그냥 고향에서 살고 싶다며 강하게 거부했다. 아버지는 간경화를 앓았다. 전답을 팔아 수술비를 마련했다. 건강이 안 좋은 아버지 대신 자녀들 부양은 어머니 차지가 되었다. 어머니는 농사를 지어 수확물을 시장 난전에서 팔았다. 그때의 어머니 모습을 생각하면 지금도 눈물이 난다. 그는 실업계 고등학교로 진학했다. 공고를 졸업하고 설계사무소에 취직했다. 다른 친구들보다 급여도 많고 회사에서 인정도 받았다. 그렇지만 고등학교 학력으로 인해 대인관계에서 자존심이 상하는 일이 종종 발생했다. 주경야독을 했다. 밥을 제때 못 먹어 위장병에 시달리기도 했다. 삼수해서 어렵게 대학에 입학하고, 2학년을 마치고 군대에 갔다.

"수도방위사 갔었어요. 거기 가면 뭐 정신교육으로 완전히 마 절대정신 충성심으로 세뇌를 시켜요. …… 그때 당시 전두환 대통령인데 매일 그걸 적어내요. 대통령을 지키기 위해서 어떤 내 정신을 가져야 될지, 이걸 갖다가 반성문 쓰듯이 쓰면 사람이 계속 쓰다 보면 내 몸을 바치서라도 대통령을 지키겠다."

제대 후 형님 공장에서 일하면서 복학을 했다. IMF로 거래처가 쓰러지자 형님 공장도 휘청거렸다. 결국 부도가 나면서 그가 공장 일을 도맡게 되었다. 결혼 적령기에 들어섰다. 대학 후배들과 사귀기도 했지만 스스로 자존감이 떨어졌다. 기름때 묻은 작업복 때문이었다. 이 옷을 빨아줄 여자를 찾았다. 공장에서 일하던 경리가 눈에 들어왔다. 형님 공장에서 나와 지금은 그때 만난 아내와 함께 다른 사업을 하고 있다.

대구경북 남성들이 여성들에게 권위적인 성향이 있는지 물었다.

"그런 건 아닌 것 같습니다. …… (남자들이) 겉으로 표현을 잘 못해요. …… 표현력이 부족해서 사랑해도 사랑한다는 소리 잘 안 하고, 그러다 보니까 무뚝뚝하다는 소리 많이 듣죠. 마음속으로만 생각하는 거죠. 자존심이 상해가지고, 겉으로 표현 안 하고 좋아도 좋은 척 안 하고."

좋은 남편, 좋은 아내의 역할은 무엇인지 물었다.

"많겠지요. 뭐 (남자가) 경제적으로 책임져야 될, 그리고 또 뭐 모르겠다. 뭐, 가정을 지키도록 노력을 해야지요. …… 아내는 남편의 자존심을 항상 세아준다. 이런 게 난 중요하다고 생각해요. 둘이 있을 때는 꽥꽥, 이렇게 말 놓을 때도 있고 그런데, 남편이 남으로부터 이렇게 자기가 존중 안 하면 남으로부터도 존중 못 받는다. 집사람이 집 밖에만 나오면 항상 말을 높여요. 한 번도 말을 놓지를 않아요. 그렇게 해주는 게 난 상당히 고맙게 생각해요."

과거로 돌아가고 싶지 않다. 지금이 행복하다. 앞으로 자녀들은 남을 위해 봉사하고 배려하면서 살아가면 좋겠다. 그는 시종일관 '봉사', '배려'라는 단어를 언급한다. 자신이 할 수 있는 일을 해서 다른 사람들이 편해지면 보람을 느낀다. 삶에서 가장 큰 영향을 미친 사람은 아버지이고, 가장 존경하는 인물 역시 아버지다.

"아버지가 기술 쪽으로 있잖아요. 온 동네 사람들이 다 아버님을 찾아와요. 뭐 집에 뭐 안 되면 아버지한테 찾아와 가지고 봐돌라 카고. 아버지는 온 동네 다 봉사하러 댕깁니다. …… (엄마는) '우리는 뭐 먹고살아요?' 이래 칼 정도지 뭐. …… 고맙단 소리 듣고 그거에 봉사하는 그 마음에 굉장히 희열을 느끼고 하시더라고. …… 우리 집 가훈이 인지위덕忍之爲德이에요. 참는 것이 덕이다. 그게 내가 영향을 많이 받았던 것 같애요. 지금 생각해보니까."

07

1년을 넘기지 못하고 떠나는 여자들

남민수의 어머니는 겨울이면 꿀 장사를 다녔다. 농사를 지었지만 3남 3녀의 양식으로는 턱없이 부족해서였다. 여자 혼자 몸으로 보부상을 하기는 쉽지 않았다. 어머니는 이웃 사람의 도움을 받아 꿀을 팔러 다니며 며칠씩 집을 비운 날도 있었다. 초등학교 2학년 때 어머니가 돌아가시고 아버지의 여자들이 여러 번 바뀌었다. 하지만 1년을 넘기지 못하고 떠나기를 반복했다. 선생님이 가정방문을 온다고 하면 마냥 싫었다. 가정생활을 보여주기 부끄러워 산에 숨곤 했다. 새어머니가 자주 바뀌면서 전답이 하나씩 없어졌다. 사춘기 시절에 반감이 많이 들었다. 일찍 돌아가신 어머니가 미웠다. 중학교를 졸업했다. 참기름 가게를 하는 작은 외삼촌에게로 갔다. 1년 정도 일을 했다. 자신의 처지가 순탄하지 않다고 생각했다.

"그 당시에 그런 생각이 많이 들었지. 엄마가 안 계시니까 아무래도 남들하고 틀리다 그런 생각을 많이 했죠. 나는 왜 이렇게 태어났을까?"

도시로 나가고 싶었다. 고향 사람의 소개로 대구에 있는 양화점에 들어갔다. 기술만 습득시켜주는 조건에 만족하며 무보수로 일을 했다. 열악한 환경이었지만 힘든 줄도 몰랐다. 자신뿐만 아니라 다른 동료들도 다 그렇게 했기에 불행하다는 생각은 들지 않았다. 기술만 익히고 나면 보상을 받을 수있을 것이라는 희망이 있었다. 재단도 배우고 바느질도 하고한 단계씩 올라가는 기쁨이 있었다. 군대에 갔다. 사회생활을힘들게 했기 때문에 군대생활에도 잘 적응했다. 사회에 나가면 무엇을 해도 잘할 자신감이 생겼다. 사회생활을 하면서 알았던 선배에게서 여자를 소개받아 결혼했다.

가장 행복한 때가 언제인지 물었다. 지금이 좋다고 한다. 아이들도 좋은 대학을 졸업하고 안정된 직장에 다닌다. 자녀들에 대한 고민이 해결되었으니 행복하다.

그는 노후를 아이들에게 기대고 싶지 않다. 서로 기대하면 원망하는 마음이 생긴다. 1년에 몇 번씩이라도 집안 행사가 있을 때 얼굴을 보면 된다. 좋은 남편, 좋은 아내는 각자 하기 나름이고 부부간에 상호작용해야 한다.

08
"내 친구 누나들이 양공주였어요"

남현무는 경북에서 태어나 네 살 때 대구의 봉덕동으로이사했다. 봉덕동 미군부대 앞 기지촌은 그 당시 우범지대였다. 미국으로 따지면 할렘가인 불우한 환경에서 자랐다. 일반사람들이 상상하기 힘든 나쁜 짓을 많이 했다.

"절도도 했고 싸움도 마이 했고."

자녀들을 키우면서 봉덕동 근처는 얼씬도 하지 않았다. 지금은 옛날과 다르지만 그곳은 안 좋은 기억으로 가득 차 있기 때문이다. 기억에 남는 것을 말하라고 하자 미군에게 딱총을 팔았던 이야기를 꺼낸다.

"그때는 미군들만 보면 쫓아가가 손 벌리는 게 일상이고. 차 타고 가면서 마이 뿌리주고 그랬죠. 초콜릿이나 사탕 달라꼬. 미군이 와가지고 내가 만든 그 총을 사갔어요. 그때 당시로 거금 300원을 주고 100원짜리 3장, 어마어마한 큰돈이었지(웃음)."

안 좋았던 기억은 많다. 그중 미군들과 패싸움한 사건이 잊히지 않는다. 그때 삶의 위기를 느꼈다.

"고등학교 2학년쯤에 내 친구 누나가 술집에서 일을 했는데 엄청 맞고 와가 입술 다 터지고 와가, 내 친구가 막 분해가 카니까 의리로 뭉쳐가 한(대략) 일곱이 술집에 늘 오니까, 한날 찾아가가 미군을 말 그대로 개 패듯이 패가 미군 헌병대에 잡혀갔어요. 그때 그게 엄청 큰일이었지. 그래가 미군 헌병대에 잡혀가가지고 우리나라 경찰에 인계되면서 무조건 형을 살리야 된다 캐가 징역 가야 된다 캐가. 그때는 우리 엄마가 와가꼬 경찰서 와가 울고불고, 그래가 징역은 안 살았심더."

자신이 세상에서 쓸모없는 인간이라는 자괴감이 들었다. 군대에 가기로 마음먹는다. 신체검사를 받으러 갔다.

"특전사로 갔는데 밖에서는 공수부대라고 하죠. 공수부대가 광주사태를 거치면서 어감이 안 좋다 캐가. …… 신체검

사장에 특전사 모집 공고가 떡 있더라고요. 공고에 낙하산을 봤는데 딱 내 스타일 카면서 특전사 지원했죠. 지원해보니까 저 같은 사람을 되게 반기더라고요. 사회에서 운동도 태권도 유단자였으니까. 모병관이 굉장히 좋아하더라고. 너는 특전사 체질이다."

전두환 대통령이 집권하던 시대였다. 다른 부대보다 훈련 강도가 셌다. 시국이 어수선한 상황에서 늘 전쟁에 대비하는 태세를 갖추었다. 특전사가 그렇게 무서운 부대인 줄 몰랐다. 사회에서 현실 도피용으로 선택한 수단이었고, 비행기 타고 뛰어내리는 것이 멋있어 지원했을 뿐이었다. 군대생활이 힘들었지만 전역하고 나니 뿌듯했다. 국가를 위해 뭐라도 했다는 보람이 있었다. 전역 후에 열심히 살아보자고 다짐했다. 그때부터 철이 들었던 것 같다. 지금도 특전사 모임에서 임원을 맡아 매월 한 번씩 일반인이 할 수 없는 자원봉사를 한다.

"수중 정화 작업, 대구 근교의 수중 정화 활동, 물에 있는 거 청소하고 이런 걸 맡아 하죠. 수상 인명 구조, 물에 빠졌을 때 시신 찾을 때 소방 인력으로 부족할 때 전문적으로 스쿠버 출신들 인명 구조 자격증을 가진 사람들. 특전사는 그런 사람들이 많아요. 보람되고 재미있어요."

결혼 적령기가 되었다. 건축업이라는 직업은 막노동이라는 인식이 있어 장가를 갈 수 없었다. 건축업을 그만두고 영업사원으로 회사에 들어갔다. 그때 아내를 만났다. 예뻤다. 아들 둘을 낳았다. 부모님은 그에게 공부하라는 말을 일절 하지 않

았다. 그 역시 한 번도 아이들에게 공부하라는 말을 한 적이
없다.

09

"나는 할부지 밥상에서
김도 묵고 계란도 묵고"

남두일은 어렸을 때 3대가 한집에서 지냈다. 삼촌을 포함
해서 12명이나 되는 대가족이었다. 그는 종손이라는 이유로
특별대우를 받았다.

"밥상머리 교육이라고. 나는 할부지 밥상에 할부지 옆에
딱 앉히가 아침마다 할부지가 뭔 교육을 하셨고, 남자들 따로,
여자들 따로 앉고. 나는 쌀밥도 묵고 김도 묵고 고등어도 묵고
계란도 묵고. 옛날에 그기 고급 반찬이었는데 촌에서, '저거는
묵고 싶은데 오빠야만 줬다' 카면서 나중에 여동생이 카대. 학
교도 내 밑에 여동생이 공부를 잘해가 대구에서 제일 좋은 학
교로 갈 수 있었는데 대구로 안 보내고 집에서 촌에 여상 보
냈다 아이가. 대구에서 하면 돈 마이 든다고. 여동생이 그거
가지고 지금도 칸다."

삶의 위기가 있었냐고 물었다.

"너나없이 다 가난하게 살아가 그게 가난인 줄도 모르고
살았지 뭐. 학교 가기 전에 소 꼴 비러 가고 학교 갔다 오면 공
부하는 거는 뒷전이고 소 믹이러 가고, 일하고, 우리 전부 그

래 살았다 아이가. 공부는 진짜 안 했지(웃음)."

　고등학교를 졸업하고 전문대에 갔다. 공부가 싫었다. 친구들과 노는 데 빠져들어 결국 학교를 그만두었다. 남자답고 멋있어 보여 해병대를 지원했다. 훈련이 '빡셌다'. 혼자 잘나도 안 되고 처져도 안 되고 그만큼 전우애를 강조했다. 32개월 복무 기간을 마치고 제대했다. 친구 결혼식 피로연에서 마음에 드는 여자를 만났다. 첫눈에 반해 3개월 만에 결혼했다. 어디에 반했냐고 묻자 "모두 다"라는 대답으로 끝을 낸다.

　좋은 남편은 어떤 사람이냐고 물었다. 자신은 좋은 남편이 아니라고 대답한다. 점수를 매기자면 빵점짜리 남편이다. 아내는 일정한 수입을 원한다. 사업을 하다 보면 생활비를 못 줄 때도 있다. 수입이 들쑥날쑥해서 아내가 살림 계획을 잡을 수 없다. 건물 분양업을 하는 그는 자신의 직업에 만족한다. 가정에서는 빵점이지만 직업을 통해 '작품을 만들어내는' 성취감이 있다. 자신의 노후를 아이들에게 맡길 생각은 없다. 스스로 책임져야 한다. 나중에는 귀향할 예정이다. 고향에는 조상에게 물려받은 집이 있고 농사지을 땅이 있다. 어머니를 돌보는 책임은 순전히 아내 몫이다.

　"우리 집사람한테 (어머니 수발)하라 칸다. 병원 갈 때도 같이 간다. 입원해가 있으면 집사람이 간다. 집사람이 그런 거는 잘 따라준다."

　종손으로서 기제사는 1년에 8번 지낸다. 아내가 힘들겠다고 생각하지만 표현한 적은 없다. 묵시적으로 인정해주는 것을 아내도 안다. 아내는 굳이 칭찬받으려고 하지도 않는다.

10
대학가요제의 꿈

남계식은 4남 1녀 중 막내로 태어나 일곱 살 때 경북에서 대구로 이사했다. 그 당시 빈민촌에 속하는 동네에서 살았다. 지금도 그 방면으로 갈 일이 있으면 옛날 생각이 나서 그 동네를 일부러 둘러본다. 삶의 위기가 있었느냐고 묻자 집이 부유한 편은 아니었지만 배곯아본 적은 없었다고 대답한다.

"형들도 돈 벌러 다 다니고 누나들도 그렇고. 형들하고 나이 차이 마이 나요…… 누나는 서울 쪽으로 가고 큰형은 부산 쪽으로 가고. 둘째 형은 재래시장에 이불 미싱 하는 걸 어렸을 때부터 배아가지고 월급 받고 들어가고. 형님들은 중학교 하고(졸업하고) 돈 벌러 다녔어요. 그때는 그런 게 많았으니까."

그는 학교 다닐 때 오락부장을 도맡았다. 소풍이나 수학여행 가서 사회 보고 노래하는 것이 재미있었다. 초등학교 4학년 때부터 음악에 푹 빠졌다. 고등학교에 가서 음악을 좋아하는 친구들과 어울렸다. 1980년대는 대학가요제가 유행이었다.

"우리가 밴드 만들어서 나중에 대학가요제 나가자 카면서 밴드를 만들었어. 맨 처음에 꿈이 있었지. 대학가요제 나간다고. 그때는 (밴드 동아리 하는 걸) 모르게 해야 되지, 알면 선생한테 욕 얻어먹지 공부 안 한다고(웃음) 두드려 맞고 했다 니까.”

　대학은 이과를 갔다. 취직을 잘하려면 기술을 배워야 한다는 이유에서였다. 적성에 맞지 않았다. 자신은 문과 스타일이다. 1학기를 다니다가 집안 형편 때문에 학교를 그만두었다. 대학가요제에 나가겠다는 꿈이 물거품이 되었다.

　군대에 갔다. 초등학교 5학년 때 눈병을 앓은 후로 시력이 좋지 않아 방위로 복무하고 제대했다. 외갓집이 시장에서 장사를 했다. 딱히 할 일도 없어서 1987년부터 시장 생활을 시작했다. 30년간 그곳에서 일하고 있다. 스물네 살에 친구 아버지 공장에서 경리로 있는 여자와 연애를 하고 결혼했다. 오래전에 아내와 성격 차이로 이혼했다. 몇 년 전부터 노후에 대해 고민한다. 아이들은 그들의 삶이 먼저고, 자신도 본인의 삶이 우선이다. 1년에 한두 번이라도 만나면 좋겠지만 큰 기대는 접는다.

11
친밀성 이야기 분석

　나는 원고를 쓰면서 친밀성에 대한 분석을 맨 마지막으로 남겨두었다. 그만큼 한 개인과 가족의 삶을 들여다보기가 까다롭고 복잡다단했다. 가족은 자아를 펼치는 ‘플롯’이다. 자아가 시작되는 출발이면서 자아가 벗어나야 하는 멍에이기도 하다.[5] 연구 참여자들은 자신과 가족의 이야기를 막힘없이 술술 풀어나가다가 만감이 교차하는 표정을 지으며 울먹이기도 한다. 여성 연구 참여자들이 남성 연구 참여자들보다 훨씬 풍부하게 삶을 서사한다. 여성 연구 참여자들은 세세한 부분까지 기억해서 수많은 이야기를 쏟아낸 반면, 남성 연구 참여자들은 감정의 기복 없이 무덤덤하다. 사적 영역을 여성 연구자에게 시시콜콜 드러내고 싶지 않아서일까? 남성과 여성의 이야기하는 방식의 차이 때문일까? 나는 두 가지 관점에서 해석했다.

대구경북 남성들이 친밀성 영역에서 사용하는 코드는 '과묵함'이다. 남연철은 대구경북 남자들은 표현력이 부족하고 무뚝뚝하고, 여성에게 사랑하거나 좋아하는 감정 표현을 하면 자존심이 상한다고 말한다. 그래서 마음속으로만 생각한다. 아버지는 가훈을 인지위덕으로 정하고 참는 것이 덕이라는 가르침을 강조했다. 남연철은 그런 아버지를 존경했다. 남두일은 종부로서 집안 대소사를 챙기는 아내에게 고마움을 느낀다. 묵시적으로 인정하지만 표현하지는 않는다. 그는 일찍부터 대가족제도에서 남성과 여성이 다르다는 것을 익힌다. 종손으로서 집안의 여자 어른보다 지위가 높다. 할아버지 옆자리에 앉아 밥상머리 교육을 받으며 과묵함을 배웠다. 남현무는 지난 시절에 아버지에게서 공부하라는 말을 들은 적이 없었다. 그는 그런 아버지를 좋아했다. 그래서 자신도 아버지처럼 자녀들에게 과묵함을 행한다.

"행위자의 자아는 자신이 태어난 이야기 공동체 속에서 타자의 이야기를 듣고 자라면서 형성된다. 이야기 공동체는 그 성원에게 가용한 온갖 공적 상징체계를 갖추고 있다."[6] 대구경북 남성들에게는 과묵함을 실천하는 것이 하나의 말하기 규범으로 자리 잡고 있다. 말을 많이 하면 가벼워 보인다. 이야기를 하는 사람은 문제적 상황에 처한 사람이다. 습속대로 살아가면 굳이 이야기할 필요를 못 느낀다. 행동만 하기 때문에 공적 상징체계에 의해 특정의 의미를 부여하는 문화화용론을 실천하지 않는다.[7]

미국 십대들을 대상으로 섹스에 관해 인터뷰한 섀런 톰슨의 경험을 빌려보자. 톰슨은 인터뷰 과정에서 소년들은 이야기하는 능력이 떨어지고, 소녀들은 약간만 호응해주면 미래와 연관해 기나긴 이야기들을 만들어낸다고 기술했다. 소녀들이 유창한 서사를 할 수 있는 요인은 이미 다른 십대 소녀들과 그에 대해 진지한 대화를 나눈 경험이 있기 때문이다. 그만큼 섹스는 소녀들의 삶에 유의미하므로 많은 이야기를 만들어낼 수 있었다.[8] 위 사례는 젠더 간 문화화용 능력의 차이를 보여준다.

그렇다면 대구경북 사람들은 어떠한가? 친밀성 영역에서 여성 연구 참여자의 서사는 남성 연구 참여자의 서사와 달리 일상의 삶과 너무나 밀접하게 연관된다. 교육, 결혼, 종족 보존, 어머니의 삶, 고부 갈등, 시부모 부양, 가부장, 이혼이라는 문화구조에 끊임없이 종속된다. 지난날의 삶에서 교육은 가장 위기의 순간으로 내세울 만큼 남녀차별이 극명하게 드러나는 문화적 요소로 작동한다. 여성 연구 참여자들은 공부에 대해 할 말이 많다. 그래서 이 이야기는 2부에서 다시 지면을 할애해 논의하고자 한다.

여성 연구 참여자들은 가부장적 집을 벗어나기 위한 수단 목적으로 낭만적 사랑을 찾아 또 다른 집으로 탈출을 시도한다. 아버지라는 가부장에서 벗어나 새로운 남성을 택해 삶의 행위 전략strategies of action을 취한다. 결혼은 습속이다. 수단 목적 범주를 통해 체계적으로 조직하지 않아도 된다. 습속은 자연스럽게 내면화되어 있어 성찰 대상으로 삼을 필요가 없다.[9] "문화는 사람들이 행위의 궤적을 구성할 수 있게 하는 도구들을 구성"[10]하므로 결혼은 의심하지 않고 당연하게 받아들일 수 있는 비중 있는 문화적 자산이다.

낭만적 사랑은 자아실현의 방식이다. 사랑을 통해 내적 자아를 표현하는 하나의 방법이며 삶에 이야기를 끌어들인다. 낭만적 사랑은 일종의 종교와 같다. 신이 자아를 충족시키듯, 연인이 자아를 지배하며[11] "첫눈에 반하거나 한 번의 열정적 사랑을 고리로 하여 평생의 애착 관계를 유지한다".[12] 드라마, 영화, 문학, 음악에서 낭만적 사랑을 주제로 담은 이야기들은 끝도 없이 생산된다. 김우진과 윤심덕의 이룰 수 없는 사랑 이야기는 뭇사람들의 애간장을 태운다. 사랑에 웃고 울며 공감한다. 이러한 사실은 인간의 삶에서 사랑이 차지하는 비중이 지대하다는 것을 보여준다.

미국인들은 삶의 의미를 다른 사람들과의 강렬한 관계를 통해서 찾으려고 한다. 낭만적 사랑은 표현적 개인주의의 본질적 형태이며,[13] 한 개인이 사랑하는 사람을 만나 결혼하고 살아가면서 자신의 자아를 완성하는 근대적 사랑의 형식이다.[14] 삶에서 한 번도 오지 않을 수도 있고, 짧게 왔다가 영원히 사라져버릴 수도 있으며, 여러 번 찾아올 수도 있다. 연구 참여자들은 결혼을 삶의 전환점으로 활용한다. 스위들러의 표현을 빌리면 문화꾸러미가 내장된 연장통$^{tool\ kit}$에서 결혼이라는 도구를 꺼내는 전략을 취한다.[15]

여미순은 공장생활이 재미없었다. 어머니의 권유에 의해 지금의 남편을 만나 제대로 데이트도 못해보고 좋은 사람인지 나쁜 사람인지 판단할 틈도 없이 한 달 만에 결혼한다. 결혼 후 남편과 함께 가게를 하면서 동반자적 관계를 유지한다. 여은정은 혼기가 가득 찬 노처녀가 되자 초조했다. 당시 사회통념상 스물일곱 살이면 불명예스럽게도 노처녀라는 딱지가 붙었다. 그 딱지를 떼기 위해 마음에 들지 않았지만 종교가 같고 선해 보이는 남자를 택한다. 여정란은 삶에서 가장 기억에 남는 것은 어머니의 불행한 삶이다. 그런 가정에서 벗어나고 싶었다. 아버지는 지금의 남편과의 결혼을 적극 권장한다. 시누이들이 많았지만, 외아들이라 재산 상속을 모두 받을 수 있다는 문화적 요인에 의해 배우자를 선택한다.

여재선의 아버지는 여자는 밖에 나가면 '깨진다'는 이유로 그를 집 안에 감금시킨다. 거대한 가부장으로부터 탈출할 수 있는 수단으로 결혼이라는 가용한 문화 자원을 이용한다. 낭만적 사랑에 대한 두근거림 따위는 없었다. 무능하고 권위적인 남편을 보면서 애초에 없었던 사랑이라는 감정이 싹틀 틈도 없었다. 여경숙 역시 아버지를 벗어나기 위해 결혼이라는 자원을 활용한다. 아버지는 무능하면서도 잔인한 독재자다. 그는 가부장의 폭력에 저항한다. 술에 취한 아버지를 베개로 목을 누르려는 충동까지 느낀다. 그러나 결혼 이후 또 다른 가부장의 그물에 갇히고 만다. 남편도 아버지와 마찬가지로 폭력을 휘두른다. 여경숙의 딸은 그런 가부장의 망에서 탈피하기 위해 일찌감치 결혼을 수단으로 집을 떠난다.

남연철은 결혼 상대자로 함께 노동하며 가계를 꾸려갈 동반자를 찾았다. 기름 묻은 더러운 작업복을 빨아줄 수 있는 여자, 무거운 찜통을 번쩍 들 정도로 힘이 센 여자를 원했다. 동반자적 사랑은 "결혼과 별 관련이 없었다. …… 가계나 농장을 꾸려갈 남편과 아내의 상호 책임과 관련된다companionate love"[16]. 근대 이전의 유럽에서 결혼은 성적 매력보다 경제적 상황에 의해 작용되었다. 그 시대는 동반자적 사랑의 방식을 취했으며 부부간의 에로틱한 사랑은 드물었다.[17] 남연철은 좋은 남편은 지배자 역할을 맡아 가정을 경제적으로 책임져야 하며, 관객이 보는 앞에서 아내는 조력자로서 공손하게 연기해야 한다고 말한다. 각자가 자기 배역을 연기함으로써 좋은 남편, 좋은 아내라는 인상을 유지하는 것이 중요하다는 것이다.[18]

10명의 연구 참여자 중에서 남현무, 남두일은 첫눈에 반해서 결혼했다고 말했다. 어디에 반했냐고 물으면 "예뻐서", "모두 다"라는 과묵한 대답만 돌아왔다. 낭만적 사랑의 초기 단계는 데이트를 통해 로맨스 감정을 느낀다.[19] 여성 연구 참여자들은 배우자와의 관계에서 강렬한 로맨스를 경험하지 못했다. "심리적 안전[security]의 한 형태이자 또한 미래를 통제할 수 있는 잠재적 통로"[20]이기도 한 로맨스를 느껴보지 못해서일까? 남편을 향한 언어에 독이 서려 있다. 인터뷰 도중 수차례 이혼을 언급한다. 그러나 인터뷰가 끝날 무렵에는 현재의 삶을 유지하는 것으로 마무리짓는다. 나는 결혼생활에 위기를 겪고 있는 여성 연구 참여자를 일부러 선정하지 않았다. 그들은 막상 삶 속으로 들어가자 남편을 악마의 화신으로 등장시킨다. 기-승-전-남편 홍보기로 끝이 난다. 여미순은 신혼 초, 남편의 괴팍한 성격 탓에 고생을 했다. 이혼을 할까도 생각했지만 어머니가 불쌍해서 이혼을 접었다. 딸이 이혼하면 어머니가 속상해할 것 같아서였다. 여정란도 위기를 겪는다. 고부 갈등으로 남편이 원룸을 얻어 집을 나간다. 딸의 결혼 문제가 떠오르자 남편은 별거를 접고 다시 집으로 돌아온다.

여재선은 가부장의 언어 뒤로 숨으면서 이혼을 접는다. 처음에는 공무원 신분으로 자신의 이름으로 된 보증이 있기 때문이라는 핑계를 댔다. 그다음엔 딸의 결혼 문제가 걸렸다. 딸이 결혼하고 빚 보증이 없는 지금은 "남자는 바람을 피울 수 있다"라는 논리를 편다. 남편을 이해하지 못하는 것은 '가리개'를 가리고 세상을 바라봤던 자신의 무지 탓이다. 여경숙

또한 남편에 대한 원망이 깊다. 처음에는 딸의 결혼 때문에 이혼하지 못했다. 딸이 출가하고 난 뒤에는 성격이 불같은 남편에게 죽임을 당할까봐 무서워서라는 이유를 댄다. 그러다가 또 다른 이유를 말한다. 딸이 이혼하라고 권하지만, 남편보다 더 좋은 사람을 만날 것이라는 보장이 희박하다. 세상 남자에 대한 믿음이 없다.

최종렬은 지방대 부모 세대를 연구하면서 그들이 전통적인 가부장제를 벗어나 낭만적 사랑으로 결합했다고 언급한다.[21] 그의 연구는 자녀가 부모를 인터뷰하는 방식을 취해서인지 모르겠지만, 남편을 향한 아내의 증오심이 드러나 있지 않다. 부모가 자녀에게 보여주고 싶은 자아와 진정한 마음속 자아의 차이 때문에 언어가 달라지는 것일까? 자녀의 기대에 어긋나지 않는 부모의 모습을 보여주고 싶었던 것일까? 자녀에게는 부모가 사랑해서 낳은 아이가 바로 '너'라는 사실은 매우 중요한 의미가 된다. 그러나 내가 만난 여성 연구 참여자들은 남편에게 극도의 증오를 나타냈다.

남성과 여성이 부모로부터 받는 대접은 다르다. 남성은 아들이라는 이유로, 종손(장남)이라는 이유로 여성과 다른 차별화된 지원을 받는다. 여성 연구 참여자들은 자신이 어머니의 삶과 닮았다고 하면서 깊은 한숨을 내쉰다. 딸이 자신의 삶을 닮을까봐 극도로 두려워한다. 그런데 부모 부양에 대해서는 남성 중심적인 사고를 가졌다. 친정 부모를 부양하는 데는 출가외인이라는 이유로 완전한 책임감을 느끼지 않는다. 여건에 따라 해도 되고 안 해도 된다는 관념을 가지고 있다. 하지만 책임감보다 연민이 더 크게 작동한다. 그래서 부양 문제에 홀가분하지만은 않다. 시부모를 부양하는 데는 마음의 짐을 가지고 있다. 며느리로서 당연히 책임져야 한다는 강박관념에 시달린다. 남두일은 부모 봉양에 대한 책임을 아내에게 전적으로 떠맡긴다.

나는 여성 연구 참여자들의 이야기를 들으면서 가부장적 틀에 도전하다 비참한 생을 마감한 나혜석의 삶이 떠올랐다. 나혜석은 작가로서, 화가로서, 주체적인 자아로서 당당한 독립적 여성의 삶을 추구한 여성해방 사상가다. 〈모母된 감상기〉에서 "자식이란 모체의 살점을 떼어가는 악마"라고 정의해 세상을 경악하게 한다. 〈인형의 가家〉라는 시에서는 여성을 아버지의 인형, 남편의 인형, 자식들의 인형으로 여기는 삼종지도三從之道에 대항한다. 그는 습속에 따라 세속적인 의무를 충실히 수행하는 여성이 아니라 합리적 이성에 따라 행동하는 이상적인 인간이기를 원한다. 여성도 자율성을 가진 존재로서 그런 삶을 살아야 한다고 주장한다. 모성은 태어날 때부터 있는 것이 아니라 사회적으로 구성된다고 보았으며 모성을 신비화하는 언어를 과감하게 배척한다. 그러나 이혼 위기에 처하자 모성애는 세상에서 가장 존귀한 것이고, 앞으로 현모양처로 살겠다며 종전의 말을 뒤엎는다. 가부장제에 무릎 꿇고 모성애로 회귀하기 위해 몸부림치지만 결국 이혼을 당한다. 아이들을 빼앗기고 고통스런 세월을 겪으면서 행려병자의 삶을

살다 생을 마감한다.[22]

나혜석의 일화는 우리에게 무엇을 깨닫게 해주는가? 나혜석의 삶을 어떻게 받아들여야 할까? 나혜석은 그 시대에 지독한 가부장적 틀을 깨뜨리기 위해 도전한 선각자로서 분명 존중받을 만하다. 하지만 가부장제에 함부로 도전하면 불행해진다는 명분을 제공한 것처럼 보이기도 한다. 의식이 깨어 있는 신여성조차도 그 틀에 도전하다가 비참한 최후를 맞는다는 사실은 여성들에게 경각심을 불러일으킨다. 가부장제에 순응하며 살아온 여성 연구 참여자들은 사회적 비난이 두렵기만 하다. 그래서 처음에는 자녀들을 위해 가정을 지킨다. 마지막에는 사회세계의 남성들을 악인으로 몰고 간다. 집 밖에는 나쁜 남자들이 우글거리고 있고, 모든 남자가 다 가부장적일 수 있다는 생각으로 이혼을 접는다.

그렇다면 이러한 문화적 요인은 어디에서 비롯되었는가? 우리 사회에서 여성을 가부장의 보호 아래 두는 강력한 배경표상[23]인 유교에서 그 원인을 찾을 수 있다. 배경표상은 한 사회의 핵심적인 문화구조이며, 성과 속의 이항 코드를 구체화한 집합표상이다.[24] 유교는 영원히 나를 기억해주는 해결책을 제시한다. 조상에게 제사 지내고 후손을 낳음으로써 인간의 존재론적 한계를 극복하며 불멸성을 추구한다. 이것이 유교 가족 개념의 특수성이며 죽음을 각오하면서까지 자식 낳기에 집착하도록 이끈다.[25] "여성의 역할은 시댁의 대를 이어줄 아들을 낳아 입신양명하도록 키우는 임무가 부여된다."[26]

여성들은 왜 이렇게 죽음을 무릅쓰고 아들(혹은 자식) 낳기에 도전하는가? 그 원인은 남자의 성을 따르는 유교적 가족주의의 배경표상에서 찾을 수 있다. 여성 연구 참여자들이 친밀성 영역에서 두드러지게 펼친 서사는 종족 보존 문화구조다. 여미순은 이야기의 대부분을 아들을 얻기 위해 피눈물 나는 노력을 했던 시간에 할애한다. 세 번의 제왕절개로 죽음과 맞서는 위험을 감수하고서라도 기필코 아들을 낳고야 말겠다는 각오를 한다. 아들을 낳고 나서 천하를 다 얻은 기쁨을 만끽한다. 그의 어머니 또한 스스로 씨받이를 구해 여자의 방으로 아버지를 밀어넣을 정도로 아들에 집착했다. 여재선은 건강이 좋지 않은데도 생명의 위험을 무릅쓰고 자식 낳기에 도전한다. 세상에 태어난 이유가 종족 보존을 위해서인 듯, 종족을 보존하기 위해 자식을 낳는다. 여경숙 역시 아들을 얻기 위해 목숨을 잃을지도 모르는 순간을 마다하지 않는다. 태아가 배 속에서 사망하는 계류유산으로 몇 번이나 죽을 고비를 넘긴다.

가부장제 가족의 탄생은 '가家'와 '국國'의 연결망에서 비롯된다. 나라에 최고 권력자가 있듯이 가정에도 집안을 다스리는 최고 권위자가 있다. 가족에 아버지 어머니가 있고 우주에는 하늘과 땅이 있다. 천둥과 바람, 물과 불, 산과 못은 각각 장남과 장녀, 차남과 차녀, 소남과 소녀로 상징된다. 모든 원리를 가족을 상징하는 것으로 되돌리는 것은 가족이 세계의 중심에 있음을 뜻한다.[27]

모계 혈통을 배척한 부계 혈통 중심의 종족 문화는 여성을 남성에 종속시키는 데 결정적인 역할을 해왔다. 남성 위주의 문화구조가 습속으로 배태되어 악순환을 양산한다.[28] 가부장제는 신분적 지배를 의미하며 여성과 남성의 행위규범을 조절한다.[29] 이는 연구 참여자들의 서사에서도 여실히 드러난다. "조상 숭배의 전통에서 자식은 자기 재생산이라는 생물학적 의미 이상의 차원에서 추구되었다. 이 세계에서는 낳고 낳음 생생生生의 행위와 가치가 그 무엇보다 위대한 덕목이 되었다."[30] 문화 집단의 배경표상은 사용하지 않으면 사라지고 만다. 연구 참여자들은 유교라는 문화 자원을 유용하게 활용하고 있다. 창고에 층층이 쌓여 있는 문화 자원을 가용하여 삶의 방식을 꾸려나가고 있으며, 공동체의 배경표상으로 막강한 영향력을 발휘한다.

남성 연구 참여자들이 재미있어 하는 부분은 군대 이야기다. 연구자인 내가 모르는 부분을 흥미진진하고 상세하게 말해주려고 애쓴다. 남연철은 수도방위사 출신이라는 점을 부각시키며, 거기에서 세뇌 교육을 받아 자신의 국가적 정체성이 형성되었다고 말한다. 남민수는 힘들었던 군대생활에 잘 적응했고, 이 경험이라면 사회에 나가서도 어떤 일을 하든 성공할 수 있겠다는 자신감을 얻었다. 남현무는 사회에서 싸움만 하는 쓸모없는 인간이라는 자괴감에 빠져 있었는데, 특전사를 제대한 후 처음으로 국가에 필요한 존재가 되었다는 자부심을 느꼈다. 군대 제대 후 철이 든 것 같다고 말한다. 남두일은 해병대 출신이라는 자존감이 있다. 남자답고 멋있어 보여 해병대에 지원했다. 첫 면접 때 떨어지고 재도전해서 갔다 왔을 정도로 해병대 출신임을 뿌듯해한다. 남계식은 방위병 출신이다. 시력이 좋지 않고, 지원자가 너무 많아서 현역으로 가지 못했다. 그래도 공병대에서 유격훈련과 총검술을 받으며 여타의 군인과 똑같은 '빡센' 훈련을 받았다고 말한다.

남성 연구 참여자들은 국방의 의무에 무조건적인 충성을 표하며, 군대를 남성성을 상징하는 것으로 묘사한다. 명문 학교 출신임을 내세우듯 명문 부대 출신임을 뽐내는 것 같았다 (남성 연구 참여자 5명 중 3명은 자신이 특전사, 해병대, 수도방위사 출신이라는 점을 자랑스럽게 여겼다). 대한민국 국민으로서 국방의 의무를 충실하게 수행한 것을 자랑스러워하며 국가적 자아를 연출한다. 개인의 정체성을 공동체의 인정을 통해 형성하려는 집단주의 문화구조를 잘 보여준다고 할 수 있다.

연구 참여자들은 아이들과 무관한 삶을 살기를 원한다. 아이들에 대한 애정과 관심은 많다. 그렇지만 멀리서 지켜만 보고 직접 조언하지 않는 것을 원칙으로 한다. 가족 구성원은 서로를 부양하는 것을 당연하게 여긴다.[31] 하지만 노후는 알아서 할 생각이다. 자녀들은 지향 가족family of orientation[32]에 구속되지 않고 생식 가족family of procreation[33]의 행복을 지향했으면 싶다. 그러면서도 자신들은 부모 부양에 대한 책임은 완수하려고 한다. 이러한 현상을 '긴 세대'인 50~60대의 비애로 바라볼 것인가? 자녀에게 의존하지 않고 자립적 역량을 갖춘 자랑스러운 세대로 볼 것인가?

지금의 50~60대는 베이비부머[baby boomer]로 '낀 세대'로 불린다. 위로는 부모를 부양하고 아래로는 자녀를 부양하는 의무가 있지만 막상 자신들은 부양을 받지 못한다.[34] 그 이유는 전통적인 유교 문화로 50~60대는 부모를 부양해야 한다는 책임감이 높다. 하지만 급속한 세계화와 문화구조 활용의 차이로 젊은 세대는 부모 부양에 대한 의무감이 현저히 낮다. 이러한 현상은 "한국전쟁 직후 출산율이 급상승한 1955년부터 가족계획이 본격적으로 실시되기 이전인 1963년도 사이에 집중적으로 태어난 세대인 베이비부머의 경우는 향후 더욱더 많은 사회 문제 유발을 잠재하고" 있다.[35]

그러면 낀 세대의 노후는 어떻게 할 것인가? 연구 참여자들은 지난 세기 동안 경제적·정치적·사회적 격변기를 겪으며 성실하게 살아왔다. 이들은 국가와 호혜적인 관계를 맺지 못했기 때문에 의무는 충실히 수행하지만 권리는 주장하지 않는다. 모든 책임은 개인의 노력 여하에 달렸다고 믿는다.

최종렬은 가족에게 맡겨진 부당한 짐을 국가가 부담해야 한다는 뜻을 펼친다.[36] 그러기 위해서는 국가가 각종 복지 정책을 시행해야 하는데 연구 참여자들은 복지 정책에 대해 부정적인 반응을 보인다. 경영학을 전공한 여정란은 비교적 조용하게 인터뷰에 응하다가 정부의 복지 정책에 대해 말할 때는 자신이 배운 경영학 이론과 맞지 않다며 목소리를 높인다. 대개의 연구 참여자는 열심히 노력하는 사람에게 세금을 많이 내라고 하는 것은 사회주의로 나아가는 정책이라며 반발한다. 최종렬은 경영 언어와 심리 언어에서 벗어나 사회학 언어를 타고 사회학적 상상력을 펼쳐 현실에서 탈출해야 한다고 언급한다.[37] 긴 세대의 노후에 대한 대책은 개별적인 삶을 뛰어넘어 넓은 세계와 엮어서 통찰하는 능력이 해결책이 될 수 있다. 그러기 위해서는 자신의 자아를 친밀성 영역 안에만 두지 말고 다양한 영역으로 뻗어나가게 하는 문화화용 능력을 구사할 때 가능하다. 주어진 삶을 눈에 보이는 그대로가 아니라 '마치 ~인 것 같은' 영역으로 진입하여 이야기하는 능력을 키워야 한다.[38]

2장

시장 이야기

대구경북 사람들은 시장 영역에서 어떤 언어를 사용하며 경제활동을 하는가? 수단 목적 합리성의 언어를 사용하는가? 호혜성의 언어를 사용하는가? 생산자본주의 언어와 소비자본주의 언어를 사용하는가? 나는 시장 영역에 대한 서사를 분석하기 위해 다음과 같은 질문을 했다.

평생 어떤 직업에 종사하며 살아왔는가?

자신이 해온 일에 만족하는가?

만약 다시 젊은 시절로 돌아간다면 어떤 직업에 종사하고 싶은가? 그 이유는 무엇인가?

자녀가 어떤 직업을 가졌으면 좋겠는가? 그 이유는 무엇인가?

직업은 풍요롭고 만족스러운 사적인 삶을 획득하기 위한 수단이다.[1] 현대적 삶을 살면서 직업만큼 우리가 누구인지를 짐작하게 하는 데 큰 영향을 미치는 것도 없다. 일은 어느 한 개인과 사회를 잇는 중요한 연결고리 역할을 한다. 그러므로 "자아를 경제적인 성공, 안정, 그리고 돈으로 살 수 있는 그 모든 것의 개념으로 정의"한다.[2]

자본주의에서 시장은 물물교환이나 교환의 원리가 기본적이며, 이를 목적으로 생성된 장이다.[3] 하지만 폴라니는 경제활동이 오로지 시장에서의 다양한 가격을 통해 결정되고 그 외의 어떤 것도 경제활동에 영향을 미치지 않는다는 이론에 반박한다. 경제 체계는 호혜성, 재분배, 교환에 의해 구성되며 사회 문화에 배태된다. 폴라니는 그 이유를 노동, 토지, 화폐를 빌려 설명한다. 이 세 가지는 경제 체제의 필수 요건이다. 하지만 상품은 될 수 없다. 노동은 인간의 생명과 연관되므로 판매를 위한 것이 될 수 없으며, 토지는 자연적인 것으로 인간이 생산할 수 있는 것이 아니다. 화폐는 금융이나 국가의 제도에 의해 생겨나며 교환을 매개로 하는 수단일 뿐이다. 만약 이 세 가지를 상품화하여 인간과 자연환경의 운명이 시장 구조에 좌우된다면 사회는 파괴될 것이다.[4] 시장은 자기조정self-regulation적 조절에 의해 작동하는 것이 아니라 사회적으로 구성되며 시장 참여자의 지각에 의해 정의된다.[5]

왕혜숙·양현아는 가족주의 문화에 의한 장기이식을 통해 이를 잘 보여준다.[6] 한국의 장기 기증과 이식은 가족 중심적인 특성이 강하게 작동한다. 즉, 국가의 관리에 의한 매개가 아니라 가족관계에 의해 장기를 주고받는 현상이 지배적임을 확인시켜준다. 생체 기증은 기증자의 의지가 무엇보다 존중되며 자율성이 보장된 호혜성에 따라 이루어진다. 시장은 수요와 공급에 따른 것이 아니므로 자본주의 경제에서 재화의 생산과 분배의 질서가 자기조정self-regulation적 조절에 의해 맡겨진다는 논리는 모순이다.

연구 참여자들의 이야기를 통해 대구경북에서 시장이 어떻게 작동하는지를 구체적으로 살펴보자.

01
"내가 돈맛을 너무 일찍 알았어"

여미순은 중학교를 졸업하고 외삼촌 공장에서 일했다. 산업체 고등학교에 가기 위해 ○○여상과 연계된 ○○합섬으로 일자리를 옮겼다. 학교 가는 일이 자꾸 미뤄졌다. 1년을 기다리지 못하고 외삼촌 공장으로 다시 돌아갔다.

"외삼촌은 돈도 마이 주고 했는데 딴 데 가이끼네 돈이 너무 작아 마음에 안 들어. …… 최~~고 한이 되는 게 내가 돈맛을 너무 일찍 알았어. …… 6만 원 월급을, 외삼촌이니까 마이 줬겠지. 그 맛 들이뿌니까 딴 걸 못하겠더라 아이가."

결혼 후, 남편과 함께 12년 동안 가게를 운영했다. 건너편에 상가를 하나 사두었다. 가게를 그만두고 거기서 13년 동안 요식업을 했다. 남편의 친구가 건물 분양업을 하는 것을 보면서 갑자기 요식업이 시들해졌다. 자신들이 몇 달 동안 뼈 빠지게 일해서 벌어들이는 이윤을 그 친구는 한 방에 벌어들였다. 잘나가는 타인을 보면서 허무한 마음이 들었다. 남편이 건물 분양업을 시작했다. 요식업은 전문대 식품조리학과에 다니는 아들이 이어받아 경영한다.

"우리 아들이 병역특례 하면서 3년을 직장생활 해보니까 몸무게 57키로까지 내려갔어. 키 180에 갈비라 갈비. 원래 뚱뚱했는데 별명이 강호동이라 캤는데. …… 직장생활은 답이 없단다. 희망이 없단다."

자식들은 눈만 뜨면 일을 하는 부모를 보며 자랐다. "일이란 돈을 벌고 살아가기 위한 방법이다." 일이 곧 그들의 삶이요, 놀이요, 취미가 되었다. 남편은 취미로 하는 골프도 일 때문에 시작했다. 사람을 만나기 위해서였다. 아들과 딸도 아버지를 닮아 일하는 것을 즐긴다. 하루라도 놀면 큰일 나는 줄 안다.

그는 젊은 시절로 돌아간다면 공무원이 되고 싶다. 돈을 떠나 자신만의 떳떳한 직업이 있는 사람들이 부럽다. 아이들은 자신들이 공부를 한다고 하면 더 지원해줄 수 있는데 각자 알아서 일자리를 찾아 떠났다.

"지금 같으면"

여은정은 명문대에 진학할 수 있을 정도로 성적이 우수했지만 동생들의 뒷바라지를 하기 위해 대학 진학을 포기했다. 결혼 후, 맞벌이를 하면서 양육에 많은 어려움을 겪었다. 친정어머니는 건강이 안 좋아 아이를 도맡아 키워줄 수 없었다. 육아 도우미, 시누이, 친정어머니에게 번갈아 도움을 받았다. 자신이 슈퍼우먼 역할을 할 수밖에 없는 삶을 이어갔다.

"지금 같으면 못하겠지. 그때는 젊어서 했겠지. 임신해가지고 낳을 때까지 했기 때문에 고달픈 삶을 살았다고 봐야지. 편안한 삶을 살았다고는 할 수 없지. 애기 가지고 만삭의 몸으로 다녔으니까. 휴직하기 전까지는. 그때는 그래도 힘든 줄 모르고 했네. 지금 생각하면 정신없이 살았구나 그런 생각을 하지. 고생이라고 생각 안 했지."

회사에서 명퇴 이야기가 나돌았다. 억지로 버티겠다고 각오했다. 때마침 공교롭게도 시어머니가 위중해 당장 간호할 사람이 필요했다. 결국 직장을 그만두었다. 그때 버텼더라면 하는 아쉬움을 늘 가지고 살고 있다. 젊은 시절로 다시 돌아간다면 교사나 교수, 강의하는 사람이 될 것 같다. 교회에서 자신을 보고 은사(은혜로운 능력)가 있다고들 말한다. 자녀들은 돈을 많이 버는 직업보다는 여유로운 시간을 쓸 수 있는 직업을 가지면 좋겠다.

"요즘 젊은이들이 그렇다고 하잖아, 좋은 학교를 나와도 대기업을 선호하지 않는 이유가 돈은 많지만, 자신의 생활이 없다고 하는 거지. …… 우리 신랑이 좋은 이유가 지금은 다들 선호하는 직장(공무원)이 되었지. 출퇴근 시간이 정확하고 휴가를 자유롭게 낼 수 있고, 이런 게 있어서 내가 그동안 참 편하게 살아왔어. …… 소위 말해서 돈 많이 버는 대기업 직장에서 연봉은 작지만, 시간을 많이 가지는 직장으로 옮긴다 해도 안 말려. 월급은 많지 않지만 여유로운 시간과 급할 때 시간을 낼 수가 있으니까. 가족 간의 시간이나 이런 게 많아서 좋더라고. 우리 애들도 이런 직장에 들어가면 좋겠어."

03

맏딸은 살림 밑천

여정란은 '맏딸은 살림 밑천'이라는 말에 책임감을 느꼈다. 여상에 재학 중일 때 일찌감치 회사에 취업을 했다. 입사하기까지 8개월간의 시간적 여유가 있었다. 헌책을 사서 입시반에서 공부했다. 아버지는 여정란이 시험에 떨어지기를 바랐지만 지원한 두 대학에 모두 합격했다. 졸업하면 상업고등학교 교사 자격이 주어지는 최상위권 대학을 포기하고, 일과 학업을 병행할 수 있는 하위권 야간대학을 선택했다. 2년을 그렇게 하고 나니 체력에 한계가 왔다. 견딜 수 없어 회사를 그만두었다.

"아부지가 마이 뜯어말렸지. 차라리 학교를 그만두지 회사를 왜 그만두느냐고. 나는 돈은 언제라도 벌 수 있지만 배움은 때가 있다 카면서(웃음). …… 졸업하면 교사라도 하지 싶어서 회사를 땔치우고 갔는데 내 졸업할 때 되니까 500만 원 학교에 내라 카고 이래가 못 가고 학원 강사 조금 하다가 결혼했지."

만약 젊은 시절로 돌아간다면 예술을 전공하고 싶다. 악기나 성악을 전공해서 취미로 하든지 직업으로 삼든지 평생 그렇게 살고 싶다. 남편과 아이들의 직업은 모두 공무원이다.

"더 좋은 직장 가면 좋겠지만. 지 정도에 공무원 같으면 됐다 싶고. 우리 신랑도 공무원이다 보니까 자연스럽게. 세월이 지나면 공무원이 수월해지잖아. 딸도 특수교사 보다 이직을 잘한 것 같아. …… 일을 할 때 커피 마실 수 있는 게 너무 좋더란다. 야근을 해도 커피 마시면서 한 번씩 카톡 하면서 하니까 좋다고 하더라고. …… 돈 마이 못 벌어도 애들 직업 만족한다. 대기업이라고 다 좋나? 그나마 공무원이 안 났나. 토, 일 다 쉬고."

04
"이게 전문직이잖아"

여재선의 직업은 기능직 공무원이다. 처음에는 현장에서 일하는 자신이 초라해 보였다. 사무실에 앉아 있는 직원들을 보면서 자존심이 상했다. 하지만 시간이 지날수록 직업에 긍지를 느끼게 되었다. 자신의 기술로 한몫을 담당하는 데 자부심을 느꼈다.

"이게 전문직이잖아. 요즘은 직업에 귀천이 없잖아. 어떤거든지 즐겁게 하면 사회에서 인정도 해주고 자신도 만족을 느끼고. 처음에는 어디 가서 직업을 말하기 싫었는데 지금은 당당하게 이야기하고 내 직업에 대해서 만족도 느꼈고. …… 집에 오면 책을 3권 4권 찾아보면서 연구해가지고 먼저 해본 선배들한테 전화하고 다음 날 활용하고. …… 만족도가 높았지."

젊은 시절로 돌아간다면 다시 기능직 공무원을 하는 것도 괜찮다고 한다. 그는 원래 꿈은 교사였지만 가정형편상 대학을 가지 못했다. 딸의 직업은 공무원이다. 현재 오지로 발령이 났기 때문에 그가 손녀를 돌보고 있다. 자신도 힘들지만 어쩔 도리가 없다. 딸의 직업이 안정적이라서 만족한다.

05
"집 안에서는 요래 살지만"

여경숙은 고등학교를 졸업하고 교육대학교로 진학하고 싶었지만 집안 형편상 포기했다. 친척 소개로 조그만 회사에서 경리로 근무했다. 결혼 후, 친척의 권유로 지금까지 줄곧 영업직에 종사하고 있다. 만족하냐고 묻자 일단은 사람 만나는 게 재미있다고 한다.

"이야기 들어주고. 사람 만나러 가야 되니까 꽁하게 혼자 있을 시간도 없고. 그 사람한테 좋은 일이든 나쁜 일이든 도움을 줬을 때는 좋고, 성취욕도 있고, 스트레스도 받고 물론 힘들었을 때도 있었지만 긍정적으로 생각할라꼬 노력하고. …… 집 안에서는 요래 살지만 밖에서는 완전 활개를 피고 사니까. 나름대로 인정받고 활개를 치고 사니까."

만약 젊은 시절로 돌아간다면 학교 선생님이 되고 싶다. 딸의 직업에 대해 생각해본 적이 있냐고 물었다.

"그런 건 생각 못해봤지. 특별히 그런 건. 자식한테는 그렇게 잘해주지 못했지. 왜냐하면 먹고살기 바쁘고 알아서 잘하니까 혼잔데 맏이처럼 알아서 잘하니까. 니 인생 니 꺼고 니가 알아서 해라 캤고 지원은 해주는데 니 하고 싶은 대로 하라고 했지. 만약에 미술 쪽이면 산업디자인학과 간다고 했을 때 나중에 지가 미술관과 관련되어 생각해봤는데 그게 아니었더라고."

06
"기술이 남들보다 빨라야 해"

남연철은 제대 후 형님 공장에서 일하면서 복학했다. IMF로 거래처가 쓰러지자 형님 공장이 휘청거렸다. 작은 회사지만 다른 회사들보다 훨씬 빨리 최첨단 기법을 도입했다.

"남들이 안 하는 캐드를 우린 도입을 해서 도면을 막 보관하고 하니까 남들보다 빠른 거야. 남들은 줄자 이걸로 하고, 우리는 전부 막 컴퓨터로 다 그려서 넣어놓으니까 조금만 수정을 해버리면 적용하기도 빠르고 그래서 아마 많이 다른 데보다 빨리 성장을 했던 것 같기도 해요."

그는 일에 빠져 살았다. 지금은 아내와 함께 다른 사업을 하고 있다. 어릴 적 꿈은 교사였다.

"어릴 때는 원래, 주위에서 그랬고 선생 카는 걸 내 이제 가르치는 걸 굉장히 좋아하고 했었는데, 꿈은 원래 그 선생님이었었는데. 뭐 꿈하고는 멀리 그냥, 어릴 때에 기억나는 게 초등학교 3학년 때 선생님이 …… 나는 그거 국어, 글자를 이렇게 한글을 잘 쓰는데 못 쓰는 애들이 있더라고, 3학년 때. 그거를 그 선생님이 내보고 남아서 가들 가르치라 이카더라고. 그래 가들 막 가르치는 기분이 억수로 좋은 기야. 선생님 돼야지 카고 그런 생각을 했었다니까요."

그는 현재의 직업에 만족한다. 일반 직장하고 다르게 은퇴가 없다.

"그래서 또 이게 또 기술적인 거라서, 육체적으로 조금 못 움직이더라도 정신적으로 직원들하고 이렇게 일을 할 수 있으니까, 일은 계속 75, 80까지라도 할 수 있으니 즐겁게 생각을 합니다."

자녀들의 진로에 대해 조언한 적이 있냐고 묻자 직업 선택에 간섭하고 싶지 않다고 말한다. 아이들은 각자 개성이 있다. 어떻게 살든 본인이 원하는 대로 최선을 다하면 만족한다. 아이들에게 높은 지위나 금전적 기대가 커지면 그들에게 압박감을 주게 마련이다. 그러면 자식들이 부모에게 실망감을 안겨주었다고 생각할 것이다. 부모에게 실망감을 주면 죄책감으로 부모와 멀어질 수 있다.

07

"자기만 열심히 하면······"

남민수는 양화점에 취직했다. 기술을 배우는 조건으로 무보수로 일했다. 군 복무를 마치자 구두가 대량 생산되고 있었다. 양화점에 일감이 줄어들고 함께 일하던 동료들도 뿔뿔이 흩어졌다. 친척 소개로 시장에 점원으로 취직했다.

"내 진로라 카는 거는 내 하고 싶어서 하는 게 아니고 남이 정해줘가 따랐는 거지. 돈은 조금씩 줘도 되니까 장사하는 방법을 가르쳐주라고 하면서 소개해서 일했어요."

자신의 적성이 뭔지도 모르고 정해진 대로 순응하면서 살았다.

"요즘 사람들은 내 적성이라든지 재미있겠다 모든 걸 보고 해도 되겠다 이런 거를 먼저 생각해보지만, 지금하고 고런 게 많이 차이가 나는 거 같아요. 직장에 들어가더라도 지금은 적성에 안 맞거나 재미없으면 그만둬버리니까. 그 당시는 한 직장에 들어가면 우애뜬지 참고 견디야 된다는 생각이 있었는데."

지금은 독립해서 부품업을 하고 있다. 만약에 다시 젊은 시절로 돌아간다면 월급쟁이보다 개인 사업을 해서 실패하든 성공하든 빨리 기반을 잡고 싶다.

"이렇게 뭐 자기가 뭐 젊었을 때는 뭐 실패할 수도 있고 성공할 수도 있지만 자리를 잡고 성공하면은 좀 그~ 나이 들어가꼬 좀 재미있게 지금보다 더 재미있게 풍요롭게 나는 사업을 하는 게 적성에 맞는 것 같고. …… 자기만 열심히 하면 상대방이 그거를 마음을 알아주니까. 뭐 자기가 열심히 하면 결과는 그거는 무조건 따라오니까 그쪽으로 나도 괜찮다고 생각합니다."

아이들이 안정적인 직업을 가지면 좋을 것 같다. 공무원도 무난하고 대기업도 괜찮다. 한 번 입사해서 꾸준하게 있을 수 있는 그런 직장이면 좋겠다.

08
"아버지 손재주를 이어받은 것 같아요"

남현무는 전역하고 공무원 생활을 시작했다.

"그때 당시로 우리 엄마가 돈을 500만 원 들이가지고 취직을 시켰는데 우체국에 들어갔는데 6개월 있다가 때리치아 뿟심더. 이게 나는 안 맞더라고요. 우리 엄마는 꼬개꼬개 모아 놨는 걸 갖다가 집안에 장남이 잘돼야 된다 캐가 그래 했는데 내가 좀 엄마한테 죄 짓는 마음도 들었지만 하기 싫은 걸 몬 하겠더라고요."

아버지는 집 짓는 일을 했다. 그는 방학 때 아버지 밑에서 아르바이트를 하곤 했다. 재미있었다. 자신이 그 기술을 이어 받은 것 같았다. 우체국을 그만두고 아버지를 따라 건축 기능 공의 길로 들어섰다. 결혼 적령기가 되었다. 대부분의 사람이 건축 기능공을 막노동자로 취급해 적대시했다. 결혼하기 위 해 아는 사람의 소개로 회사에 영업사원으로 들어갔다. 거기 서 만난 여직원과 결혼했다. 결혼 후, 처가 도움을 받아 재래 시장에서 식당을 차렸다. 돈을 자루에 쓸어담아야 할 정도로 손님들이 몰려들었다. 그런데 한자리에서 평생 썩을 생각을 하니 끔찍했다. 장모 눈치가 보여 그만둘 수가 없었다. 3년을 꾹 참았다. 자신은 방랑기가 있다. 장사도 싫고 모든 게 다 싫 었다. 매일 술을 마시며 하루를 지탱했다. 하루에 소주 5병 정 도는 예사로 마셨다.

"우리 장모가 '와 이카노' 카면서 '뭔 걱정거리 있나' 카 길래, '장사하기 싫습니다' 캤지. '아이구! 이렇게 잘되는데 와 이카노' 카고, 나는 '싫습니다' 계속 카고. 나는 싫은 거는 진 짜 몬하겠더라고요."

식당을 그만두고 다시 건축 기능공의 길로 들어섰다. 지 금은 만족한다. 앞으로 체력만 되면 일흔 살까지는 무난하게 할 것 같다. 자신의 능력이 상품이다. 일을 끝내고 나면 성취 감이 있다.

아이들이 앞으로 어떤 직업을 가지면 좋을지 물었다.

"직업은~, 직업에 대해서는 잘 모르겠는데요. 아까 이야기했다시피 내 하기 싫은 거는 몬하니까. 지금도 우리 애들한테 카는 게 너거 하고 싶은 거 해라. 괜히 부모가 너거한테 강요를 안 한다. 이런 직업을 해라 저런 직업을 해라 그런 거 안 한다고. 아빠가 살아보니까 그렇더라. 너거 하고 싶은 거 하는 게 제일 좋다 캅니더."

앞으로 체력이 될 때까지 건축 기능공 일을 하고 싶다. 그래도 만약에 젊은 시절로 돌아간다면 또 다른 꿈을 꾸고 싶다. 전 세계를 돌면서 글을 쓰는 여행 작가가 되고 싶다.

"제가 늘 살면서 로망이라 캐야 되나. 내가 방랑벽이 좀 있어서 그런지 뭐 이래 소설책을 읽든지 아니면 뭐 영화를 보든지 이래 보면 뭐라 캐야 되노! 이국적인 풍경이라고 캐야 되나. 내가 살고 있는 세계와 영 딴판의 세계 저런 곳에 한번 가봤으면 하는 이런 생각이 너무 들죠. 살면서 어디든지 나는 가보고 싶은 생각이 자주 들더라고."

정년퇴임과 구조조정으로 직장을 잃은 주변인들을 보면 자신의 직업이 좋다는 생각이 많이 든다. 그 사람들은 아직 열정이 가득한데 일할 곳이 없다. 어머니의 피땀 어린 돈으로 얻은 공무원 자리를 버린 것을 후회하지 않는다.

09

"빵점짜리 가장"

남두일은 부동산 개발업을 한다. 6~7년 전에 저축은행이 망해 그 여파로 부도 아닌 부도를 맞게 되었다. 그 당시 일은 아직도 미해결 상태다. 그때 현금을 좀 가지고 있었는데 곶감 빼먹듯이 돈이 빠져나갔다.

젊은 시절로 돌아간다면 어떤 직업을 갖고 싶은지 묻자 자신을 '빵점짜리 가장'이라고 동문서답한다. 수입이 일정하지 않아 굴곡이 있어 가정에 충실하지 못한 것에 대한 자책이다. 그는 남자들 세상에서는 돈이 모든 걸 좌우한다고 말한다.

"너무 물질적인 세상이다 보니까 돈과 돈하고 연관 있고 돈의 힘이다. 우리 같은 경우는 개인 간에 뜨내기 인생이 많다. 직장 동료 이런 거 사업 쪽으로는 돈 없으면 다 멀어져."

묵시적으로 돈 없으면 설움받는다. 고향 친구도 돈이 있어야 만날 수 있다. 자본주의 사회는 모든 것이 돈하고 연결된다. 지금의 직업이 좋지만 아이들의 성장 과정에서 고정적인 수입이 없어 가족들과 놀러 다니지 못한 것이 후회된다.

자녀들은 어떤 직업을 가지면 좋을지 물었다.

"그거에 대한 질문이 좋은데. 우리도 클 때 그랬지만 저거 생각하는 거하고 우리 생각하는 거하고 차이점이 많애. 둘 다 휴학을 하고 있어. ...... '아빠 대학교 포기해야 되겠다' 이런 말이 나오는 기라. 지방대 나오다 보니까 서울로 못 가.

······ 바램은 공무원 시험 이런 거하고는 끝났는 거 같고. 지금이 경쟁 사회에 되는 머리(공부 잘하는)가 있으니까 저것도 생각 안 할 꺼고. 자율적으로 놔둬야지 뭐."

10
"외갓집이니까 월급을 많이 줬겠죠"

남계식은 제대 후 외삼촌이 운영하는 재래시장에서 장사를 했다. 딱히 할 일이 없어 1987년부터 30년간 그곳에서 일하고 있다.

"월급을 얼마 받았냐 하면은 친척 집이니까 87년돈가 그때 30만 원 받았어요. 마이 받았다 카더라고. 외갓집이니까. ······ 내가 알아서 도맡아서 하니까 월급을 마이 올려주더라고. 외숙모가 차를 한 대 사줬어. 일욜 같은 때 아~들하고 놀러 가라 카면서 돈 5만 원씩 손에 쥐주고 그랬어요."

외갓집 가게에서 일하다가 독립을 했다. 친구와 동업해서 식당을 잠깐 운영하다 '망했다'. 다시 재래시장으로 돌아와 지금은 잡화점을 한다. 오랫동안 시장에 있었기 때문에 상인들이 많이 이용해준다. 다시 젊은 시절로 돌아간다면 원하는 직업이 무엇인지 물었다.

"선생님이 선망의 직업이었죠. 어렸을 때는 꿈 같은 것도 잘 모르지. 그런 선생님들이 좋았겠지. 내가 고 시간만 되면 관심 있어가지고 눈이 똘망똘망해지니까 귀엽게 봤겠지. 저

새끼 맨날 사고 치는 놈이 맨날 헛소리만 실실 해사고 웃기고 반 분위기만 흐리고 하는 그런 역할이었으니까."

연년생 딸이 있다. 아이들이 앞으로 어떤 사람이 되면 좋을지 물었다. 아이들의 직업에 대해서 직접 조언한 적은 없다. 본인이 하고 싶은 걸 하라고 권한다.

"지가 하고 싶은 걸 해도 중간에 바꾸기도 하고 하는데 평생 좋아했으면 좋겠지만 사람이 바뀔 수가 있잖아요. 마음에 안 드는 게 70퍼센트고 마음에 드는 게 30퍼센트면 난 괜찮다고 보거든요. 나 자신도 99퍼센트는 불만족하고 살았는데(웃음). …… 부모 입장에서 일찍 잘되면 좋겠지만, 그런 거보다는 자기 하고 싶은 거 꾸준히 해서 남한테 폐 안 끼치고 빛을 못 보더라도 자기 하고 싶은 거 뭐 하면서 살면 된다고 생각해요."

11

시장 이야기 분석

대구경북 사람들은 "일자리 이동 기회와 관련된 정보를 얻을 때 자신들이 현재 맺고 있는 인적 접촉에 크게 의존"한다.[8] 직업은 공적 영역이지만 친밀성 영역에서 주로 이루어진다. 합리적 경제 과정을 뛰어넘어 사회적 과정에 배태embedded 되며,[9] 집단 내 사람들과 정서적 공동체를 형성한다. 앞선 사람의 직업을 나침반 삼아 형제나 외삼촌이 운영하는 공장에 가거나, 외숙모 가게에 취직하거나, 아버지의 직업을 물려받거나, 때로는 집안 친척 소개로 진로를 정한다.

근대 자본주의 사회에서 구조, 집단, 제도는 중요한 역할을 한다. 이러한 체제가 상호작용하면서 규범을 만든다.[10] 50~60대 세대는 사회적으로 혼란한 상황 속에서 자랐다. 그들의 부모 세대는 일제강점기와 한국전쟁을 겪으면서 불우한 신민으로서의 삶을 살았다. 가장의 역할을 제대로 수행하지 못하는 아버지로 인해 이미 뼈저린 가난을 체험하고, 어머니가 고생하는 모습이 눈물겨운 기억으로 남아 있다. 남자로 태어나서 가장의 역할을 완수하려면 경제적 책임을 져야 한다. 성장을 최우선으로 삼는 사회에서는 모든 것이 돈과 돈으로 연결된다. 성실주의를 무기로 삼아 돈이 있는 곳을 향해 달려간다. 일이 취미요, 곧 놀이가 된다. 부모 세대는 자녀들에게 농부의 직업을 물려주지 않으려고 애를 썼다. 전답을 팔아서라도 아들은 공고로, 딸은 여상으로 보내 도회지 사람으로 다시 태어나기를 원했다. 딸과 장남이 아닌 차남, 가난한 집 아들은 일찌감치 진로가 결정되기도 한다. 자녀들이 초·중학교를 졸업하고 공장에서 일하다가 적당한 나이에 가정을 꾸리길 바랐다.

오늘날 자본주의를 지배하는 것은 생산과 노동이 아닌 소비다. 소비자본주의를 배제하고 자본주의를 설명하는 것은 불가능하다. 소비자본주의는 소비가 가치를 생산하고 사회를 역동적으로 구조화하는 기본 원리이자 모든 사람이 따라야 하는 사회적 규범으로 자리 잡도록 조직한다.[11] 소비자본은 경제적 요인만이 아니라 문화적 전략에도 의존해 상품의 사용가치를 보여줌으로써 매력을 향상시킨다. 미국과 서구의 경우 1960년을 전후하여 소비사회가 형성되었고, 한국은 1990년대 이후 그런 변화가 두드러진다.[12]

그러면 대구경북 사람들은 시장 영역에서 어떠한 자아를 형성하는가? 자아는 얼마나 자신을 가꾸고 노력하느냐에 따라 그 가치가 결정된다. 연구 참여자들은 시장에서의 가치를 상승시키기 위해 사회적 규범을 조직하지 않는다. 시장 영역의 언어로 표현하자면 여성은 시장에서의 브랜드 가치를 상승시킬 기회를 박탈당한다. 가부장이 구상한 여성의 최종 직장은 가정이다. 여상을 졸업하고 공급자 중심의 생산자본주의에 적당하게 합류하다 배우자를 만나 결혼하면 된다는 대본을 가지고 있다. 생산시장에서의 사회적 연결은 지위와 품질을 매개한다. 개인과 집단 사이의 상호연결interlinkages을 통해 생산자의 지위에 영향을 미친다.[13] 이미 생산수단을 소유한 사람들과 관계 맺음하는 생산자본주의는 생산관계에 의해 통제받는다.

여은정은 서울의 유명 대학교에 진학할 수 있었을 만큼 성적이 뛰어났다. 하지만 딸이라는 이유만으로 대학 진학은 넘볼 수 없는 좁은 문이 된다. 여상을 졸업하고 회사에 취업한다. 여정란은 대구에서 상위권 대학에 합격하지만 일과 학업을 병행하기 위해 야간 수업이 있는 하위권 대학으로 진학한다. 여미순, 여경숙, 여재선 역시 학교 진학의 갈림길에 섰던 순간을 삶에서 가장 후회되는 순간으로 기억하지만 감히 습속에 도전할 생각을 하지 못했다.

자신의 길을 찾아 나서는 것은 가부장제에 저항하는 것이다.[14] 맏딸(혹은 딸)은 살림 밑천이라는 문화적 힘이 또 다른 꿈을 꾸지 못하게 억제한다. 제도는 공유된 규범이며 공동의 합의가 될 수 있는 수단이기에 행위자들은 스스로 자신의 지위를 구조화한다.[15] 암묵적인 습속은 가족 부양에 힘을 싣는 데 이바지해야 한다고 명령한다. 그다음 절차는 배우자를 만나 결혼하는 문화구조가 작동하고 있었다.

가족, 사회적 접촉을 통한 일자리는 소득이 가장 낮은 범주에 속할 가능성이 높다.[16] 직업 선택은 하고 싶은 것을 하는 게 아니라 타인에 의해 정해진다. 자아의 의지는 중요하지 않다. 재미있겠다, 재미없겠다고 판단할 여력이 없다. 적성이 뭔지도 모르고 정해진 대로 순응하며 하루하루 살아간다. 한 번 직장에 들어가면 검은 머리 파뿌리가 되도록 어떻게든 참고 견뎌야 한다. 몸이 부서지도록 일하면서 찬란한 그날을 기다린다.

세계경제 체제는 소비자본주의가 주요한 흐름으로 작동하지만,[17] 대구경북은 생산자 중심 자본주의에 의한 시장이 형성되어 있다. 특히 여성의 경우 가부장의 지시에 따라 이미 세팅된 생산자 시장구조에 종속되어 시장 영역에 편승한다. 또한 호혜성의 원칙에 따른 문화적 요인이 작동한다. 여미순, 남계식은 친밀성 영역이 시장 영역으로 침투하여 친척이 경영하는 일터에서 더 많은 급여와 좋은 대우를 받는다. 이러한 현상은 체계는 분화되었지만 생활세계는 미분화되었다는 것을 보여준다. 폴라니 이론에 따라 사회, 문화에 배태된 경제 행위를 하고 있다.[18]

연구 참여자들은 대개 자신의 직업에 만족한다. 가족이나 사회적 접촉이 가장 나은 일자리나 효율적인 구인은 아닐지라도 만족하는 결과를 낳기도 한다.[19] 여미순의 아들은 회사에 근무한 적이 있다. 개그맨 강호동처럼 건장한 몸이었지만 살이 엄청 빠질 정도로 고된 노동을 경험한다. 그때 빠듯한 월급으로는 가정을 유지하기 힘들고 직장생활은 답이 없다는 것을 느낀다. 그래서 부모가 하던 가게를 이어받는다.

여재선과 여경숙은 처음에는 생계수단으로 직업을 택해 나섰지만, 오랫동안 일을 하면서 보람을 느낀다. 기능직 공무원인 여재선은 전문직이라는 자부심이 있다. 전문직은 일종의 성취감을 느끼게 한다.[20] 영업직인 여경숙은 남편에게서 받는 스트레스를 고객들을 만나면서 해소한다. 사람들을 만나는 것은 긴장감과 설렘을 동반해서 좋다. 어떤 사건을 잘 처리해서 가입자에게 도움을 줬을 때 보람을 느낀다. 일이 아니라 베풂이다.

최종렬은 "온전하지 못한 가부장의 경제적 지원 능력 때문에 집에서 돌봄 노동에 힘쓰던 아내마저 노동시장에 불려나가 혹독한 시련을 겪는다"고 언급한다.[21] 여재선과 여경숙은 처음에는 부끄럽고 힘들었지만 스스로 대단하다고 칭찬하며 만족감을 드러낸다. 능력 없는 가부장을 만나 생업을 위한 탈출 수단으로 집 밖에 나섰지만 자아성취로 귀결된다. 직장은 가부장과의 마찰을 피할 수 있는 도피처로 작동한다. 집에서는 가부장의 기에 눌려 지내지만, 밖에서는 인정받으며 활개를 치고 살아간다.

남연철, 남민수, 남현무는 자영업이라는 직업에 만족한다. 구조조정이나 정년퇴직으로 직장을 잃을 염려가 없고, 윗사람 눈치를 보지 않아도 된다. 자신의 노력에 따라 결과가 정해지는 것이기에 성공에 이르는 시간이 빠르고, 결과물이 탄생하는 순간에 성취감을 맛볼 수 있다.

어렸을 적 꿈은 대부분 교사가 되는 것이다. 그 당시 교대는 2년제였다. 4년제 대학보다 경제적 부담이 적어 사회적 지위를 상승시킬 수 있는 만만한 대상으로 도전해볼 만했다. 상호 접촉하는 타자가 한정된 공동체에서 교사는 말끔하고 도회적인 이미지를 풍기는 인격체였다. 사실 꿈 같은 것이 뭔지도 확실하지 않았다. 자신은 문과 취향이지만 취업이 잘된다고 해서 이과를 선택했다. 사실 문과에서 무슨 공부를 하는지도 몰랐다. 공부를 잘하면 선생님이 칭찬하고 인정해주었기에 교사가 되고 싶었을 뿐이다.

자녀의 직업은 공무원이길 바란다. 공무원의 비교 대상으로 주로 대기업을 거론한다. 돈은 많지만 자신의 생활이 없는 불안한 대기업보다, 돈은 적지만 가족을 위해 시간을 낼 수 있는 안정적인 직업을 선호한다. 자녀들은 일하면서 커피 한 잔 마시는 여유를 부리며 팍팍한 삶을 살지 않기를 원한다. 배우자의 직업이 공무원인 사람도 자녀의 직업이 공무원이길 바란다. 더 좋은 직장이면 좋겠지만 그만 하면 만족한다. 높은 지위나 금전적 기대가 커지면 아이들에게 압박감을 주게 된다. 괜히 희망을 말했다가 부모의 기대에 어긋나면 죄책감 때문에 멀어질 수도 있다. 예전에는 공무원은 하라고 해도 싫다고 밀어냈지만 아이들이 공무원 머리도 안 되는 것 같아 걱정이다. 자율적으로 놔두는 방법밖에 뾰족한 도리가 없다. 맞벌이하느라 먹고살기 바빠 자식에게 제대로 신경 쓸 틈이 없었다. 경제적 지원은 해주겠지만 미래는 각자가 알아서 할 것이라고 위안 삼는다. 자신도 불만인 삶을 살고 있는데 아이들에게 무슨 조언을 할 것인가! 남에게 폐 안 끼치고 살기만 하면 된다.

그나마 자녀의 직업에 대해 소망을 밝힌 사람은 남민수, 여은정, 여정란뿐이다. 7명은 아예 희망을 말하지도 않는다. 아이들의 삶에 관여하지 않으려는 생각이 지배적이다. 365일 일에 빠진 부모를 보고 자란 아이들은 그것이 삶의 전부인 줄 알고 스스로 일을 찾아 떠난다. 부모가 키운 게 아니라 후다닥 지나가버린 세월이 아이들을 성장시켰다. "체화된 문화자본은 사실상 계급 재생산의 핵심 고리다."[22] 농경사회에서는 가부장의 권력이 절대적이다. 농사를 짓는 기술은 부모에게서 전수받는다. 그런데 탈현대사회에서 그들은 자녀들에게 고압적인 권력을 행사할 능력을 갖추지 못했다. 세상은 급변하게 돌아가는데 부모가 가진 자본은 턱없이 부족하다. 그래서 아이들에게 자유를 말한다. 삶에 관여하지 않겠다, 강요하기 싫다, 각자의 개성에 맞춰 재미난 것, 하고 싶은 것을 하며 살라고 권한다.

여정란은 다시 젊은 시절로 돌아간다면 음대 진학을 꿈꾼다. "음악 취향만큼 한 사람의 '계급'을 분명하게 확정해주고 이것만큼 틀림없이 한 사람을 분류해줄 수 있는 것도 없다."[23] 남계식도 마찬가지다. 초등학교 때 라디오 프로그램 〈별이 빛나는 밤에〉를 청취하면서 음악에 빠지기 시작했다. 기타와 드럼을 배우면서 대학가요제에 나가는 것을 꿈꾸었지만 학교를 그만두면서 꿈은 사라졌다. 비록 성취하지 못한 과거의 꿈이지만 미적 체험에 대한 희망을 품고 있다.

3장

시민사회 이야기

토크빌은 자발적으로 시민단체에 참여하는 경험은 사회에 대한 책임감을 고취하는 데 도움이 된다고 말한다.[1] 하지만 알렉산더는 토크빌이 말하는 전통적인 자발적 결사체를 시민사회로 보는 것에 회의적이다.[2] 시민 영역은 연대의 문제다. 알렉산더는 시민이 자발적으로 결사를 했느냐, 안 했느냐는 것보다 초월적이고 이상적인 민주주의 원리에 따라 시민 결사가 이루어졌는지가 더 중요하다고 보았다. 이러한 연대는 눈앞에 보이는 세계를 넘어선다. 비록 모르는 타자일지라도 서로가 민주주의의 공동 가치를 공유하고 이에 헌신할 것이라는 감정과 연대에 기반을 두고 있다.[3]

시민사회에 대한 대구경북 사람들의 마음을 알기 위해 다음과 같은 질문을 했다.

박근혜 탄핵 촛불집회에 대해 어떻게 생각하는가?

시민단체는 무엇을 하는 조직인가?

시민단체에 가입하거나 후원한 적이 있는가?

국제결혼이주여성이나 이주노동자를 어떻게 생각하는가?

한국은 이민을 허용해야 하는가?

국회는 무엇을 하는 곳인가?

국회는 임무를 충실히 잘 수행하고 있는가?

언론의 임무는 무엇인가?

한국의 언론은 자유롭고 공정한가?

박근혜 탄핵 촛불집회에서 시민들은 한국사회에 배경표상으로 뿌리 깊게 존재하는 집단상소 문화를 활용한다. 집단상소 코드는 성인의 말씀에 따라 도덕적으로 조절하려는 보편화된 담론을 가지고 있다. 시민들은 탄핵이라는 법 절차 대신에 스스로 '하야하라'는 여론을 청와대로 가서 박근혜에게 알리겠다고 한다. 하야는 도덕적 조절이며, 제도에 대한 불신에서 비롯된다. 제도적 차원에서 한국의 민주주의는 온전한 형식을 가지고 있지만 일상의 삶에서 불신이 너무나 크다. 그래서 시민들은 제도적 강제보다 도덕적 설득이 더 중요하다고 보기 때문에 탄핵이 아닌 하야를 선택하려고 했다. 하지만 탄핵이 이루어지는 과정을 보면서 시민은 제도에 대해 신뢰를 하게 된다.[4] 그러면 대구경북 사람들은 시민사회 언어를 사용하는가? 초월적이고 이상적인 원리에 따라 이루어지는

민주주의 코드를 사용하는가?[5] 그들의 이야기를 통해 분석해
보자.

01

"코에 걸면 코걸이, 귀에 걸면 귀걸이"

여미순은 촛불집회에 참여한 사람들은 본인의 판단이 없
다고 단정짓는다.

"내 의지대로 진짜 이거 뭐가 잘못됐다 이기 아이고, 니
도 나도 하니까 덤으로 나온 사람도 있고, 야당과 언론이 부추
겨서 하는 사람도 있고, 나는 촛불집회 좋게 안 봤어. …… 군
중심리로 남이 가니까 거름 지고 장에 따라가듯이."

그는 박정희와 박근혜를 언급할 때마다 아이들 눈치를
본다고 한다. 왜 그런지 묻자 세뇌 교육이 문제라고 말한다.
학교에서 '주야장천晝夜長川 박정희 대통령을 나쁘다고 교육하
는 교사들'이 불만이다. 장단점을 다 말해서 학생들 각자의 판
단에 맡겨야 한다고 말한다.

"야당에선 국기에 대한 경례도 안 한다 안 캤나? 누고?
이석기가 뭐꼬? (우리는) 국민교육헌장 진짜 시험 치고 못하면
매 맞고 했는데…… 교육의 힘이 엄청나다 카이. 요즘 아~들
은 그런 교육 안 받고 잘못됐는 이야기만 하니까."

신문, 방송 등 언론은 한마디로 다 믿을 수가 없다. 박정
희 정권, 전두환 정권 때가 훨씬 좋았다. 언론을 풀어줘도 너

무 풀어주었다. 민주주의가 이래도 되는가? 너무 자유로워서 문제다. 최순실 사건도 일부는 맞을 수도 있겠지만 반은 조작이라고 본다. 우병우도 마찬가지다. 법원에서 죄가 없다고 두 번이나 풀어줬는데도 결국 구속되었다.

"언론은 코에 걸면 코걸이 귀에 걸면 귀걸이, 최순실 사건도 난 다 안 믿는다. 어느 정도는 없는 말 지어낸 건 아니겠지만 마이 부풀렸다고 본다."

결혼이주여성과 이주노동자의 유입은 어느 정도 제한하면 좋겠다. 우리나라는 인종차별이 심해서 그 사람들이 낳은 아이들이 행복하지 않다. 2세가 불행하다. 하지만 한국인이 힘든 일을 하지 않으려고 해서 외국인이 없으면 일할 사람이 부족하다. 그는 가족을 통해 얻은 지식을 활용해 이주자에 대한 생각을 말한다.

"우리 동생도 공장을 하는데 외국인이 3분의 2고 우리나라 사람은 3분의 1밖에 안 되고. 옛날에는 불법으로 마이 했는데 요즘은 전부 신고해가 정정당당하게 사람 델꼬 하는데 외국 사람들은 잔업을 시키도 즐겁게 하는데, 왜냐하면 일한 만큼 돈을 주니까. 우리나라 사람들은 잔업을 안 할라 케. 월급을 적게 받아도 좋으니까 일을 안 할라 케. 외국 사람 없이는 공장이 안 돌아가. 있어야 돼. 중소기업들은 있어야 돼."

"나는 가보지는 못했지"

여은정은 촛불집회는 힘없는 서민들이 목소리를 낼 수 있는 유일한 방법이라고 생각한다. 기득권이 아닌 서민들은 자신들의 의견을 전달할 장이 없다. 촛불집회는 세상을 변화시키는 방법이므로 긍정적으로 본다. 그렇다고 해서 사회가 완전히 바뀌지는 않겠지만 국민들의 사고가 예전하고 많이 달라지는 계기가 되지 않을까 싶다. 촛불집회에 참가해본 적 있느냐고 물었다.

"나는 가보지는 않았는데 남편과 애들이 갔지. 나는 가보지는 못했지. 직접적으로 참여는 안 했지만 마음속으로 지지하고 있었지."

시민단체에 대해 어떻게 생각하는지 물었다. 달걀로 바위 치듯이 바뀌지 않는 세상의 어떤 부분에 저항하기 위해 힘을 모으는 단체라고 말한다. 국회의원은 국민이 뽑았지만, 그들은 자신의 이익이나 권리를 위한 이해타산이 우선이다. 반면에 시민단체는 선한 조직이다.

"모든 시민단체들이 다 선한 마음으로 하지는 않겠지만, 국민의 생각을 이 사람들이 힘을 모아 단체의 목소리로 요구를 할 수 있는 힘을 가졌기 때문에 활성화돼야 된다고 봐."

그는 시민단체에 직접 참여하거나 후원한 경험은 없다. 자신이 직접 하지는 않지만 남편이 하는 걸 옆에서 많이 지켜

본다. 남편과 세상을 바라보는 시각이 같아 남편이 활동하는 걸 찬성하고 이해를 한다. 지금의 국회는 본연의 임무를 잘하고 있지 않다. 사람은 어쩔 수 없이 이기적인 동물이므로 여권이든 야권이든 자기들한테 유익한 법은 절대 폐지하지 못한다. 국회의원들이 희생정신으로 정치하기를 바라지만, 그런 정치인은 없다고 본다. 그래도 희망이 있다. 앞으로 조금씩 민주적으로 변하리라고 믿는다.

언론의 역할에 대해 본인의 생각이 어떤지 물었다.

"기존 정권에서 보면 언론도 어쨌든 간에 우리나라 권력상 거기서 요구하는 방향대로 보도하고 은폐해왔는 게 사실이고. …… 이 정권에서도 힘들 수 있겠지만 자유롭게 어느 권력에 소속되지 않고 국민의 알 권리를 그대로 전하는 그런 언론으로 되어야지만 사회가 바르게 선다고 보기 때문에 앞으로 언론이 그렇게 바뀌어야 된다고 봐. …… 지금은 과도기라고 봐야지."

03
언변의 연금술사

여정란이 상호작용하는 대상은 주로 교회 사람과 가족이다. 촛불집회에 대한 생각을 묻자 긍정적이라고 하면서 교회 사람들의 반응을 말한다.

"나는 그거 긍정적으로 봤었는데 근데 대구 사람들 되게 부정적으로 보고 욕하데. 교회 사람들 되게 욕하고 그러더라고. 몇몇 집사님들은 욕하는 권사님 집사님들 욕했데이. 종북세력이라 캐사코."

집회에 참가해본 적이 있냐고 물었다.

"해보지는 안 했다. 대구 동성로에서 했잖아. 내가 적극 참여하고 싶지는 않고 지지는 하는데 적극 참여하고 싶은 마음은 없고. 내가 발을 빼는 건지 귀찮아서 그랬겠지. 되게 열을 내기는 싫고 그냥 방관하면서 괜찮네 이 정도. 와 저러지? 이 정도지. 막 열 내가 지지하지도 않고 막 열 내가 반대하고 싶지도 않고. 방관자적 입장이네 그쟈. 좀 그런 것 같네(웃음)."

시민단체에 대한 생각을 묻자 시민들을 대변하는 단체이며 긍정적으로 바라본다고 말한다. 가입하거나 후원한 적이 있냐고 물었다.

"긍정적으로는 보는데 가입하거나 후원한 적은 없고 활동하고 싶지도 않고. 나는 보수적인데 진보적인 보수라 캐야 되나. 난 진보 세력 아니야."

국제결혼이주여성이나 이주노동자의 유입에 대해 질문했다. 세계화의 흐름에 따른 시대의 선택이라며 저출산이라는데, 일할 사람이 부족하다는데 어쩔 수가 없다고 한다.

국회의원이 제대로 정치를 하고 있는지 물었다.

"나는 정치인들은 다 똑같다고 생각한다. 국회의원이나 거기 있는 사람들 다 사기꾼이라고 생각한다. 정치하는 사람들은 '언변의 연금술사, 기회주의자'라고 해야 되나. 자기들

이익에 따라 뭉쳤다가 떨어졌다가. 자기 필요에 따라 움직이는 집단이라고 생각해야 되나. 그래서 되게 부정적으로 본다. 그래서 정치에 별로 관심도 없다. 그 사람들에게 염증을 느꼈다고 해야 되나. …… 국회의원들도 일을 전혀 안 하고 있다고 생각한다. 개인의 이익, 당의 이익을 위해 움직인다고 생각한다. 옛날에도 그렇고, 지금도 그렇고, 정치하는 사람들 별로 안 좋게 본다. 꾼이다, 꾼, 사기꾼(웃음)."

한국 언론은 자유롭고 공정한지 묻자 예전에는 많은 통제와 핍박을 받았지만 지금은 좋아졌다고 대답한다.

04
"민주노총 골수분자들"

여재선에게 시민사회에 대한 질문을 하자 "어렵다, 어렵네"라며 웃는다. 촛불집회에 대한 생각을 말한다. 진정하게 나라를 위해 촛불을 든 사람도 있지만 그렇지 않은 사람도 많다고 한다. 그렇지 않은 사람이 어떤 사람인지 물었다.

"뭐 민노총이라든지 골수 그런 분자들 있잖아. 그 사람들이 앞에서 리드한 건 당연한 사실이잖아. 난 촛불을 긍정적으로만 안 봐. 지금 문재인도 마찬가지야. 긍정적으로 안 봐. (북한과) 회담에서 저래 밀리는 거는 나는 좋게 안 본다. 회담에서 저렇게 밀리는 거는 (평창 동계올림픽) 응원단이 몇 백 명 내려오고 서울 가고 강릉 가고. …… 뭐 민족의 화합을 위해 필요

할란지 모르겠지만 나는 꼭 그렇게 보지 않는다."

시민단체는 어떤 조직인가를 물었다.

"시민단체 많잖아. 정치적으로 민주화를 위해 노력하는 단체도 있고, 사회에 어려운 사람들의 인권을 위해 노력하고, 노약자, 여성이라든지. 긍정적인 시민단체도 있는 반면에 정치에 놀아나는 시민단체도 많다."

가입하거나 후원한 적이 있냐고 묻자 짤막하게 없다고 대답한다. 국제결혼이주여성이나 이주노동자의 이민 여부에 대해 물었다.

"그래, 어려운 질문이네. 그런데 허용하면 문제점도 많고, 허용 안 해도 문제점이 많고. 허용을 하면 한마디로 우리가 보살펴줘야 될 사람이잖아. 대부분이. 우리나라 노동에도 기여하고 하긴 하지만 우리가 지원해야 될 사람이 대부분이다 이거지. 미국 같은 경우는 두뇌가 이민을 하잖아. 물론 묵고살기 위해 이민하는 사람도 있지만. 나라에서 새가 빠지게 가르키나이 미국으로 이민을 하잖아."

이민을 안 받을 수도 없고 받을 수도 없는 딜레마에 빠진다고 말한다.

05

"할 일 없는 사람들이 저렇게 많나"

여경숙은 광화문 태극기집회에 참석했다. 저쪽 파는 문

재인파고 자신은 박근혜 쪽이라며 입장을 확실하게 밝힌다. 옛날 사람들은, 자신이 아는 사람들은 모두 박근혜를 지지한 다고 말한다.

"박근혜가 자식이 있어 나쁜 짓 할 사람도 아니고 그런 생각도 들고 겸사겸사 갔는데, 가서 태극기 막 흔들고 하다가 대학로, 명동성당 가깝다 캐가 (남편과) 둘이서 갔다가 남대문 시장 갔다 돌담길 갔다가 한 바퀴 빙 돌다가 태극기 들고 가 다가 모르고 갔는데 촛불집회에 갔는 거야. 그래서 얼른 태극 기 감추고, 거기는 전부 젊은 사람이었는 거야. 애들부터 시작 해서 엄청 많이 나왔더라고. 그때 당시 태극기 들고 있었으면 두드려 맞았지 싶다."

젊은 사람들이 촛불집회를 왜 하는지 모르겠다.

"할 일 없는 사람들이 저렇게 많나 싶더라. 꼭 촛불 켜놓 고 데모하고 시위해야 하나. …… 촛불집회를 먼저 하니까 태 극기집회도 어쩔 수 없이 동참할 수밖에 없지. …… 자기들은 목표를 이뤘다고 하지만 모든 게 시간 낭비고 개인적으로 봤 을 때 다 그런 게 아이겠나? 저 많은 사람들 다 어떤 사람들인 가 싶고, 누가 시켜서 했는지 모르겠는데 이런 소문이 돌데. 저쪽 촛불집회는 일당 5만 원씩 받고 갔다 카대. 나는 2만 원 내고 갔거든. 그걸로 어림도 없거든. 먹을 거 이런 거 점심 저 녁 주고 하는 것 보면 어버이연합 이런 데서 지원 안 했겠나?"

언론은 자유롭고 공정한지 물었다. 평소에 생각하지 않 았던 질문이라며 난색을 표한다. 박근혜 사건을 터뜨린 JTBC

의 보도를 보면서 의심이 들기도 했다. 어느 것이 정답인지 헷갈린다. 언론이 거짓을 내보낼 수는 없다. 계속 방송을 보니까 물들어갈 뿐이다. 거짓이면 누군가 태클을 걸지 않았겠는가. 진짜인가 보다 하는 생각이 들었다. JTBC와 일반 방송은 좀 차이가 나는 것처럼 보인다. "카더라" 하는 거짓 방송은 내보내지 않을 것 같다. 나는 JTBC를 신뢰하는데 왜 태극기집회에 참석했는지 물었다.

"태극기집회 중에 미안하지만 나는 명동성당 갔다 왔고 덕수궁 돌담길 놀다 왔고. 한 번쯤은 역사의 한 페이지니까 그 속에 한 번쯤은 참여해봐야 되겠다 싶어 갔는 거지. 마지못해 권유에 의해서. …… 내가 진짜 있잖아. 앞장서서 해야 되겠다는 마음은 1퍼센트도 없었다. 촛불집회에 가면 5만 원 준다 카니까, 노니 식구들 다 델꼬 갔다는 얘기도 듣기던데. 태극기는 돈 안 받았어. 나도 2만 원 내고 갔다니까."

촛불집회 사람들은 일당 받고 시위한다는 말을 몇 번이나 되풀이한다. 태극기집회 사람들도 일당 받고 참석했다는 이야기가 나돈다고 하자 그는 진실을 모르겠다며 의아해한다. 시민단체는 어떤 조직이라고 생각하는지 묻자 통일시민대학을 말한다.

"통일시민대학 이런 식으로 그런 거 있거든. …… 돈 내는 거 없고. 통일에 대한 강의 교수님이 나와가꼬. 경북대학교에서 장소 제공하고, 그래가꼬 졸업하기 전에 통일전망대, 거제도 포로수용소 견학시켜줘. 3개월 과정 수론데 경대에서 했는데 일주일에 한 번씩 가면 열두 번 가잖아. …… 학교에 반공교육 시키고 하던데. 아직까지 크게 통일에 대한 거는 없는데 통일전망대 한 번 갔다 왔고. 그 사람들은 빨리 통일이 돼야 된다 카는데 나는 개인적인 생각으로 통일이 되면 좋겠지만, 우리나라가 북한까지 먹여 살리야 되는데, 좋기는 하겠지만 잃어야 되는 것도 더 많아서 통일이 되면 좋은지 안 좋은지 딱히 답을 못하겠더라고."

국회에 대해 질문하자 국회의원들이 본연의 임무는 하지 않고 매일 싸움질만 한다고 대답한다. 현 정부의 정책이 우리나라를 공산화하는 것 같다. 2018년 평창 올림픽을 봐도 그렇다. 평창 올림픽인지 평양 올림픽인지 구분이 안 된다. 북한에 너무 양보하고 많이 퍼준다. 국민에게 세금을 얼마나 많이 부담시키려고 이러는지 모르겠다. 텔레비전에 나오면 보기 싫어 채널을 돌려버린다.

"누가 암까마귀고 수까마귀인지 모르겠고. 맨날 천날 서로 공격하고. 나는 어차피 국민으로서 따라가기는 따라가는데 옳다, 그르다 딱 얘기를 못하겠어. 아직까지는 봉건사상이 남아 있어서 자유한국당이 잘하고 있다고 생각하는데. …… 어제도 (북한 사절단) 1인당 15만 원짜리 밥을 묵었다 카대, 그걸 적당한 음식 먹었다 카길래 어떻게 일을 하는지 모르겠지만."

국제결혼이주여성이나 이주노동자에 대한 생각을 묻자 남동생 이야기를 꺼낸다.

"우리 큰 동생이 아직 장가를 못 갔잖아. 국제결혼 할라 캐도 우리 동생이 안 할라 카는 거야. …… 장가 못 가는 사람들 많으니까 앞으로 자식도 마이 안 낳고 부양해야 될 노인도 많고 하니까 최대한 짝짓는 게 안 좋겠나. 이민을 허용해야 안 되겠나."

이주노동자에 대해서는 '옳은 직장'에서 정식으로 급여를 받고 법을 위반하지 않으면 괜찮다고 한다.

"티비에 〈아빠 찾아 삼만리〉 이런 거 보니까 좋더라고. 아빠 일하는 현장 와보고 그것도 좋더라고. 못사는 나라니까 소 키우는 법 배우고 오고. 그 대신에 한국에 올 때 많이 익혀가 와야 되더라고. 한국 와서 다 배울라 카이 너무 힘들지. 내 아는 사람 중에도 지가 한국에 와보니까 좋아가지고 아는 사람 소개시키가 또 델꼬 오고 그런 것도 많더라. 우리 동생 장가보낼라 카이 지가 싫다 캐가."

06
"감히 왕을 구속시키다니!"

남연철이 대학에 다니던 1980년대는 학생운동이 활발하던 시기였다. 그 당시 남연철이 다니던 학교에서는 등록금 인상 반대 이슈로 학내가 뜨거웠다. 학내 이슈가 정치 이슈로 연결되어 경찰들이 학교 안에서 학생들과 항시 대치했다. 전국에서 대구가 학생운동이 제일 심한 편이었지만 그는 시위에

참가하지 않았다. 군대에 갔다가 휴가를 나왔다. 대학 후배들이 시위하는 모습을 보았다. 군대에서 학생들의 시위 때문에 노이로제가 걸릴 지경이었다. 그는 후배들을 '잡아서 던졌다'.

"너거 왜 데모 하냐고 멱살 잡고 막 이러지 마라 카면서 캤는데……"

그는 자신을 돌아보며 학교와 군대에서 충효교육을 통해 엄청난 세뇌를 당했다고 말한다. 푸코는 "규율권력은 어떤 힘들을 전체적으로 증가시키고 활용할 수 있도록 묶어준다. …… 규율은 개인을 제조한다. 즉, 그것은 개인을 권력 행사의 객체와 도구로 간주하는 권력의 특정한 기술이다"라고 말했다.[6] 훈육으로 자신은 멸사봉공 정신이 투철하고 충효 정신이 한결같다고 정의한다.

집회에 참가해본 적이 있는지 물었다.

"그 조선시대 그런 걸 생각하면 아예 꿈도 못 꾸는 이야기잖아요. 대통령을 갖다가, 감히 왕을 구속시킨다는 것은 지금 같은 경우는 그 정도까지는 아닌데 하는 생각이 들죠. 그렇게까지 할 필요가 있을까?"

그는 왕조시대 언어를 사용하여 박근혜를 '왕'에 비유한다. 촛불집회를 하는 사람들은 백성으로서의 자질을 갖추지 못했다. 태극기집회든 촛불집회든 한 가지 이슈로 그렇게 나서는 건 아닌 것 같다. 이번 박근혜 탄핵 촛불집회는 무조건 반대한다. 국제결혼이주여성이나 이주노동자의 이민에 대해서는 어떻게 생각하는지 묻자 긍정적으로 생각한다고 한다.

하지만 문제점이 있다.

"외국 사람들로 각 공장에 꽉 차 있고, 국내 청년들은 실업자로 놀고 있는 그게 우째 보면 정책적으로 문제가 있지 않나? 왜 우리나라 사람들은 공장에 많이 없고, 외국 사람들만 가득 차 있고, 국내 사람들보다 돈을 적게 주는 것도 아니고, 훨씬 더 실제적으로 지출이 더 많아요. 4대보험 적용되지, 최저임금제 적용되지, 국내 사람들은 집에서 밥 묵고 다니는데 기숙사에 모든 시설을 다 제공해줘야 하는 상황에서. …… 그만큼 우리나라 달러가 외국으로 많이 나가는 거는 국가적으로 엄청난 손실이라고 봅니다."

글로벌 시대에 발맞추려면 이민을 허용해야 한다. 우리도 변해야 한다. 세계는 하나라는 말에 공감한다. 국제결혼도 시대의 흐름에 따라 변해야 된다.

"우째 보면 결혼 자체를 돈으로 보고 오는 자체가 도덕적이지 못합니다. 인신매매로 온다는 그런 이미지가 있는데 그런 거 말고, 순수하게 국제결혼에 대해서는 충분히 긍정적으로 생각합니다."

나는 한국 여성들도 상대방 남성의 재산, 학벌, 직업 등 조건을 따지고 결혼하는데, 그것과 비교하면 국제결혼이 무엇이 다른지 물었다.

"우쨌건 간에 우리나라로 시집오는 동남아 여성이 돈 때문에 왔든, 어떤 이유로 왔든, 와서 행복하면 괜찮은데, 또 우리나라 사람이 외국 사람하고 결혼할 때 돈 때문에 했든, 사랑해서 했든, 어떤 이유에서 했든, 만족하고 행복하다면 긍정적으로 생각합니다."

언론에 대한 생각을 물었다. 한국의 언론은 국민의 눈과 귀를 막아버린다. 그러나 나쁜 쪽으로 흘러가도 믿을 수밖에 없다. 언론은 수십 년 동안 모든 사건·사고의 주범이다. 지금 이 순간도 언론이 제대로 하고 있는지 의심스럽다. 언론은 정의를 위해 일해야 한다. 언론이 정신을 차리면 좋은 세상이 된다. 결론적으로 공정하지 않다고 마무리한다.

07
"집회에 참여하는 사람은
따로 정해져 있어요"

남민수는 군 복무 시기에 10·26사태를 겪었다. 박정희 대통령이 서거하고 계엄령이 선포되었다. 전쟁이 일어나는 줄 알았다. 군화를 신고 군복을 입고 완전무장 상태에서 잠을 잤다. 죽음의 공포를 느꼈다. 당시 대학생들의 시위가 엄청났다. 올바르게 보이지 않았다. 군대에 와봐야 정신을 차릴 것이라며 비난했다. 만약에 지금 어떤 운동이 일어난다고 하면 집회에 참여할 의사가 있는지 물었다.

"허허허 지금도 그렇게는 생각 안 해요. 집회에 참여하는 사람은 하는 사람만 맨날 하지. 고 일부분이 정해져가 있지 지금도. 촛불시위는 여러 사람이 공감해가꼬 했지마는 집회에 참여하는 거는 정해진 사람이 있다고 생각해요. 거기는 일반인들이 참여하고 그런 건 아닌 것 같아요. 다 그렇게 생각하고 있을 거예요 아마.”

자신은 집회에 참여할 의사가 없다. 일반인들이 시위에 참여하는 것은 아니다. 언론에 대해서 묻자 한국 언론은 지금은 많이 개선되었다고 대답한다. 예전에는 말 한마디 잘못하면 불상사가 일어났다. 지금은 할 말은 한다. 과거와 다르게 자기의 의사를 표현할 수 있는 자유로운 세상이다. 우리나라가 민주사회로 가기 위해 성숙해지고 있다는 것을 느낀다. 국제결혼이주여성이나 이주노동자에 대해서는 이민을 허용하는 정책을 해야 한다. 우리나라도 이민을 많이 가는 입장이니까 당연히 받아줘야 한다.

08
“국회의원이라 카면 일반인들보다
난 사람 아입니꺼”

남현무는 박근혜 탄핵 촛불집회를 보면서 세상이 많이 변했다는 걸 느꼈다. 권력에 의한 것보다 이런 방법이 자연스러운 것 같았다.

“촛불집회가 뭐…… 정치는 사실 잘 몰라요. 정치는 패스 (강하게) 정치는 몰라요. 우리나라 사람들이 너무 막 이런 논리로 자꾸 하기 때문에 나는 늘 중도입니다. 우리 그 군대 모임에 가면 다 거의 그 유에 가깝심더. 특전사 모임에 가면 연세 드신 분들은 박사모 회원들도 많고. 문재인은 때리 쳐 죽일 놈이라고 늘 그런 식으로 이야기를 하니까 저는 거기 가면 늘 반감이 생기고. 그래 되더라고. …… 어느 한쪽으로 쏠리가 편을 못 들겠더라고요."

국제결혼이주여성이나 이주노동자의 이민은 허용하지 않을 이유가 없다. 우리나라도 어차피 제조업체에 가보면 노동자가 모자란다. 이주노동자가 없으면 공장이 돌아가지 않는다. 우리나라는 교육열이 높아 고학력자들이 넘쳐난다. 이는 3D 업종의 회피로 인해 곧바로 실업률과 연결된다. 국제결혼도 마찬가지다. 강제로 막을 필요가 없다. 자연스럽게 하면 된다. 국회가 지금 일을 잘하고 있냐고 묻자 어려운 질문이라고 한다. 우리가 욕하기 쉬운 대상이 국회의원이다. 그렇지만 국회의원이 무슨 일을 하는지조차 모르는 일반인들이 있다.

"그래도 국회의원이라 카면 일반인들보다 난 사람 아입니꺼. 사회적으로 다 그런 사람들이 국회의원 이런 사람들이 똑똑한 사람들이 마이 나와야 발전하고. 무조건 욕할 끼 아이고. 잘하는 거는 칭찬해줘야 되고, 몬하는 거는 지적해줘야 되고. 전반적으로 잘하고 있다고 생각 안 합니더."

언론은 자유롭고 공정한 보도를 하는지 물었다. 공정하다고 본다. 하지만 그 공정성이라는 것이 굉장히 주관적이다. 본인들은 공정하다고 여기지만 성향에 따라 달라진다.

"예를 들어 조선일보에서 자기들은 신문사 이미지도 있

는데 공정하게 보도 안 하면 되겠습니꺼? 하지만 조선일보 자체가 보수적이다 보니까 자기들 입장에 맞춰 공정한 보도를 하는 거죠. 그래서 약간 우측으로 치우칠 수도 있겠죠. 그런데 한겨레신문은 진보적인 신문이라 그 사람들도 자기들은 공정하게 보도한다고 믿죠. 그런데 그거는 진보적인 시각에 맞춰 보도를 하는 거죠. …… 제가 제일 싫어하는 거는 좀 급진적이고 보수적인 사람이 하나를 싸잡아 욕하는 거. 우리 특전사 단체에 가면 막 JTBC 욕을 그래 한다 카이. 저 소새끼 저거 빨개이고 문재인도 빨개이다. 쟈들 5년 하고 나면 뭐뭐 우리나라 북한한테 다 잡아 묵힌다 이캅니다. 북한하고 손잡아가 북한하고 섞이는 걸 무서워하고 빨개이 되까 싶어서. 60대가 많은데 심합니더."

09
"그런 사람은 양아치"

　남두일은 집회에 참가할 용의가 전혀 없다. 태극기집회건 촛불집회건 모두 정치판의 싸움이다.

　"대가리 싸움인데 와 가노? 물론 그런 사람이 있어야 우리가 이렇게 사는 것도 있겠지만 다 짜여진 판때기라고 본다. 태극기집회, 촛불집회 몇몇한테서 아이디어 얻어가 군중 몰이를 하는 거지. 실질적으로 내가 우애 해가 뜯어고치겠다 카는 거는 아이라고 본다."

촛불집회는 군중 몰이에 불과하다. 다들 미쳤다는 생각이 든다. 누군가가 뒤에서 조정하고 국민들은 생각 없이 그냥 막 따라간다.

"나는 노조, 촛불집회 이런 사람들 100퍼센트 반대고 골수분자라고 생각한다. 사고가. 그라고 거기 있는 세력들은 오야지는 밥 묵고 사는데, 이것저것도 없이 일당 받고 따라가는 사람은 아무것도 없다. 노조위원장 이런 사람들은 지 속 다 챙긴다. 이런 사람들 연봉 직장 다니는 사람보다 더 낫다. 따라 다니는 사람들이 불쌍한 거지. 나는 그거는 그래 생각한다."

시민단체에 대한 생각도 부정적이다. 환경단체 같은 경우는 그의 사업과 관련이 깊다. 시민단체에 후원하느니 차라리 가난한 사람을 도와주고 싶다.

"우리도 환경영향평가도 받고 이런 거 있거든. 그런 모임 나 다 안 좋아한다. 지금도 문재인 정부 밑에 연구회 이런 거 전부 지원금 받을라꼬, 집회하고 이런 거 다 싫어한다. 돈을 갈취하기 위한 거라고 본다. 환경단체는 기업체 가가 폐수처리 관계 이래가 돈 뜯어묵는 게 많잖아. 환경단체 기자증 들고 다니는 아~들도 있고, 째맨한 데 가가 오너한테 고발하니 마니 카고, 주변에 내 아는 사람도 하는데 똑바로 안 보인다. 환경단체 소속 되어가 양아치 비슷하이 사진 찍어가가 기업체가가 협박하고 돈 뜯어가고, 마이도 안 뜯는다. 30만 원, 100만 원 뜯어묵는다. 큰 거는 큰 구찌로 뜯겠지만, 그런 사람은 내가 보이 양아치로밖에 안 보인다."

그는 국제결혼이주여성이나 이주노동자에게 기업주들이 임금을 지불하지 않는 경우도 있다고 말한다. ○○공단이나 ○○공단에 이런 사람들이 많다. 그들이 한국에서 몇 년 동안만 열심히 일하면 본국에서는 부자가 된다. 우리가 미국에 가서 돈을 버는 것과 비슷한 처지니까 잘해줘야 한다. 경영주와 국가의 입장에서 보면 일석이조 효과다. 젊은이들이 일을 하지 않고 애를 낳지 않으니까 이민자들을 포용해야 한다.

국회에 대해 물었다.

"국회의원이 국민들을 위해 봉사한다고 생각하나? 사리사욕 때문이지. 실질적으로 봉사할려고 하는 사람이 누구 있겠노?"

한국의 언론도 마찬가지로 자유롭고 공정하지 못하다. 돈과 연관되고 편파적으로 작동한다.

"돈을 주면 좋게 기사 나갈 수 있고, 비방적으로 쓸라 카면. 보도 전에 잘못했을 때 따지러 가면 언론협회에 고발하면 저것도 징계 조치 먹어. 저거도 때에 따라 잘못됐다고 칼 때도 있지. 보도 하나 잘못하면 사업체 하나 죽이는 것도 일 아이고 사람 하나 죽이는 것도 일 아이다. 저것들도 권력에 붙었다, 떨어졌다 하는 것 같아 몬 믿겠다."

10
직무 유기

남계식은 젊었을 때 마르크스의 《자본론》을 읽었다. 내용이 어려워서 이해할 수는 없었지만, 암암리에 그 책을 읽어야 한다는 말이 나돌았다. 그 당시 전두환 정권에 대한 반감이 많았다. 음악 좋아하는 사람들이 대학가요제에 나가는 것이 꿈이었듯, 사회과학 공부를 하는 사람들은 사회문제를 논하는 것이 하나의 로망이었다. 촛불집회는 책으로만 봐온 민주주의가 몸으로 움직이는 것을 보여주는 본보기가 되었다. 1987년에 최루탄을 맞으면서 돌을 던지지는 않았지만 그들의 마음에 동조했다. 부당한 권력에 맞서지 않았지만 분노했다. 그러다가 화제를 바꿔 ○○시장 사람들에 대한 불만을 말한다.

"○○시장 사람들은 보수 중의 보수죠. 연배 있으신 분들은 60~70대가 상인들, 어떻게 보면 거의 다라고 보면. …… 가게 주인들이 많아요. 그런 분들은 아무래도 젊은 사람들하고 다른 생각을 갖고 있죠. 왜냐하면 그런 사람들은 6·25를 겪은 사람도 있고, 박정희 세대 때 세뇌가 된 사람들은, 20년 동안 사상교육을 받은 사람들은 쉽게 안 바뀌죠. 그거는 우리나라의 운명이라고 생각해요. 우리 초등학교 때 유신 하고 그랬잖아요. 나도 그때 아침 조회 때마다 '이룩하자 유신 과업' 카며 노래를 불렀는데 유신이 뭔지도 모르고."

영화 〈1987〉에 나오는 장면과 흡사한 상황이 자신에게도 일어났다. 영화에 이한열 열사(강동원)가 신입생 연희(김태리)에게 광주항쟁 관련 영화를 권하는 장면이 나온다. 남계식도 이처럼 1980년대에 대구 시내를 걷고 있는데 어떤 사람이 영화를 보여준다고 해서 YMCA 건물로 들어갔다. 그때 광주항쟁 관련 영화를 보고 사고에 전환이 왔다. 그는 시민단체를 지지는 하지만 아직 가입하거나 후원한 적은 없다. 국제결혼이주여성이나 이주노동자의 이민에 대해서 묻자 전혀 이질감을 느껴본 적이 없다고 대답한다. 공장에 일할 사람들이 없으니까 그 사람들이 오는 것이 당연하다.

어른들이 요즘 아이들을 보면서 배가 불러 일을 안 한다고 하지만 그건 1960~1980년대 얘기다. 아이들이 그런 일을 하려고 대학까지 가서 힘들게 공부한 것은 아니다. 사회가 좀 더 고도화되고 세분화되면 젊은 애들이 부가가치 있는 일을 찾을 것 같다. 국회나 언론은 점수로 따지면 30점 정도다. 자신의 의식 수준에 비하면 20년은 뒤처진다. 경제가 발전하고 사회는 민주주의로 흐르는데 국회나 언론은 1980~1990년대에 머물러 있다. 이들은 너무 편협한 사고를 하고 있고 편협한 보도를 한다. 어떤 국회의원은 4년 동안 법안 한 번 발의하지 않고 자기 지역 발전보다는 다음 선거 때 표를 얻기 위한 선심 공략을 한다. 그걸 관철시키기 위해 누구를 윽박지르는 전략을 쓰기도 한다. 이것은 직무 유기다.

시민사회 이야기 분석

뒤르케임주의 문화사회학자 제프리 알렉산더는 그 사회의 성스러움을 중심으로 모인 시민사회를 시민 영역^{civilsphere}이라 부른다.[7] 시민 영역은 독립된 하나의 영역으로 국가, 경제, 종교, 가족, 공동체와 같은 비시민 영역으로 둘러싸여 있다.[8] 각각의 영역이 비시민 영역인 이유는 민주적 의사소통을 통해 의사결정이 이루어지는 것이 아니라 국가는 권력, 경제는 효율성, 종교는 신념, 가족은 친밀성, 공동체는 습속에 의해 의사소통이 이루어지기 때문이다.[9] 시민 영역은 각각의 영역이 독립적인 자율성을 회복해야 성장할 수 있다.

시민 영역은 연대의 문제다. 모르는 타자에 대해 존중하는 감정에 토대를 두며 초월적이고 보편적인 이상적 가치를 가진다. 시민의 자발적 결사가 중요한 것이 아니라 민주주의 원리에 따라 이루어졌는지 이루어지지 않았는지에 중점을 둔다.[10] 그렇다면 대구경북은 각 영역이 분화되어 독립적인 시민사회 언어를 사용하는가?

박근혜 탄핵 촛불집회가 전국적으로 거대한 물결을 이루었던 것에 비해 대구경북에서는 촛불집회에 대해 부정적인 반응이 압도적이다. 감히 국민으로서 한 나라의 왕을 탄핵한다는 것은 있을 수 없다며 왕조시대 언어를 사용하여 흥분한다. 진정 나라를 생각한다면 잘못된 판단이다. 촛불집회는 무조건 반대다. 정치판의 싸움에 불과하다. 민주노총이나 골수 분자들의 조직적인 각본에 의해 탄생한 공연이다. 우두머리들이 짜놓은 계획에 맞춰 군중들이 개념 없이 따라가고, 노조 위원장 등 리더들은 본인 실속을 챙기기 급급하다. 아무것도 모르고 따라다니는 사람들이 불쌍하다. 유사 가족 집단의 동요에 의해 본인의 판단 없이 우르르 몰려다니는 군중심리 현상이 일어난다. 진정 나라를 위해 촛불을 든 사람이 얼마나 있을지 의문이라는 반응을 나타낸다.

촛불집회에 대해 긍정적인 반응을 보이는 연구 참여자도 있다. 예전에는 시위하는 것을 똑바로 보지 않았다. 지금은 민주화로 가는 단계라는 것을 깨닫는다. 달걀로 바위 치듯이 바뀌지 않는 세상의 어떤 부분에 저항하기 위해 힘을 모으는 단체다. 시위는 힘없는 서민들이 목소리를 낼 수 있는 유일한 방법이다. 그렇지만 집회에 참여할 생각은 없다. 시위하는 대상자는 정해져 있다. 그것은 누구나, 아무나, 일반인들이 하는 것이 아니다. 가정주부인 데다가 진보 세력이 아니기 때문에 귀찮다. 그래서 마음속으로만 지지한다. 촛불집회를 긍정적으로 보지만 정치에 대해 이야기하고 싶지는 않다. 모임에서 이런 문제로 논쟁을 벌일 때마다 거북하다.

시민단체에 대한 반응은 긍정과 부정이 뒤섞인다. 부정적인 시각이 만만찮다. 시민단체는 기업체에 가서 협박하고 돈을 뜯어내는 '양아치'와 같다. 시민단체에 후원하느니 차라리 가난한 사람을 도와주고 싶다. 정치에 놀아나는 시민단체도 있다. 긍정적 반응을 보이는 사람들도 방관자적 태도를 취한다. 나의 역할이 아니라며 선을 긋는다. 시민운동은 내가 아닌 다른 사람들이 시민단체를 조직해서 어떤 일을 도모하는 것이라고 정의한다. 연구 참여자들은 시위에 참여하거나 시민단체에서 활동하고 거기에 후원한 경험이 전혀 없다. 비시민적 영역의 관심과 이해관계로 시민사회를 바라본다.

국제결혼이주여성과 이주노동자에 대한 시각은 어떠한가? 민주주의라는 보편적 가치로 이들과 연대하는가? 국제결혼이주여성과 이주노동자에 대한 시각은 대체로 긍정적이다. 하지만 대부분 국민국가의 시각을 견지한다. 공장에 일할 인력이 없어서, 저출산 국가라서, 짝을 지어줘야 하므로 선택할 수밖에 없다. 우리도 예전에 아메리칸 드림을 바라며 돈을 벌기 위해 미국으로 갔다. 그때를 생각하면 잘해줘야 한다.

부정적인 반응도 있다. 외국으로 달러가 흘러나가는 것은 국가적으로 엄청난 손실이다. 우리나라에 유입되는 외국인은 우수 인재가 아니라 보살펴야 할 열등한 존재들이다. 본국에서 생존 문제를 해결하지 못해 이민을 한 사람들이다. 이민을 안 받을 수도 없고 받을 수도 없고 딜레마다. 이주여성에 대한 시각은 '저출산 고령화된 한국사회'의 문제를 해결해줄 도구로 인식하고, 이주노동자는 경제적 관점의 인적 자원으로 간주한다. 국제결혼이주여성이나 이주노동자에 대한 시각은 가부장적이고 국가주의적인 위계화된 관점을 취한다.

시민 영역은 "여론, 매스미디어, 여론조사, 결사체와 같은 민주적으로 의사소통하는 제도들뿐만 아니라, 선거, 정당, 공직, 법이라는 제도에 의해 조절된다".[11] 대구경북 사람들은 언론과 국회에 대한 신뢰도가 낮다. 즉 시민 영역을 조절하는 제도들에 대한 불신이 팽배하다. '언어의 연금술사', '사기꾼', '암까마귀, 수까마귀', '코에 걸면 코걸이, 귀에 걸면 귀걸이', '직무 유기', '주관적 공정성', '기회주의자'라는 화려한 수사법을 창출한다. 국회와 언론은 사리사욕에 따라 움직이는 카멜레온 집단이다. 점수로 따지면 30점 정도다. 둘 다 본연의 임무를 수행하고 있지 않다. 국회의원들이 국민을 위해 봉사한다고 생각하면 오산이다. 사리사욕 때문이다. 매일 싸움질이다. 언론은 수십 년 동안 국민의 눈과 귀를 막은 사건 사고의 주범이다. 정치권의 도구로 사용하는 경우가 많다. 공정하지 못하다. 이와 같이 부정적 시각이 큰 이유는 과거의 경험에 비추어 의사소통적 제도(여론, 매스미디어, 여론조사, 결사체)와 조절적 제도(선거, 정당, 공직, 법)가 올바르게 작동되지 못하고 권력의 도구로 전락하는 경우를 너무나 많이 보았기 때문이다.[12]

한 사람에게 권력이 집중된 독재국가에서 언론은 관심의 대상이 아니다. 언론은 권력 집단을 위한 수단으로 이용되고 국가에 대한 충성심을 강요하는 도구에 불과했다. 그러나 민주주의가 발달하면서 언론의 역할이 점차 확대되었으며, 줄곧 권력 집단과 불편한 관계에 빠진다.[13] 대구경북의 마음은 좀 더 언론을 강압적으로 하지 않는 것에 대해 불만이다. 풀어도 너무 풀어놓았다. 국가의 언어를 빌려와 박정희, 전두환 정권 때가 좋았다고 평가한다. 언론의 힘이 너무 큰 것이 문제다. 사람 하나 죽이는 것을 예사로 한다. 민주주의가 이래도 되는가?

"신정국가에서는 종교 영역이, 전제국가에서는 정치 영역이 보다 보편화하는 연대를 창출하였다면 민주주의 사회에서는 시민 영역이 이러한 임무를 담당한다."[14] 대구경북 사람들은 공동체주의 언어, 왕조 시대 언어, 국가주의 언어를 사용하여 시민 영역 언어를 배척한다. 연구 참여자들은 의사소통적 제도로서 언론을 신뢰하지 않는다. 시민 영역은 사회가 충분히 민주화되어야 성장할 수 있다. 대개 비시민 영역이 시민 영역을 위협하는 것처럼 보인다. 그것은 각각의 영역이 생산하는 선이 보편적이지 않고 부분적이기 때문이다. 그럼에도 국가, 경제, 종교, 가족, 공동체의 비시민 영역들은 일상의 삶에 활력을 불어넣어주는 중요한 역할을 담당한다. 비시민 영역들은 독립성이 이루어져야 하고 각각의 영역은 다른 영역들을 지배하지 않는 것이 중요하다.[15] 대구경북의 공동체주의 마음의 습속은 시민 영역의 싹이 움트지 못하게 막는다. 보편적인 선을 추구하는 시민 영역의 언어를 사용하지 않는다는 것은 아직 민주주의 사회에 이르지 못했다는 것을 보여주는 것인가.

"시민사회는 국가와 분석적으로 구분되는 독자적 영역으로서 사회생활을 도덕적으로 조절하는 것moral regulation of social life이다. 도덕적으로 조절한다는 것은 강제적 폭력이 아닌 말로 설득한다는 것을 뜻한다."[16] 대구경북 사람들은 국가에 불만이 있더라도 참고 견뎌야 한다는 마음의 습속이 있다. 국가에 대항하는 시민단체는 불온하다. 의사소통적 제도를 통해 시민사회를 조절하려면 시민사회에 대한 믿음이 우선적으로 작동해야 한다. 그런데 불신이 너무나 깊다. 이 장벽을 어떻게 극복할 것인가.

벨라 연구팀은 참여 정신이 없는 시민은 무임 승차자[free riders]와 같다고 말한다.[17] 시간적·물질적 투자는 의무가 아니라 자발적인 참여를 통해 이루어져야 한다. 시민사회는 계산적이고 경쟁적인 데서 오는 가치를 따지지 않는다. 시민운동에 대한 완전한 개념은 지역적 참여를 국가적 토론과 연결하는 데 의의가 있다. 그러기 위해서는 공동체, 이해관계, 국가의 정치가 조화와 혁신을 위한 더 많은 가능성을 끌어내는 새로운 환경을 만들어내야 한다.[18]

연구 참여자 중에서 비록 소수일지라도 시민사회에 대해 긍정적인 언어를 사용한다는 것은 미래에 대한 희망을 제시한다. "시민은 태어나는 것이 아니라 훈련되는 것이며, 시민사회 또한 그저 주어지는 것이 아니라 만들어가는 것이다."[19] 민주사회는 시민운동하는 사람 따로 있고, 정치하는 사람이 따로 있는 사회가 아니다. 시민사회는 나 이외의 사람이 아니라 나를 포함한 사람들이 주인인 세상이다. 현재 대구경북의 마음은 시민사회와 고립된 상태다. 이 세계에서 벗어나려면 시민으로 태어나기 위해 훈련하고 만들어가는 과정이 무엇보다 중요하다. 당장 적극적인 참여가 힘들더라도 묻고 따지고 성찰하는 자세로 다가서야 한다.

시민사회가 성숙하기 위해서는 문화, 의식, 상징, 의미 세계를 새롭게 인식해야 한다. 사회적 관습의 굴레에서 벗어나 자신의 삶이 펼쳐지는 사회적 장을 성찰적으로 바라보고 사유하는 주체적 개인이 형성되어야 한다. 시민적 주체가 형성되지 않고서는 시민사회는 만들어질 수 없다. 세상을 보는 방식과 삶의 양식에 변화가 일어나야 한다.[20]

4장

지역 공동체 이야기

지역 공동체는 지리적 범위를 기반으로 한다. 하지만 단순히 물리적 기반뿐만 아니라 지역에 대한 집합기억, 감정을 기반으로 하는 규범, 정체성 등을 공유하는 구성원이나 사회 그룹의 집합체를 의미한다.[1] 벨라 연구팀은 미국이 내포하고 있는 심각한 문제들은 모두 개인주의와 연결되어 있다고 말한다.[2] 반면 정수복은 한국사회는 집합주의, 연고주의와 연결되어 집단 밖의 사람을 배제하고 집단 안의 사람들끼리 이익과 특권을 나누어 갖는다고 비판한다.[3] 그러면 대구경북 사람들은 지역 공동체를 어떻게 이야기하는가? 나는 대구경북의 지역 공동체를 탐구하기 위해 다음과 같은 질문을 했다.

자신이 바라보는 대구경북 사람은 어떤 사람인가?

다른 지역에서는 대구경북 사람들을 어떻게 바라볼까?

정기적으로 만나는 친구나 모임이 있는가?

모임을 어떻게 활용하는가?

나는 이 질문을 통해 대구경북 지역 사람들이 더불어 살아가는 지역 공동체를 어떤 방식으로 정의하는지 살펴보고자 한다.

01

"대구 카면 의리 아이가!
서울 사람들은 깍재이라"

여미순은 대구경북 사람을 어떻게 생각하느냐고 묻자 "최~고 보수적이지"라며 숨도 쉬지 않고 바로 대답한다. 솔직히 좀 재미는 없지만 성격 좋고, 나쁘게 생각하면 '무대까리(막무가내)'다. '깍쟁이'인 서울 사람과 비교된다.

"대구경북 사람들(웃음) 내처럼 한 번 좋아하면 영원히 좋아한다. 배신을 안 하지. 배신을 잘 안 하지. …… 옛날 말이 있잖아, 서울 사람들은 깍재이라. 내 친구는 서울 사람들하고 결혼도 안 한다 카더라. …… (대구경북 사람들은) 이것저것 따지지도 않고, 한 번 좋아하면 영원히 변함없다."

다른 지역에서 대구경북 사람들을 어떻게 보겠느냐고 묻자 "고지식하다고 생각하겠지"라며 웃는다. 그래도 요즘은 세월이 바뀌어 대구경북 사람들을 많이 좋아할 것 같다. 옛날에는 신랑감은 무조건 대구경북 사람, 신붓감은 서울 사람 찾으라는 말이 있다며 서울 여자들을 닮고 싶다고 한다. 서울 여자는 싹싹하기 때문에 서울에 가서 한 3년 동안 살면서 무뚝뚝한 자신의 성격을 개조하고 싶다. 모임은 학교 모임, 성당 모임, 골프 모임이 있다. 요즘엔 골프 모임에 푹 빠져 있다. 평생 하던 일을 아들에게 물려주고 자유의 몸이 되어 시간만 나면 골프 모임에 가는 것이 낙이다.

02

의리, 체면이 중요

여은정은 대구경북 사람들은 배타적이라 마음을 열기보다 경계를 설정한다고 말한다. 외부에 있는 것을 쉽게 못 받아들이는 성격이다. 그런데 한 번 소통이 되면 끈기 있게 관계를 맺으면서 '의리'를 지킨다. 날씨나 환경적 요인도 크다. 분지이기도 하고 '대프리카'(대구+아프리카)라고 불리기도 하는 더운 날씨 때문에 성격이 강하다. 대구는 현금을 가진 부자들이 제일 많은 도시다. 오랫동안 정치의 중심지였던 까닭에 기득권으로부터 물려받은 재산이 많다. 그러나 생산적인 도시가 아니라서 경제적으로 힘들다. 지방자치단체에서 자급자족이 가장 낮은 지역이면서도 소비수준은 높다. 발전적이지 못한 도시여서 미래가 힘든 곳이 아닐까 하는 걱정이 든다. 뭔가 창출할 수 있는 희망이 없다.

"대구가 보수적인데도 기존 부자들이 많고, 정말 열심히 일해서 살아야 되는 사람들은 없이 살고. 그런 소비도시에 살다 보니까 다른 지역에서 세련되었다고 하는 게 먹는 거 입는 거 이런 게 질이 높다는 거지. 실속이 있는 것이 아니고 체면을 중요시한다는 거지."

외부에서는 대구경북 사람들을 고지식하고 잘못된 것을 고치려고 하지 않는다고 생각할 것 같다. 변화를 두려워하고 잘못된 정치를 청산하지 못한 책임이 있고, 우리나라가 개혁하고 발전하는 데 걸림돌이 되는 집단이라고 말할 것 같다.

"남편은 대구경북 사람들이 싫다고 해. 사람들이 세뇌된다고 하는 게 무서운 게 젊은 사람들마저 우리도 엄마 아부지 세대 이어서 오고, 아무리 아니라고 하지만 그 영향이 있기 때문에 계속 변하지 못하고 이어지는 거야. 뭔가 새롭게 도전해보고 변화시키려고 한다기보다는 그것을 지키려고 하고 특정 정당을 지지하려고 하는, 변화를 두려워하는 건지 변화를 하기 싫어하는 건지 모르겠지만, 그런 경향이 있으니까 외부에서는 꼴통이라고 보는 거지. 좋은 이미지로 남아 있지는 않지."

모임은 교회 모임, 애들 유치원 모임, 회사 동료들 모임, 고등학교 모임이 있다. 거의 매일 교회에 가기 때문에 교회 사람들과 만나는 일이 잦다. 그곳에서는 주로 가족과 관련된 이야기를 나눈다.

대구경북 한남 스타일은 최악

여정란은 대구경북 남자들은 가부장적 성향이 강해 딸을 시집보내고 싶지 않다고 말한다. 여자들은 속정은 깊은데 무뚝뚝하고 싹싹하지 않다. 딸이 서울 사람이나 외국 사람과 결혼하길 바랐다. 그런데 막상 미국이나 영국으로 떠난다고 생각하면 한국에 있는 게 좋고, 서울로 시집보낸다고 해도 안 되겠고, 딸의 결혼 상대자가 대구 남자라 차라리 잘됐다 싶다. 예비 사위가 다행히 '한남(한국 남자) 스타일'은 아니다.

"한남 알제? 특히 대구경북의 한남 스타일은 최악이라. 여자 위에 군림할라 카고 여자를 밑에 둘라 카고 그런 거란다. 우리 예비 사위는 한남 스타일은 아닌 것 같더라. 왜 대구경북 한남 스타일이 질색이겠노? 종갓집 캐사코 여자들 출가외인 캐사코 기성세대들이 그런 세대들이 많다 보니까 밑에 자라는 세대들도 영향을 마이 안 받겠나? 서울이나 전라도는 안 그렇다메? 여자들하고 평범하고 대등하게 한다면서. 대구경북은 고리타분하고 그렇다니까. 안 그런 거 같으면서 은연중에 여자 위에 군림하려고 하고. …… 대구경북 한남 스타일이면 큰일이라 찢어지고 오겠지. 대구경북 한남 스타일은 결혼 몬할 사람이라, 여자가 결혼하면 큰일 나지(웃음)."

다른 지역에서는 TK 지역이라며 우리를 별로 좋게 보지 않을 것 같다. 박정희 때부터의 아성을 무너뜨리기 힘든 지역이고, '꼴통'이고 사고가 닫혔다고 볼 것이다. 그런데 간혹 타지역 여성들은 대구경북 남자들이 멋있다고 한다. 남자답다, 박력 있다, 리더십 있다고 하는 것이 좋은 어감은 아닌 것 같다. 아들은 남편을 닮아 보수적이면서 한남 스타일 기질이 있다. 남편도 권위적이고 독선적인 시아버지를 싫어했지만, 어느 순간 닮아 있었다. 그런 아버지를 싫어하면서 희한하게 아들도 똑같이 닮아간다. 지금 아들의 상태는 결혼하지 못할 정도로 심각하다. 그걸 깨뜨리는 것이 자신의 몫인데 뜻대로 되지 않아 걱정이다. 당장 좋아하는 여자가 나타난다고 해도 바뀔 리가 만무하다. 한순간 변화가 있을지 몰라도 몸에 밴 습성이 쉽게 변할 것 같지 않다.

그는 참여하는 모임이 많지 않다고 하면서, 교회 성가대 모임, 고등학교 친구 모임, 운동 모임이 있다고 말한다. 교회는 일주일에 한 번 정도 가고 일요일은 종일 교회에서 지낸다. 교회는 신앙생활을 하는 공동체 모임이고, 다른 것은 친목 모임이다.

04
양반, 상놈

여재선은 대구경북 사람들은 보수적이고 남성 중심적이며 아직도 양반과 상놈을 많이 따진다고 말한다. 남자들이 기득권을 내려놓으려고 하지 않는다. 밖에서는 대구경북 사람들을 안 좋은 시선으로 볼 것 같다. 예전에는 전라도 사람들을 안 좋게 봤다. 밖에서 대구경북을 '보수 꼴통'으로 보는데 어떻게 생각하느냐고 묻자 그거는 아니라며 웃는다. 보수 꼴통이면 안 된다. 시대에 따라 변해야 한다. 대구경북 전체를 그렇게 평가하면 곤란하다. 진보적인 사람도 있다. 자신의 고향인 경북 북부 지방은 대구보다 더 보수적이다. 그는 서른 살까지도 양반, 상놈에 대해서 엄청나게 많이 생각했다.

"성씨도 그렇고. 내가 양반, 상놈에 대한 것도 뿌리 깊게 내 내면에 있었다니까. 행동하는 것도 진보 쪽으로 나가면 튄다. 개방적인 사람은 튄다. 굉장히 꼴통이었지. 한마디로 내가 많이 바뀌었지. 물론 내가 그동안 배운 것도 있고, 뉴스에서 들은 것도 있고, 사회생활을 해나가면서 아니란 걸 알게 되고."

자신이 생각해오던 것이 전부가 아니라는 사실을 깨달으며 세상을 열린 자세로 보려고 노력한다. 그러다 보니 조금씩 변하는 것을 느낀다. 그렇지만 근본적으로 완전히 바뀌지는 않는다.

"내 몸에 배긴 거라서 쉽게 잘 안 될 때도 있지. 어차피 나도 경상도 사람이라 했잖아. 내가 뭐 서울 사람이 되겠나? 전라도 사람이 되겠나?(웃음) 예전에 나는 양반이잖아, 상놈이잖아 이런 말을 예사로 했다니까."

참가하는 모임은 별로 없다. 초·중·대학교 모임과 직장 모임이 있다. 모두 친교 위주다.

"귀가 얇아 다 뚫피가지고"

여경숙은 대구경북 사람은 무더위나 추위에 잘 견뎌내고 무뚝뚝하다고 말한다. 남의 일에 감 놔라, 대추 놔라 하지 않는다. 홍수가 나지 않아 복 받은 지역이다. 경제 발전이 너무 안돼서 걱정이지만 성격이 무던해 잘 참고 있다. 의리가 있다.

"중립을 지키는 사람 같기도 하고, 성질은 급한데, 홍(준표) 대표님이 성질 급한 거 같고, 다른 거는 행사할 때 보면 마이 그런 것 같지는 않고. 남이 하면 막 따라가는 것도 있고. 자기 의견 강하게 내세우지도 않고 좋은 게 좋은 거다 따라가는 것도 많고, 이래도 좋고 저래도 좋고. 보수가 유지되는 이유도 이런 성격이기도 하지. 요즘 젊은 애들은 팍 튀는 이유가 우리하고 다르니까 뭔가 바꿔볼라꼬 하는 것도 아니겠나 싶다."

대구경북 사람들은 어떻게 생각하면 강한 척하면서도 귀가 얇다. 잡아당기면 끌려간다. 옛날에는 (보수당에) 몰표를 주었다. 지금 표가 분산된 이유는 밖에서 쳐들어온 탓에 귀가 얇아 뚫렸기 때문이다.

"요즘은 어느 시점에서 뚫피가지고, 뚫린 이유가 경제가 안 좋고 먹고살기가 힘드니까 마이 힘들잖아, 그래서 안 뚫렸겠나? 마이 얇아졌으니까 뚫고 들어오면 대구 시장부터 다 바꿀 수 있다고 생각하겠지. 옛날에는 고지식하다고 했는데 지금은 마이 깨졌는 것 같애. 젊은 애들은 자기주장이 확실히 강하니까 우리가 몬 깨잖아. 50~60대는 기득권 세력에 대한 향수를 품고 있는데 그걸 몬 깨는 이유가 마음이 약해서, 의리 때문이고. 역대 대통령이 대구경북에서 마이 나왔었잖아. 그래서 마이 안 강하겠나?"

밖에서는 분지에 갇혀 꼼짝도 안 하고 있으니까 자신들 밖에 모르는 사람이라고 할 수 있다. 약간 쏠리는 경향도 있어서 자기주장이 강하다고 보지 않을 것 같다. 전라도 같은 경우는 단합되는 게 있다. 90퍼센트 표가 나오는데 우리는 뿔뿔이 흩어진다.

나는 정기적으로 만나는 모임이 있냐고 물었다. 우리나라 통일을 위한 '통일시민대학' 모임이 있다고 한다. 경북대학교에서 수업하고 3개월에 30~40명씩 배출해 수료증을 준다. 수료생들과는 산악회 모임을 결성해 지속적인 관계를 유지하고 있다. 나이 든 분들이 많다. 그 외 고등학교 동창회 모임, 회사 모임, 수영 모임, 딸 친구 엄마 모임, 산악회 모임이 있다. 산악회 모임에는 미군 부대 산악회 모임이 있고 통일시민대학 산악회 모임도 있다. 다 합치면 일곱 개쯤 된다. 모임 때 이런저런 이야기하면서 고스톱을 한판 칠 때도 있다.

06

"북한과 같다고 보겠지"

남연철은 대구경북은 보수적이고 대부분의 사람들이 거

의 비슷한 생각을 하고 있을 것 같다고 말한다. 보수는 어떤 거냐고 묻자 '긍정적인 것', '좋은 것'이라며 웃는다.

"어릴 때부터 세뇌가 되어온 사실이 보수니까. 교육을 계속 그렇게 뭐 보수적인 사상을 받아왔으니까 그 사상에 세뇌되어왔다는 느낌이 들어. 그 가치관 자체가. 부모가 해주는 음식에 입이 길들여지듯이 생각하는 사고도 어릴 때부터 계속 주입이 되어온 거기 맞다고 머릿속에 하마(벌써) 가치관이 하마 정해져버리는 거지. 그래서 지금 북한에 있는 북한 주민들은 저거가 하고 있는 게 아주 정상적이고 잘하고 있다고 생각하듯이 우리 보수적인 사람들도 어릴 때부터 몸에 배어 있어가지고 거기 그런 쪽으로 가는 것이 올바르다고 인식하는 거 그런 기 아니겠나?"

북한 주민은 어떤지 물었다. 폐쇄적이고, 어릴 때부터 세뇌가 되었기 때문에 그 사회가 옳다는 생각을 하고 있을 것 같다며, 북한처럼 '우리도 뭔가 모르고 있을 수도 있다'는 대답을 한다. 타지에서 바라보는 대구경북은 어떨지를 묻자 한참을 생각한다. "우리가 북한 주민들을 보듯이 그렇게 볼 수도 있겠지"라며 웃는다. 나는 그렇다면 앞으로 변화하도록 노력해야 하지 않겠냐고 물었다. 문제가 있긴 하지만 몸에 배어 있기 때문에 쉽게 바꿀 수도 없을뿐더러, 지금 이대로 좋으니까 바뀌지 않아도 괜찮다고 한다.

"불편 없지. 북한 주민들 지금 억수로 행복한 거야. 북한 주민들은 김정은 얼굴만 봐도 행복한 것처럼 우리도 생각하고 있는 사고가 맞고. 우리가 생각하는 사고대로 모든 게 돌아가면 아주 좋은 세상이라고 생각하겠지."

향우회 모임, 취미 모임, 동기 모임, 적십자 모임에 참여하고 있다. 전두환과는 선후배 사이다. 학교 행사에서 바라보는 전두환은 신에 가까운 존재였다.

"항상 또 그렇게 스타일도 보스 기질이 있어가지고. 체육대회 올 때 주위에 그 허삼수, 장세도이(장세동) …… 그 사람들 아직까지 따라다닙니다. 뒤에 한 30명 정도 쫙~~ 전부 별 4~5개짜리 아입니까? 쫙 따라댕기고. '전두환 만세!' 이렇게 할 정도로. …… 무조건 충성이지 뭐."

그들이 나쁜 사람이라고 생각을 해본 적이 없다. 학교 행사 때마다 예전에 권력을 쥐락펴락하던 장성들이 전두환의 뒤를 따라왔다. 진실을 모르겠다. 무조건 충성이다. 광주항쟁은 진압 과정에서 어쩔 수 없이 일어난 사건이다. 고의적으로 행한 것이 아니다.

07
"이기적인 서울 사람,
배려할 줄 아는 대구경북 사람"

남민수는 대구경북 사람은 착하고 순진하고, 서로 양보할 줄 알고 상대방을 배려할 줄 안다고 말한다. 그러면서 서울 이야기를 꺼낸다.

"우리 생각에 서울 쪽에는 아무래도 이기적이라고 제일 먼저 생각드는 게 자기 자신밖에 모른다. 그기 제일 먼저 떠오른다. 대구경북 쪽에는 그래도 남을 배려하고 내가 아니고 남을 먼저 생각하고 같이 어울려서 생각하고 같이 우애든지 더불어 잘살려고 하는 방향으로 생각하고 그런 부분이 많죠. 대구경북은 그런 쪽으로 많이 그렇죠."

다른 지역에서 대구경북을 어떻게 바라보고 있을 것인지 물었다. 경북은 아무래도 산림 자원이 많으니까 공기 좋고 살기 좋다고 할 것이고, 대구경북 사람들이 느끼는 어려움을 모를 것 같다. 대구경북은 옛날 사고방식이 뿌리 깊은 곳이다. 선거할 때 표가 완전히 한쪽으로 치우친다. 한편으로 좀 어리석다는 시각이 있지 않겠나 싶다. 우리가 계속 대통령을 배출했지만 발전은 다른 지역보다 떨어진다. 다른 지역 사람들이 대구경북 사람을 어떻게 평가할 것 같으냐고 물었다.

"뭐……(침묵) 나쁘게는 평가 안 할 것 같고 좋게 평가할 것 같아요."

어떤 면에서 좋은 평가를 할지 물었다.

"(침묵) 아…… 좋게 평가 안 할 수 있겠네요. 계속 한 군데만 정권 창출하고 그랬으니까. 뿌리가 좋든 안 좋든 계속 지금 뭐 핸실적인 걸 생각을 몬하고 좀 어리석다고 생각할 수도 있겠네요. 안 깨우치고 고리타분한 선비적인 보수적인 것으로 생각하겠네요."

대통령을 몇 사람이나 배출한 지역인데도 예전보다 더

살기가 어렵다. 대기업들은 위쪽으로 몰리다 보니까 젊은 인재들이 대구경북을 떠나버린다. 대구경북은 박근혜 탄핵을 계기로 많이 변했다. 앞으로도 급격하게 변화할 것 같다.

정기적으로 만나는 모임이 있냐고 물었다.

"대구 근교 뭐 따로 그렇게 모임은 그래 하는 거는 없고, 동창들 만나는 그 정도죠. 우리가 느끼는 게 한쪽으로만 표를 몰아주다 보니까 이런 현상이 일어났는데 그냥 묻지 마 식으로 이때까지 묻지 마 투표를 뭐 지지하지 않았나. 지금은 많이 느낄 거라 생각합니다. 모임에서 정치 얘기를 많이 합니다. 지금 현재도 어리석다는 것은 다른 생각을 하지 않고 묻지 마 식으로 한 곳으로 우야든지 그랬으니까 그게 역효과를 내서 발전을 저해했고."

08

"폐쇄적이라서 인물이 많아요"

남현무는 지방에 따라 성향 차이가 나는 것은 주변 환경 때문이라고 말한다. 대구경북은 산이 많고 전라도는 평야가 많다. 평야는 이 집 저 집 사람이 다 보여 서로 감출 게 없다. 대구경북은 산골로 되어 있어 약간 폐쇄적이다. 그런데 인물은 산골에서 많이 난다.

"넓은 데 모이가 있는 사람끼리는, 요 사람이 인물 될 감이 돼도 모이가 있으면 같이 섞여 있으면 흡수되어버려 더 크지가 않은 거죠. 지역적인 특성이 난 그런 게 있다고 봐요. 그러고 보이 영남권 지역으로 인물이 마이 나잖아요. 너무 낑가 맞추는 느낌이 들지만 독특한 개성이 강하지. 모이가 있으면 비슷비슷해지는데 떨어져 있으면 독창성이 있는 거죠."

독특한 개성이 어떤 것인지 물었다. 특별한 분야에 뛰어난 사람이 많아 그 분야에서 권위자가 되는 거고, 폐쇄적인 것은 소통이 잘 안 되는 것이라고 한다. 전라도 사람은 단합도 잘되고 소통도 잘된다. 대구는 전라도에 비해 단합되는 게 부족하다. 그게 지역적 특성 때문이다. 밖에서는 대구경북 사람들을 고지식하다고 볼 것이다. 고지식하다 보니까 한 분야에 몰두해서 뛰어난 사람이 많이 나온다. 정당도 마찬가지다. 그것이 TK 정서다. 모임은 특전사 모임과 동창 모임이 있다. 특전사 모임은 전국적으로 한다. 현재 임원을 맡으며 적극적으로 활동하고 있다.

09

"서울 사람 뒤따라간다.
그것도 뒤처져가지고"

남두일에게 대구경북 사람을 어떻게 생각하느냐고 묻자 목소리가 커진다.

"야이! 정신 좀 바뀌야 된다. …… 모든 게 서울 사람들 뒤따라간다. 그것도 뒤처져가지고. 처음에는 아이다, 아이다 카면서. …… 그래가 무조건 따라간다. 지가 스스로 판단해가 그 사람들보다 좀 앞장서 가든지. 원래 깡패들도 전라도 깡패가 시(세)다. 대구 사람들은 보수적이면서도 한길로 가는 성격이 있기 때문에 오너 기질이 있다고 보고, 의리 있고 하는 거는 전라도 깡패다."

대구경북 깡패들은 의리가 없냐고 묻자 없다고 한다.

"오야지는 의리가 있는데. 대구 사람들은 좀 바뀌야 되는 게 우리들만의 보수를 주장도 몬하고."

정치적으로 봤을 때 보수로 쭉 갔으면 좋겠다. 경제도 마찬가지다. 대구경북 사람들은 뒤처지는 면이 있고 스스로 판단할 줄 모른다.

"보수도 그렇다. 바꿀라 카면 스스로 이게 맞다 카면서 그 길로 가든지. 보수도 아닌 것이 서울 사람 뒤차 타고 따라간다. 앞차 몬 타고 뒤따라간다. 그래가 서울 사람 했다 카면 몇 년 뒤에나 십 년 후에나 깨달아가 따라간다. 서울 사람이 갑이야."

밖에서는 대구경북 사람을 어떻게 바라보겠냐고 물었다. 질문이 끝나기가 무섭게 대답한다.

"등시 같다 카지. 모든 걸 뒤처져 가니까. 등시다 카지. 한고집도 하고. 곧 죽어도 아이마 아이고."

모임은 고향 친구 모임, 사회 친구 모임이 있다. 해병대 전우회 모임에는 서열 관계, 이권 개입이 있는 게 싫어 지금은 나가지 않는다. 친목 모임은 사회생활과 달라야 한다. 물질과 연관되거나 자본주의가 작동하면 안 된다. 남두일은 고향 친구들 모임에서 갈등을 겪는다. 고향 친구들하고는 편안하게 막걸리 한잔 마시고 스스럼없이 이야기를 나누는 사이여야 하는데 그렇지 않다.

"촌에 불알친구 카는 게 편하게 생각했는데 뒷담화가 많다 이기라. 오히려 나는 불알친구는 가정사까지 다 알잖아. 편하게 생각했는데 말이 와전되고 커지고, 와~! 고향 친구가 와이카노 카면서. 뭘 이야기를 해도 내가 전혀 이야기 안 한 걸 했다 카고. 씁쓸하다."

10
편향적이고 꼴통

남계식은 대구경북 사람들은 많이 편향적이라고 한다. 예전보다 덜하지만 윗대 사람들 영향을 많이 받아서 그런지 시각이 다양하지 못하다. 서울경기는 전국에서 다 몰려드니까 우리나라의 다문화 지역이다.

"우리는 단일, 우리끼리 카니까. 60년대부터 시작해서 몇 세대가 지나가면 30년씩 한 세대로 보면 2050년쯤부터는 좀 안 그렇겠죠."

다른 지역에서 대구경북 사람들을 어떻게 볼지 물었다.

"밖에서 보는 사람들은 내가 얘기했다시피 우리 형이 꼴수거든요. 옛날에 마이 싸웠어요. 서울 사는 형도 그렇고. 어렸을 때부터 교육을 그렇게 받아서 그런지 모르겠지만. 옛날에는 밖에 소리를 잘 몬 들으니까 편향적인 게 많지. 아직도 외지 사람들은 대구경북을 꼴통이라 카고(웃음). 우리만의 세계에 갇혀 있으니까. 지금 마이 나아지고 있고 앞으로는 마이 바뀔 거예요."

모임은 취미 모임, 친구들 모임, 시장 모임이 있다. 본인 성향은 보통의 대구 사람들과 다르다. 사람들은 정치, 사회에 대해 얘기하다 보면 헤드라인만 이야기한다. 그 밑에 있는 자세한 걸 모르고 지나친다고 지적한다.

11

지역 공동체 이야기 분석

⟨표 3⟩은 대구경북에 대한 연구 참여자들의 관점과 그들이 예측한 타 지역민의 관점을 정리한 것이다.

10명의 연구 참여자는 대구경북 사람들을 대체로 긍정적으로 서사한다. 한 번 좋아하면 영원히 좋아한다. 배신하지 않고 의리가 있다. 자기 의견을 강하게 내세우지 않으며 순응적이고 긍정적인 스타일이다. 50~60대는 기득권 세력에 대한 향수를 품고 있다. 그 틀을 못 깨는 이유가 의리를 지키기 위해서다. 보수는 긍정적이고 좋기 때문에 유지가 된다. 어렸을 때부터 받아온 교육으로 보수에 대한 가치관이 굳어졌다. 북한 주민들이 아무것도 모르고 행복해하듯 우리도 별다른 불

〈표 3〉 대구경북에 대한 연구 참여자의 관점과 그들이 예측한 타 지역민의 관점

연구 참여자	타 지역민
보수적. 의리가 강함. 과묵함. 배타적. 실속보다 체면 중시. 가부장제 강함. 꼴통(지조 있는 성격). 부화뇌동(보수당의 표가 흔들림). 순응적. 배려하는. 폐쇄적(특출한 인물이 많음).	고지식. TK 정서. 폐쇄적. 꼴통. 북한 주민과 같음. 어리석음(실리를 챙기지 못하는). 고리타분한 선비 정신. 부화뇌동(서울 사람 따라가는)

편함을 느끼지 않는다. 쉽게 바뀌지도 않겠지만 굳이 바꿀 필요도 없다. 습속에 의해 체화된 언어로 살아가는 것이 정서적으로 편하므로 새로운 언어를 창출하려고 하지 않는다.[4]

대구경북 사람들은 유사 가족 공동체를 중심으로 긴밀하게 연결되어 있다. 모임은 주로 대구경북에서 함께 자라온 사람들이 구성원이다. 동문회, 동기회, 향우회 등으로 어렸을 때부터 친밀성을 유지했던 관계가 그대로 지속되고 있다. 그 밖에 종교 모임, 취미 모임, 군대 모임이 있다. 주로 집단 내의 사람들과 교류하며 이야기를 나누는 타자도 거의 동일하다. 이들이 상호작용하는 대상은 대구경북 지역에 한정되어 있으며, 공동체 밖의 타자들과 교류하는 기회가 많지 않고 끈끈한 사회자본을 형성하고 있다.

대구경북에 대해 부정적인 면은 사소하다. 그런데 그 부정이 곧 부정을 의미하지 않는다. 한 번 틀에 박혀 빠져나오지 못하는 꼴통은 의리와 연결된다. 이것저것 따지지 않고 영원히 좋아하는 지조 있는 성격으로 표현한다. 귀가 얇아 부화뇌

동한다는 것은 결국 보수를 지키지 못하고 진보를 주장하는 목소리에 대한 불만이다. 목표가 나와야 하는데 스스로 판단할 줄도 모르면서 서울 사람들을 따라가 분열을 조장한다. 진보는 매사에 꼬집고 할퀴는 부정적인 시각을 가진다. 우리 사회를 공산화하려고 하는 문재인 정부에 불만이다. 그래서 보수가 계속 유지되길 바란다. TK 정서로 결집한 우리만의 세계를 밖에서 쳐들어와 침범하는 것이 싫다. 이들의 마음속에는 흥선대원군이 척화비를 세워 외국 세력을 배척한 것처럼 보수의 척화비가 내면화되어 있다. 그것이 무너지는 것에 대한 아쉬움이 크다. 산이 많아 폐쇄적이라는 부정적인 표현은 독특한 개성과 직결된다. 고지식해서 특별한 분야에 뛰어난 인물이 많이 배출된다는 논리를 적용한다. 그 외에 기존 부자들이 많아 소비 지향적이고, 자급자족은 낮으면서 체면을 중요시하여 먹고 입는 것에 치중한다. 외부에 있는 것을 쉽게 받아들이지 못해 배타적이고 편향적이라고 지적한다.

타 지역에서 바라보는 대구경북에 대한 시각은 부정적일 것으로 예측한다. 우리 지역을 긍정적으로 바라보지 않을 것이라는 생각이 지배적이다. 계속 대통령을 배출했지만, 먹고 살 수 있는 인프라 구축을 하지 못한 어리석고 실속 없는 지역이라고 할지도 모르고, 분지에 갇혀 '저거밖에 모르는 사람들'로 인식될 수 있다. 북한 주민과 같은 시각으로 바라볼 것이라는 판단도 해본다.

대구경북 사람들의 서사 중에는 서울 사람들과 전라도

대구경북 사람	서울 사람, 전라도 사람
의리가 강함. 배려하는. 대통령을 배출한 우수한 지역. 순응적인. 긍정적인 사람들. 순수한 집단.	서울 사람-간사하고 의리 없음. 깍쟁이. 자신밖에 모르는 이기적인 성향. 전라도 사람-빨갱이. 깡패 이미지. 진보가 많음. 불평과 불만이 많음. 따지고 꼬집는 부정적인 사람들. 오염된 집단.

사람들이 많이 등장한다. 대구경북 사람들에 대해 말하다 보면, 어느덧 그 지역 사람들이 비교 대상에 올라 성스러운 집단과 오염된 집단으로 분리된다.

〈표 4〉는 연구 참여자들이 말한 대구경북 사람과 서울 사람, 전라도 사람을 비교해서 정리한 것이다.

대구경북은 의리로 똘똘 뭉쳐 대통령을 줄지어 탄생시킨 지역이라는 우월감이 있다. 정권의 중심지에 있는 서울 사람들은 실상은 실속에 따라 움직이는 간사한 성격을 가진 인간이다. 옛말처럼 눈뜨고 있어도 코 베어갈 정도로 깍쟁이다. 서울 사람과는 결혼도 하기 싫을 정도로 그들은 같이 살기에 부적절한 타자다. 이기적이고 의리가 없으며 이득에 따라 움직인다. 지난 시대의 가장 큰 이념은 '반공'이다. 보수와 상반된 견해를 나누는 사람은 빨갱이다. 전라도 지역은 우리 지역과는 다른 빨갱이들이 많은 오염된 집단이다. 대구경북 사람의 반대말은 서울 사람, 전라도 사람이다. 의리가 있는 대구경북 사람과 간사한 서울 사람, 무뚝뚝한 대구경북 사람과 싹싹한 서울 사람, 보수 텃밭이 강한 대구경북과 진보 텃밭이 우세한 전라 지역은 늘 비교 대상이 된다. 대구경북은 대한민국의 수도 서울에 기죽으면 안 된다. 대구경북은 서울 사람보다 뛰어난 인물이 많은 지역인데 바보처럼 서울 사람 뒤를 줄줄 따라다니기만 한다.

이들은 오랫동안 대통령을 배출한 지역 우월주의에 스스로 빠져드는 오류를 범한다. 즉 지나치게 긍정적인 자아상을 획득하는 것을 당연하게 여겨 과잉사회화[oversocialized] 현상이 발생한다.[5] 이러한 요인이 '정치적 무인도'라는 오명을 얻지 않았을까? 분명 정치적으로 합리적인 해석을 필요로 하지만 정서적으로 판단한다. 문화란 한 번 형성되면 지속하는 것이 아니라 상호작용을 하는 과정에서도 꾸준히 만들어진다.[6] 문화가 공적인 이유는 상호 주관적 세계가 가능한 상징체계이기 때문이다.[7] 나에게만 유의미한 상징체계는 문제적 상황에 부딪힐 수밖에 없다. 대구경북의 경계를 뛰어넘어 타 지역과도 상호 주관적 세계를 형성할 수 있는 공적 상징체계를 구축하여 새로운 행위 전략을 펼쳐야 할 것이다.

5장

정치 이야기

국가는 좋은 것임에도 불구하고 정부와 정치는 가끔 부정적인 의미로 다가온다.[1] 나는 다음과 같은 질문을 하여 대구경북 사람들이 인식하는 정치에 대한 이야기를 듣고자 한다. 이 질문을 통해 대구경북 사람들이 삶과 관련된 공적 이슈에 대해 참여할 수 있는 언어를 사용하는가를 살펴볼 것이다.

지지하는 정당이 있는가?
있다면 그 이유는 무엇인가?
지금까지 대통령 선거에서 누구에게 투표했는가?
역대 대통령 중에서 존경하는 인물은 누구인가?
어떤 대통령이 좋은 대통령인가?
어떤 나라가 좋은 나라인가?

유아 무상급식이나 청년 실업수당과 같은 복지 정책에 대해 어떻게 생각하는가?

01
"요즘 아이들은 펄쩍 뛰겠지만"

여미순은 현재 지지하는 정당이 없다. 예전에 박근혜가 대통령직에 있을 때까지는 열렬한 보수당 지지자였다. 그 이유는 '우리 나이에는 다 보수당을 지지'하기 때문이다. 역대 대통령 중에서 존경하는 인물은 박정희다. 요즘 아이들이 들으면 펄쩍 뛰겠지만 '그분만 한 사람'은 없다. 그는 박정희를 존경한다고 몇 번이나 강조한다. 정치인으로서 인권 유린도 있었지만 어차피 대를 위해서는 소가 희생해야 한다.

"경제 발전을 하기 위해서 희생되는 사람도 있지 않겠냐마는. …… 리더십도 있고 열심히 살아가는 사람한테는 잘살도록 하잖아. 기업도 그렇고. 지금은 기업을 못 살게 하지만 예전에는 기업을 밀어줬잖아. 기업을 살릴려고 했잖아. 지금은 그때하고 나도 어리가지고 확실히는 모르겠지만, 그래도 나는 박정희 대통령은 기업 하는 데는 그분만 한 사람이 없다고 본다. 경제 성장 쪽으로는. 기업이 살고 돈을 벌기 위해서는 그분만 한 사람이 없다고 본다."

일반 사람들이 살아가는 데 좋은 대통령이 누구냐고 묻자 "그래도 박정희"라고 대답한다. 좋은 나라는 어떤 나라인지 물었다.

"우리가 이 정도 살 수 있는 거는 경제 성장 때문이라고 본다. 나는 확고하게 누가 뭐 캐도 박정희 대통령이 최고다."

탄핵 사건 이전까지는 박근혜를 욕하면 신경질이 났다. 그런데 지금은 이런 일을 겪고 나니 박근혜가 무능하다는 생각이 든다.

유아 무상급식과 청년 실업수당의 복지 정책에 대한 생각을 물었다. 실업수당은 정정당당하지 못한 사례가 많아 반대한다. 남의 세금을 교묘하게 이용하는 사람들이 많다. 이걸 바로잡았으면 좋겠다.

무상급식 또한 적극적으로 반대한다. 진짜 없는 사람들에게는 해야 하겠지만 받아도 되고 안 받아도 되는 사람들에게까지 무상급식을 하면 엄청난 예산이 소요된다. 그 비용을 차라리 다른 복지제도에 지출하기를 원한다. 무상급식을 꼭 받아야 하는 아이들에게는 차별화된 제도로 지원하고 선별 방법도 신중해야 한다. 공공장소에서 모두가 보는 앞에서 공개적으로 하지 말고 비공개적으로 지원해주는 방법을 선택해야 한다.

02

"나는 가정주부라서"

여은정은 가정주부라서 특별하게 지지하는 정당이 없다

고 말한다. 남편은 진보당의 당원이다. 자신은 당원은 아니지만 사회를 바라보는 시각이 남편과 일치하므로 그런 정당의 정책을 지지한다.

역대 대통령 중에서 존경하는 대통령이 누구냐고 묻자 존경까지는 아니더라도 뭔가를 개혁하고 세상을 바로잡으려고 애썼던 노무현 대통령이 가장 괜찮다고 한다. 좋은 나라는 독재가 없는 나라다. 아이들이 좋은 세상에서 살아가기를 바란다. 민주주의라고 해서 방만한 게 절대 아니다. 시민들이 책임을 다하고 권리를 요구할 수 있는 사회여야 한다. 독재는 권력이 몰리기 때문에 항상 문제가 생긴다.

"박근혜 대통령도 마찬가지잖아. 소통을 안 하기 때문에 소통하는 사람(하고)만 이야기하다 보니까 문제가 크게 됐잖아. 자기 자리를 잘 지킬 수 있는 나라. 각자가 자기 자리에서 일을 하고 그걸 인정해주는 나라."

좋은 나라에 대한 개념은 좋은 교회로 옮겨간다. 교회도 독재를 지양해야 한다. 자신이 개척했다고 교회를 소유하려고 하면 문제가 생긴다. 나라도 정치도 마찬가지다. 좋은 나라, 좋은 교회가 되려면 권한도 주고 역할도 주면서 각자의 책임을 완수해야 한다. 한 사람이 독단적으로 움직이는 것이 아니라 함께 이루어나가기 위해 노력하는 것이 좋은 나라이고 좋은 교회다.

"내가 와 여당 뽑았지?"

여정란에게 정치 이야기를 하자고 했다. 정치에 별로 관심이 없어 '미치겠다'며 웃는다. 지지하는 정당이 있냐고 묻자 없다고 한다. 한 정당을 선택하라고 해도 잘 모르겠다고 한다. 각 정당마다 정책들도 마음에 안 들고 정치인도 마음에 드는 사람이 없다. 지금까지는 쭉 여당에 투표했다. 그런데 지지한 이유를 모르겠다.

"내가 와 여당 뽑았지(웃음). 내가 성향이 보수적이라서 그런갑따. 박근혜 뽑은 거는 잘못 판단해서 잘못 뽑았다고 생각하지. 이명박도 4대강 캐싸꼬 마음에 안 들었지. 이번에는 문재인 뽑았지. 마음에 드는 사람도 없고 하니까."

역대 대통령 중에서 존경하는 대통령은 그나마 노무현이다. 그때 노무현에게 투표하지는 않았다. 당시 야당에서 노무현을 탄핵할 때 한나라당을 욕했다. 별거 아닌 것을 자꾸 트집 잡는 것 같았다. 서민 대통령이고 소탈하게 보여 지지했고 좋은 대통령으로 여겼다. 돌아가셨을 때도 마음이 되게 아팠다.

"그런데 대구 사람들은 자살하고 이런 거를 되게 나쁘게 말하데. 검사받고 조사받고 이런 과정에서 돌아가셨는데 아무튼 엄청 좋게 말 안 했어. 이명박도 다스 그런 거 캐싸고, 박근혜도 그렇고, 우리나라 대통령은 와 그렇겠노? 아이구!! (한숨)"

자식 세대에도 대통령이었으면 싶은 인물은 딱히 없다. 좋은 세상은 불법이 없어지는 세상이다. 아들과 딸이 직장생활을 하면서 연공서열제, 상명하복과 같은 권위주의 때문에 힘들어한다. 이런 것들은 사라져야 한다.

무상급식과 청년 실업수당 정책에 대해 물었다.

"무상급식이나 청년 실업수당 지급에 대해 부정적이다. 어려운 사람만 해주면 되지 왜 전 학생을 해주는지 모르겠다. 무상급식하면 질이 떨어진다. …… 난 솔직히 복지 정책을 너무 마이 해가지고 그리스처럼 부도나까봐서 겁난다. 지금은 다 해줄라 카잖아. 어차피 우리 아~들 세금 마이 내야 될 끼고. 앞으로 일본처럼 노인들 다 먹여 살리야 되고 걱정이라. 나도 앞으로 노인 되겠지만 우얄란지 몰라. 청년 실업(수당)도 별로라고 생각한다. …… 예산이 제대로 안 쓰인다 카던데. 사회주의로 흘러가는 느낌이 들더라. 문재인 정부 마음에 안 들어. 있는 사람들 거를 골고루 나눠주자는 거잖아. 사회주의 비슷해. 자본주의는 그냥 자본주의였으면 좋겠어."

대학에서 경영학을 전공한 그는 지금 정책은 자본주의와는 거리가 멀다고 비판한다. 최저시급제에 대해서도 부정적이다. 국가가 왜 자꾸 개입하는지 모르겠다.

"국가에서 시키면 시키는 대로 하는 게 무슨 자본주의고? …… 경영학과 우리 배울 때도 동기부여론 캐사꼬 책을 많이 배웠는데 사업주들이 그렇다. 생산성 있게 해서 이윤을 마이 남기고 그거 아이가? 그래가 동기부여를 해야 되고 그래 배웠는데 국가에서 자꾸 관여를 해가꼬."

04
"나도 어쩔 수 없이 경상도 사람이야"

여재선에게 정치 이야기를 하자고 하자 잘 모른다며 고
개를 가로젓는다. 하지만 이야기를 진행하자마자 자신의 의
견을 피력하느라 불을 뿜는다. 예전에는 보수당을 지지했지
만 지금은 지지하는 정당이 없다고 한다. 역대 대통령 선거에
서 어느 후보를 지지했는지 물었다.

"나도 어쩔 수 없이 경상도 사람이야(웃음)."

역대 대통령 중에서 아이들 세대에도 다시 정치를 하면
좋을 사람이 있냐고 묻자 박정희는 예전에는 좋았지만, 앞으
로는 아닌 것 같다고 말한다. 그렇게 된다면 차라리 김대중 대
통령이 좀 나을 것 같다. 그렇지만 북한과의 정책에 대해서는
불만이다. 존경하는 대통령은 없다.

"김대중이를 괜찮게 봤었는데 햇볕 정책은 실패했다고
보거든. 다 죽어가는 북한을, 아사 직전에 있는 북한을 호랑이
를 만들어놨잖아. …… 나는 노무현 그 모습이 좋아. 그렇지
만 외교는 그러면 안 돼. 북한을 감싸기보다 북한을 다른 나라
로 봐야 돼. 자꾸 우리나라로 보면 안 되잖아. 그러면 총 없는
전쟁인데 자꾸 베풀기만 하면 안 되는 거야. 외교는 하나 주고
하나 받고 이게 외교야. …… 너무 햇볕 정책을 너무 쓰는 것

같아. 그런 점이 김대중이 노무현이가 싫어. 외교는 아니야."

좋은 나라는 공정하고 빈부격차가 없는 나라다. 그런데 그런 나라는 이루어지기 힘들다. 앞으로 점점 더 격차가 벌어질 것 같다. 유아 무상급식, 청년 실업수당은 좋은 정책이다. 하지만 너무 과하다. 표를 받기 위해 복지를 남발한다. 그걸 악용하는 사람이 많다. 우리나라가 유럽처럼 잘살면 모르겠지만 거기에 미치지도 못할뿐더러 유럽도 복지를 줄여가는 판국에 왜 자꾸 늘리는지 모르겠다. 다음 선거 때 되면 또 뭘 주려고 하는지 모르겠다. 포퓰리즘이다.

05

"내보고 문재인 찍어라 카면 절대 몬 찍는다, 안 찍는다"

여경숙은 자유한국당을 지지한다. 그 이유가 무엇인지 궁금했다.

"옛날부터 나는 보수당이니까. 자유한국당 좋아하고. 나는 예전부터 박정희도 좋았고 박근혜도 좋았고. 젊은 요즘 애들은 아니라 카더라고. …… 의리지. 나는 그래 생각한다. 내보고 당장 문재인 찍어라 카면 몬 찍는다(웃음). 안 찍는다. …… 우리 신랑하고 나는 무조건 보수다."

역대 대통령 중에서 존경하는 인물은 당연히 박정희다. 이번에 박정희 출생 100돌 기념우표 발행이 취소된 것을 안

타깝게 생각한다. 박정희는 우리나라를 경제 성장에 올려놓
은 사람이다.

"독재라고 하는 사람도 있지만, 본인이 못하고 하면 누군
가에 의해 밀려났을 텐데 그만큼 자기 확신이 있고 이 정도까
지. 독재라고도 할 수 있지. 독재도 못하면 누군가에게 밀려나
잖아."

좋은 대통령은 사리사욕 안 챙기고 국민을 위해 봉사하
고 자기 소신껏 밀고 나갈 수 있는 사람이다.

"귀가 얇아서 왔다 갔다 거리는 것보다는 밀고 나가는 사
람, 힘이 있는 사람이 좋지."

박정희는 좋은 나라를 만들려고 애썼다. 배고파 굶어 죽
는 사람도 없고, 강도도 없고, 너무 잘사는 사람도 없고, 너무
못사는 사람도 없는 그런 나라를 꿈꾸었다. 그렇기 때문에 미
래 자식 세대에도 다시 대통령이 될 만한 인물은 단연 박정희
밖에 없다.

06

보수는 긍정적인 것

남연철은 자신을 100퍼센트 완벽한 보수라고 말한다. 보
수가 무엇인지 묻자 정확히 모르겠지만 계속 그 길로 살아와
서 그런지 모르겠다는 대답을 한다. 대구경북에는 대부분 그
런 사람들이 많다.

"특별하게 뭐~ 변화를 갖다가 많이 원하지 않는……"

예를 들면 어떤 변화를 원하지 않는지 묻자 포괄적으로 물으니까 모르겠다고 말한다. 학창 시절에 화랑교육원에서 받은 충성교육, 군대 시절에 수도방위사에서 받은 교육 때문에 그렇게 된 것 같다고 한다.

"음~ 그러고 보니까 생각이 좀 세뇌가 돼가지고 어떤 보수적인 생각으로 바뀌뿟는 거 같아요."

보수는 나라에 애국심을 갖는 사람이냐고 물었다. 헤겔은 "애국심이라고 하면 흔히 남다른 희생이나 행동이 부과되는 것으로 이해되기 십상이다. 그러나 본질적으로 애국심이란 일상적인 상태나 생활관계에서 공동체를 실질적인 기초와 목적으로서 아는 데 익숙해진 마음가짐"[2]이라고 말한다.

"조금, 지금 현 시국에 뭐 그 이래 바뀌었더라도 이렇게 반대인 생각을 안 하는 그게 난 보수라고 생각하거든요. 조금 불만이 있어도 참고. …… 보수는 긍정적인 거. …… 좋은 거지(웃음)."

역대 대통령 중에서 내 자식 세대에도 대통령이 될 만한 인물이 있느냐고 물었다.

"음~, 내가 생각할 때는 이명박이도 괜찮고. …… 그~ 박정희 같은 경우는 경부고속도로 안 닦아도 그 사람은 대통령 해먹고 잘 먹고 잘살 수 있는, 죽을 때까지 잘살 수 있는데 그렇게 했겠냐는 거지. 그 사람은 내가 볼 때는 인제 더 큰 그림을 생각하고 우리나라의 미래를 생각해서 그렇게 했다고 난 평가를 해."

정치적인 면에서 희생된 사람들이 많은 것에 대해서 어떻게 생각하느냐고 묻자, 그런 부분은 잘못되었다고 한다. 그러나 박정희가 다 그랬다고는 보지 않는다. 민주화가 도태된 것인데 목표를 이루기 위해 조금 욕심을 내어 무리를 한 것 같다. 목표를 이루기 위해서라면 수단은 상관없냐고 물었다. 문제가 있지만 먼 장래를 위해서 박정희가 희생했다고 말한다. 역대 대통령 중에서 박정희와 이명박이 다음 세대에도 다시 정치를 해도 괜찮은 사람이라고 한다면, 인권을 짓밟힌 대상이 나일 수도 있고 내 가까운 사람일 때는 어떻게 할 것인지 물었다.

"그런 일은 없어야지. 앞으로는 없어야지. 인권을 짓밟혀 가면서까지 하는 거는 잘못된 거지. 우리는 몰랐지. 그거는 있을 수 없지. 나는 그~ 수단을 안 가리고 했는 거는 잘못됐지. 후대에는 80이 100으로 바뀌었으면 하는 거지. 20이 괜찮다는 거는 아니고, 그건 절대 아니고. 그건 하는 과정에서 잘할라 카는 과정에서 밑에 사람들이 행패를 부렸겠지. …… 정권을 차지하기 위해서, 대업을 이루기 위해서 무리하게 추진을 하기 위해서 그렇게 했겠지. 그렇게 생각해. 의도는 좋았는데 수행을 하는 과정에서 수단과 방법을 그렇게 했다는 거는 문제지."

그는 30년 전의 미국 같은 사회적 기반 여건이 마련된다면 좋은 나라라고 말한다. 아이들은 좋은 것만 본받아서 민주적인 사회에서 생활했으면 싶다. 박정희와 이명박이 민주적인 사람인가를 물었다. 생각에 따라 다르겠지만 좋은 점만 본받고, 나쁜 점은 없어졌으면 좋겠다고 말한다. 먼 장래를 위해 일을 추진했기 때문에 그들은 대체로 잘했다. 그 정도는 해도 된다. 유대교에서 신이 명령한 덕목은 보상 희망 때문에 수행된다.[3] 악의 존재도 신의 섭리로 보고 현재는 비록 고통이 따르지만 미래에 대한 희망으로 참고 견딘다. 찬란한 그날을 기다리며 고통의 신정론에 빠져든다.

"전체적으로 봐서 8 대 2. 8을 잘했으면 2가 잘못했는 그거 때문에 그~ 우리나라 장래를 위해서 좋은 일을 했는 그기 더 크다. 내 아이들은 그런 대통령 밑에서 살아도 된다. 그런 사람이 있기 때문에 우리가 이렇게 됐고. 나라를 위해서 희생을 하고. 우리나라는 또 강력한 리더십이 있어야 돼. 사람들의 심리가. 아~, 그런 게 있어서 오야오야 하면 사정없이 흔들려고 하는 게 있기 때문에 강력한 리더십이 있는 대통령이 있어야 해."

07

"복지 정책, 왜요?"

남민수는 박정희를 어려운 시대에 산업화를 앞당긴 사람이라며 매우 좋게 평가한다. 자신의 어린 시절에 계속 대통령이었고, 자신과 함께 커왔기 때문에 아련한 향수가 있다.

자식 세대에 대통령이 되었으면 하는 정치인은 노무현 대통령이 괜찮다는 생각을 예전부터 했다. 박정희 대통령은 어렵게 살다가 선진국으로 들어오는 기반을 마련했으니까 지금은 그것을 뛰어넘어야 한다. 지금은 그 밑으로는 안 떨어지니까 삶의 질을 생각해야 한다. 만약 자식 세대에도 예전과 같은 경제적 상황이 온다면 어느 대통령이 집권하면 좋은지 물었다.

"아~! 우리 시대와 같다면 박정희 대통령 같은 사람이 돼야죠."

박정희는 경제적으로 훌륭한 일을 했으니까 도덕적으로 조금 흠집이 있어도 상관없다. 유신체제에서 희생된 사람들은 극히 일부이다. 전체를 위해 일부는 희생되어도 어쩔 수가 없다. 좋은 나라는 어떤 나라인지 물었다. 우리나라는 빈부격차가 너무 심하다고 말한다. 자본주의 사회에서는 어쩔 수 없다고 하지만 이를 바로잡으려는 정부 정책이 미흡하다. 평범하게 아무 걱정 없이 살 수 있고, 자기가 노력한 만큼 대우받고 인정받는 사회가 좋은 나라다. 본인의 성향이 보수와 진보 중에 어느 쪽인지 물었다. 지금은 진보를 선택할 것이라고 대답한다.

"옛날에는 보수였죠. 요번에 박근혜가 저카는 머리, 우리가 한 번씩 바뀌는 과정도 바뀌야 되겠다. 우리가 옛날 생각을 계속 갖고 가다가는."

예전에는 무조건 보수당에 순종했다. 정부가 시키면 시

키는 대로, 위에서 하라면 하라는 대로 따랐다. 이제는 잘못된 부분은 뜯어고치고 지금보다 좋은 세상으로 가야 한다. 대통령을 몇 사람이나 배출한 지역인데도 대구경북은 예전보다 더 살기가 어렵다. 그는 대구경북 지역 출신 정치인을 원망한다. 좋은 일자리가 생기기를 많이 기대했지만 대기업들은 위쪽으로만 몰리고 젊은 인재들은 자꾸만 지역을 떠난다. 대구경북은 박근혜 탄핵을 계기로 많이 변했다. 앞으로도 급격하게 변할 것 같다. 이제는 보수를 고집할 상황이 안 된다고 목소리를 높인다.

"우리 친구들도 계속 보수, 보수 캐가꼬 좋아졌는 게 한 개도 없지 않느냐고 공감대가 형성되는 거죠. 지금은 아마 진보 쪽으로 할 겁니다."

나는 아이들 무상급식, 청년 실업수당 등 복지 정책에 대한 생각을 물었다.

"복지 정책, 왜요? 청년수당 같은 거는 반댑니다. 왜냐하면 지금 우리나라 사회에서 자기만 열심히 노력하고 뭐 자기 계발 열심히 하고 노력하면 충분히 좋은 직장 가지면서 뭐 불편 없이 살 수 있을 거라 생각되는데, 그거는 자기들 노력 부족이지. 상식적으로 정부에서 보태주고 하면 열심히 할라 카는 사람들이 마이 안 나오지. 분발하도록 만들어야지 그거를 없다고 정부에서 살도록 보태조뿌마 국민 세금으로 메까야 되는데 그거는 안 좋은 일이지요. 장기적으로 봐서도 안 좋고 청년수당 카는 거는 결국은 전부 다 각자 주무이 우리 거 각자 세금에서 전부 거다가 그 사람들 보조를 해주는 건데 결국은 뭐 세금이 뭐 앞으로 어마어마하게 지금도 세금 마이 낸다고 생각하는데 앞으로 더 마이 내야 안 되겠나? 앞으로 더 살기 어려워지지 않겠나? 선심 행정이라고 이렇게 보는 거죠."

08
대화보다 힘!

남현무는 지지하는 정당이 없다. 대통령 선거 때는 당에 상관없이 마음에 드는 인물을 찍었다. 박근혜가 후보로 나왔을 때에는 박근혜에게 투표했다. 언론에 비치는 모습이 여자로서 일관성이 있어 보였다. 박정희 대통령에 대한 믿음도 한몫했다. 그런데 결과가 안 좋아 안타깝다.

"박정희 대통령을 나쁘게 생각 안 합니다. 박정희가 잘했다 잘못했다를 떠나서 어떤 누가 했어도 특별하게 박정희보다 더 잘할 수 있었다고 생각되는 사람은 없었다고 생각합니다. 김대주이(김대중)가 해도 나는 김대주이가 했으면 우리나라가 이렇게 발전을 했을까? 나는 그래 생각합니다. 박정희가 독재의 굴레는 가지고 있어도 이렇게 발전하게 된 데는 박정희의 영향을 무시할 수가 없습니다. 저는 진보도 아니고 애매합니다."

역대 대통령 중에 존경하는 인물이 있냐고 묻자 없다고 일축한다. 오바마는 자식 세대의 대통령으로 뽑혀도 괜찮은 인물이다. 늘 진실한 모습이 얼굴에 나타난다. 어떤 격식에 구애받지 않고 사람들과 가까워지려고 한다. 정치적으로 잘하고 못하고는 중요하지 않다. 우리나라 대통령도 그랬으면 좋겠다. 기득권들이 권력을 내려놓기는 쉽지 않다. 그는 예전에 ○○시장에서 식당을 한 적이 있다. 정치인들이 선거 때마다 왜 ○○시장을 찾는지 물었다.

"내 할 적에 이회창이 단골이었죠. 이회창이 오면 '이회창! 이회창!' 난리 났어요. TK 민심을 잘 드러내죠. 나는 별 의미 없다고 봐요. 너무 보수에 치우쳐져 있고, 그냥 우리 어른들 생각하면 돼요. 우리 어른들이 보면은 그냥 막무가내 식으로 뭐를 옳고 그른 거를 따지지 않고 그냥 뭐 보수당은 좋은 기라 카고. 보수로 뿌리박혀 있는 것 같더라고요. 거의 다 그래요. 대구경북에서 보수의 중심지 ○○시장 거기 싫어요. 홍준표도 무조건 ○○시장 가고."

좋은 나라는 어떤 나라인지 물었다.

"좋은 나라는 일단 먼저 국력이 강해야 된다고 생각합니다. 경제적으로나 군사적으로나 강해져야 돼요. 주변 열강들에게 일본이나 중국에게 우리가 늘 끌리다니는 것 같은데 이거는 다른 거 없어요."

복지 정책에 대한 생각을 묻자 학교 무상급식은 해야 한다고 말한다. 앞으로 인구가 줄어든다면 고등학교까지 의무교육이 될 것 같다. 요즘은 밥 먹는 것이 크게 힘든 일이 아니다. 나이 든 사람들 무료급식도 하는데, 아이들에게도 당연하게 무상급식을 해야 된다. 청년 실업수당은 애매한 부분이 많아 효과가 있을지 없을지 모르겠지만 노령수당 지급은 잘못되었다. 기초수급자에게 나오는 혜택이 있기 때문에 가난한 사람들은 못 받고, 부유한 사람들만 노령수당을 받아간다.

09
부정적인 진보당

남두일은 자유한국당을 지지한다. 그 이유를 물었다.

"몰라 살아온 게 그렇게 살았는지. 부정적인 거 자꾸 이런 거보다 뭐랄까? 마~ 그냥 추구하는 게 좋더라."

부정적인 진보당이 싫다. 역대 대통령 중에서 존경하는 인물은 무조건 박정희다. 우리나라를 경제 대국에 올려놓은 사람이다. 그 당시에 누가 대통령이 돼도 이만큼 하지 못했다. 고속도로 만든 것도 마찬가지다. 사람들은 멀리 볼 줄 모르고 앞만 보고 반대 시위를 한다. 전두환 같은 사람이 우리나라에 필요하다. 오너가 누구냐에 따라 바뀐다.

"지금은 시기를 지나가는 것 같고 젊은 아~들과 생각 차이가 많이 나고. 50대부터 칠십까지는 보수가 많은데 지금은 좀 바뀌는 것 같애. 젊은 아~들이 원캉 캐뿌니까 아예 저쪽으로 쏠리뿌는 것 같은데. …… 몇 년 전까지는 전두환이나 박통 같은 지도자가 필요하다고 생각했는데. 지금도 그래 한번 했으면 싶은데 그런 인물도 없는데 뭐."

역대 대통령 중에서 자식 세대에 적당한 인물 역시 박정희다. 독재를 했다고 하지만 시대 상황으로 봐서 그건 어쩔 수 없었다.

"전두환이도 강력한 리더십이 있잖아. 가끔 그런 대통령이 필요해. 그런데 지금은 세상이 달라졌잖아. 아~들한테 그런 대통령은 안 되겠제? 그라면 인물이 없다."

보수에 대해서 어떻게 생각하는지 물었다.

"몰라 나도 주관이 그래서 그런지 각자 생각이 다르겠지만 정서적으로 좋아. 딱히 이런 게 좋아서 좋다 이게 아이고. 무조건 긍정적으로 생각하자. 이기 자꾸 앞서는 기라. 옆에서 자꾸 카는 게 싫다."

전두환을 좋아한다는 그에게 광주항쟁에 대한 생각을 물었다.

"그거는 그때 당시에 일으킸는 거는 뭐 전두환이가 했겠지만, 그거는 내가 봤을 경우에 전두환이 작품이겠지. 아까도 캤지만 차후에 대통령에 전두환이는 마이 해무뿌면 그거는 안 되고, 박통이 다시 해가 진짜 국민들을 위해서면 차기에 한 번 더 했으면 좋겠다. 진짜로 나는, 부정적으로 생각해뿌면 안 맞고. 지만 잘해 물라꼬 내내 해무뿟다 카는데, 박통 생각은 그래도 내가 어느 정도까지 해놓고 물려줄라꼬 하는 생각도 있었을 거 아이가. 김재규 빵~ 카기 전까지는. 내가 요때까지는 나라를 부유하게 해놓고 내가 물려주께 하는 그런 생각도 있었을 거 아이가."

독재와 장기 집권에 대해 부정적이지 않느냐고 묻자 일 반인들은 정치가 뭔지 몰랐기 때문에 장기 집권이나 독재라 고 생각하지 않는다고 말한다.

"우리 선거할 때 돌아다니면서 돈 주고 다 안 했나? 다 안 줬나? 우리 엄마 아부지들도 돈 다 받았지. 그때 다 받았지. 그 때 동네 유지 되는 사람이 다 갈라줬지."

유아 무상급식이나 청년 실업수당에 대해서 어떻게 생각 하는지 묻자 '반대'라고 강하게 말한다. 공무원은 책상에 앉아 자기 밥그릇만 챙기고 일은 안 한다. 누구한테 지원해야 되는 지도 모른다.

"나는 반대다. …… (무상급식은) 없는 사람들은 차라리 돈 을 주든지 우리가 클 때 그렇잖아. 없는 아~들 도시락 몬 싸오 고 그런 자존심을 살려줘야 안 되겠나? 아~들이라고 자존심 없겠나? 애들 자존심에 상처주지 말고 다른 방법으로 줬으면 좋겠다. …… 나는 그렇게 생각한다. 청년 실업수당 와 주노? 와 주노? 멀쩡하이 해가 돈 와 주노? 나는 그거 반대. 돈을 얼 마 줘야 풍족한공? 지가 벌어야 될 꺼 아이가? 니는 우애 생각 하노?(웃음)"

요즘 아이들은 멀쩡하게 대학 나와서 아무 데나 취직하 려고 하지 않는다. 밥은 먹고 살도록 일을 해야 하지 않겠는 가? 공부한다고 부모들 '등골 빼먹는' 것도 골치가 아프다. 청 년 실업수당은 지급할 필요 없다. 좋은 나라는 어떤 나라인지 묻자 웃음을 터뜨린다.

"잘 묵고 잘 놀고 잘살고. 간단하게 생각하면 그런 건데 그런 사회가 좋지."

10

"내보고 빨갱이라 카고"

남계식은 지금까지 시종일관 민주당을 지지해왔다. 민주당은 자신과 100퍼센트 정치적 생각과 이데올로기가 맞지는 않지만 좀 더 포괄적이라서 좋다. ○○시장에서 30년 동안 일한 그는 주위 사람들과 정치적 성향이 전혀 다르다. 선거 때는 이런 이야기가 많이 오가고 대선 때는 더 심해진다. 선거 때마다 정치인들이 ○○시장을 찾는 이유가 무엇인지 궁금하다고 물었다.

"대구경북의 텃밭이라고 생각하고 제일 열렬하게 환영하고 지지하는 사람이 많고, 말하자면 그쪽 사람들의 고향 같은 거라고 봐요, 고향. 고향에 가서 기를 한번 받고 오겠다 나는 그런 거라고 생각해요. 이기 또 대구경북 외 전 지역 사람들도 마이 모이고. …… 정치인들이 오잖아요. 그러면 전부 다 육칠십 대들이 다 나가요. 젊은 사람들은 관심 없어요. 젊은 사람들은 정치인 누가 왔다고 해서 안 나가요. 시장에 70대가 엄청 많아요. ○○시장이 2지구 불나고 해서 새로 건물 짓고. …… 가게에 있는 젊은 사람들은 새로 들어왔고 터줏대감은 나이 든 사람들이 많고. 근데 아직까지 눈에 드러나고 특히 선거철 때 식당에 가보면 술집에 목소리 크고 말빨 센 사람은 육칠십 대거든요. …… 어른들은 장사하다가도 정치인들이 오면 나가요. 정치인들은 ○○시장 아주 좋죠. 좋아하고 난리니까 열렬히 환영해주니까."

○○시장 사람들과 이야기를 하면 남계식 혼자 의견이 다를 때가 많다.

"그래가 내보고 빨갱이라 카고, 그런 말 듣기는 다반사고. 선거 끝나고 나면 장사로 모인 사람들이니까 그런 건 없는데. 선거철만 되면 정치인들이 오고 하니까 이야기가 마이 되죠."

○○시장 상인들은 고향이 대구경북인 사람들이 많다. 선대부터 가게를 물려받은 사람도 있고, 1970~1980년대 배고픈 시대를 겪으며 남의 집에서 일하다가 하청을 받고 가게를 인수받은 사람도 있다. 그는 최고의 대통령이 박정희라고 하는 그들의 여론에 공감한다.

"물론 어느 대통령이든지 잘하고 못한 것도 있지만 박정희는 제일 우선이 뭐니 뭐니 해도 가난에서 벗어나게 한 거, 밥 한 끼 몬 먹는 가난에서 벗어나게 해준 그런 거는 인정해요. 우리나라 오천 년 역사라고 했는데 그 역사 동안 병 나가 죽고, 굶어 죽고 초근목피로 살았다고 캤는데 일본의 도움을 받았든 미국의 도움을 받았든 면하게 해줬다, 그건 인정을 해 줘야죠."

특정 정당을 지지하게 된 계기는 영화 〈1987〉에 나오는 장면과 비슷한 상황이 자신에게 일어났기 때문이다. 1980년대 당시 대구 시내에 있는 YMCA 건물 앞에서 광주항쟁에 관한 영화를 보여준다면서 사람들이 그를 불러세웠다.

"그때 그 영화를 보고 우리나라 국민을 총칼로 죽일 수 있구나. …… 그전에 박통이 죽었잖아요. 그라고 진짜 어린 마음에 박통 죽어서 울고 그랬는데 신문에 나고 텔레비전 뉴스 나온 게 단 줄 알았는데, 그때 전두환 정권 때 그 영화를 보고 집에 가서 그때 당시 신동아라든지 월간조선이라든지 거기 정치면에 신문을 하나씩 찾아보고. 거기 보면은 조금씩, 조금씩 나온 게 있어요. 공수부대 애들이 학교에 진입해가 때리고 나중에 김대중 씨가 사죄했다 카고 저거 아인데 싶은 생각이 들더라고."

광주항쟁 때 북한군이 개입했기 때문에 발포했다는 내용에 대해 어떻게 생각하는지 물었다.

"그러면 북한군이 내려왔으면 전방에 사단장들하고 군인들이 몬 막았으니까 총살시켜야죠. 그거부터 해놓고 말해야지. 그거는 말하기 좋은 사람들이 하는 거라고."

역대 대통령 중에서 존경하는 인물은 노무현이다. 소탈한 면이 있고 권위적이지 않고 대통령답지 않아서 좋다. 굉장히 인간적이다. 우리나라 대통령 중에서 최초로 육군 병장 출신이고 서민 출신이다. 미래의 대통령이 되었으면 싶은 인물은 국민들을 편하게 해주는 사람이면 좋겠다. 이익 집단이나 어느 세력에도 휘둘리지 않아야 한다. 약자를 배려하는 대통령이면 좋겠는데 당장 떠오르는 인물은 없다.

좋은 나라는 경제적, 물질적 기준으로 측정할 수 있다. 못사는 것보다 잘사는 것이 중요하다. 그러나 그 기준으로 보면 5,000만 모든 국민이 행복할 수 없다. 좋은 나라는 앞으로 조금이라도 나아진다는 희망을 품을 수 있는 나라다. 아이들 무상급식을 지원하는 복지 정책은 해야 한다. 의무급식, 의무교육은 국가가 세금 내는 국민에 대한 기초적인 복지다. 청년들 실업수당은 북유럽 같은 선진국은 보편화되어 있다. 청년뿐만 아니라 직장 다니는 사람들도 퇴직하고 나면 70~80퍼센트를 보장해준다. 그러기 위해서는 우리가 세금을 많이 납부해야 된다. 세금도 내지 않으면서 국가에 권리를 요구할 수 없다. 청년들만의 실업수당보다는 실업급여가 많이 확대되었으면 싶다.

"직장을 잃을까봐 불안해하지 않는 사람이 많아져야지 젊은 사람들이든 나이 든 사람들이든 살아가는 데 좀 여유롭지 않을까 싶네요. 국민들이 마이 도와줘야 되겠죠."

세금을 많이 내면 공산화될까봐 걱정하는 사람들이 있다고 하자 "그거 한다고 공산주의가 될까요?"라며 반문한다.

"옛날보다 인권이라든지 인간이 우선이라는 내뿐만 아니라 당신도 인간다운 삶을 살아야 된다는 것이 보편적인 가치관인데. …… 그라면 스웨덴이나 노르웨이 이런 나라는 공산주의인가요? 그 사람들은 공산주의가 뭔지 빨개이가 뭔지 이런 개념 자체가 틀렸다고 생각해요. 공산주의가 뭔지 빨개이가 뭔지 모르고 남들이 그카니까 그런 것 같애요. 복지를 마이 늘렸다고 공산주의라 카면(웃음) 세계는 점점 더 공산주의가 되는 건가? 내가 생각하기는 인문학이나 정치, 경제, 이런 쪽에 공부를 학생들에게 마이 해야 된다고 봐요."

11
정치 이야기 분석

시장은 공평한 경쟁에 근거한다고 인식하지만, 정치는 시장과 비교해서 왠지 부정적인 느낌을 준다.[4] 대구경북 사람들은 자본주의 사회란 본인이 노력한 만큼 결과가 주어진다는 믿음이 있다. 지역이 중심이 되는 보수당을 신뢰한다. 하지만 새롭게 정권을 잡은 민주당은 불신한다. 그 당은 승패 여부는 개인의 능력 여하에 달렸는데 매번 주머니에 있는 돈을 분배하자고 요구하며, 민주주의 사회를 공산주의 사회로 만들려고 한다.

연구 참여자들은 대다수가 보수당을 지지한다. 지지하게 된 동기는 특별난 것이 없다. 정서적으로 좋아서, 경상도 사람이라서, 이유 모름, 어렸을 때부터 같이 성장한 향수 때문에, 우리 나이에는 그랬고, 세상을 긍정적으로 바라보려고 노력하기 때문에, 공동체에 그런 사람이 많아서라고 지지 이유를 밝힌다. 묻고 따지는 것은 부정적인 행위다. 불만이 있어도 참고 긍정적으로 생각해야 한다. 이들은 보수와 진보의 가치를 성·속으로 구분한다. 보수는 성스럽고 긍정적이다. 집단에 순

〈표 5〉 보수와 진보의 가치 이항 코드

성	속
보수	진보
긍정적	부정적

응하고 대세에 따라가는 성향을 가졌다. 의리가 있다. 진보는 속되고 부정적이다. 나쁜 점만 보면서 문제점을 들춰낸다. 순종적이지 못하고 튄다. 얌전하지 못하다. 양반, 상놈의 관점에서 보면 보수는 양반, 진보는 상놈이다.

〈표 5〉는 보수와 진보의 가치에 대한 이항 코드다. 〈표 6〉은 정치 영역에 대한 서사 분석이다.

좋은 나라는 경제와 직결된다. 잘 먹고 잘 놀고 잘사는 나라, 경제적, 군사적으로 강한 나라, 빈부격차가 없는 나라, 미국과 같은 나라가 좋은 나라다. 복지 정책에 대해서는 대다수가 반대 의견을 표시한다. 유아 무상급식은 차별화 정책을 원한다. 아이들의 자존감이 훼손될 수가 있으니 비공개적으로 해야 한다. 청년 실업수당에 대해서는 반대 목소리가 높다. 세금이 줄줄 새는 기분이다. 그리스처럼 부도날까봐 두렵다. 대한민국은 열심히 일하면 얼마든지 기회가 주어지는 자본주의 나라다. 청년들이 왜 열심히 일하지 않는가? 복지 정책은 선심 행정에 불과하다. 내 아이들이 세금 부담이 많아져서 싫다. 국가가 깊이 개입하는 것에 반대한다. 이건 민주주의가 아니라 열심히 일하는 사람의 돈을 빼앗는 공산주의와 같다.

〈표 6〉 정치 영역 분석

이름	지지 정당 /지지 이유	좋은 나라	복지 정책/이유	존경하는 대통령 /이유
여미순	보수당/우리 나이에는 다 보수이기 때문	경제 성장	무상급식 차별화, 청년 실업수당 반대/남의 세금을 교묘하게 이용	박정희/리더십, 경제 성장, 대를 위해서 소가 희생
여은정	가정주부라서 특별하게 없음/남편이 진보당이기 때문에 자신도 진보당을 지지	독재가 없는 나라	차등 지급/아직까지 많은 할 일이 있음, 돈을 써야 할 때가 많음	노무현/뭔가를 개혁하려고 함
여정란	보수당/이유 모름	불법, 권위주의가 없는 나라	부정적/사회주의화, 그리스처럼 국가부도 걱정	노무현/서민적, 소탈
여재선	보수당/경상도 사람이라서	공정하고 빈부격차가 없는 나라	복지 남발/포퓰리즘	박정희/밥을 먹어야 민주주의
여경숙	보수당/옛날부터 그렇게 자람, 좋은 것만 보고 나쁜 것은 안 보는 무던한 성격 때문	배고파 굶어 죽는 사람 없고, 강도가 없고, 빈부격차가 없는 나라	무상급식은 차별화, 청년 실업수당은 반대/국가 개입 반대, 공산화될까봐 걱정	박정희/독재와 장기 집권도 능력, 국민을 위해 봉사, 대를 위해 소가 희생
남연철	보수당/계속 그 길로 살아와서, 불만이 있어도 참고 긍정적으로 보는 시각 때문	30년 전의 미국처럼 사회적인 기반 여건이 유지되는 나라	무상급식 찬성/ 애들 출산 장려 수단	박정희, 이명박/욕을 먹어도 후대를 위해 과업을 완수함, 대를 위해 소가 희생
남민수	보수당/향수, 어린 시절 함께 성장	평범하고 걱정 없고, 노력한 만큼 인정받는 나라	무상급식은 찬성, 청년 실업수당은 반대/본인만 열심히 노력하면 되니까 분발하도록 만들어야 됨, 국민의 세금, 선심행정에 불과	박정희/경제 성장, 가난 해결, 대를 위해 소가 희생

184   1부. 대구경북 사람들의 자아

남현무	없음/당에 상관 안 함(박정희, 박근혜 좋아함)	경제적, 군사적으로 강한 나라, 대화보다 국방의 힘이 중요	무상급식 찬성, 청년 실업수당 애매, 노령수당은 잘못 됨/있는 사람들이 수당을 받아감	오바마/진실한 모습, 박정희를 나쁘게 생각 안 함/경제 성장 업적은 독재의 굴레를 무시할 수 있을 정도로 영향력이 크기 때문
남두일	보수당/정서적으로 좋음, 세상을 긍정적으로 바라보려고 노력하기 때문	잘 먹고, 잘 놀고, 잘사는 사회	반대/무상급식은 아이들 자존심이 상함, 청년 실업수당은 멀쩡한 사람에게 돈을 왜 줘야 하는가? 자기가 벌어야지?	박정희/경제 대국에 올려놓은 사람, 누가 해도 이만큼 못함, 전두환도 좋아함, 긍정적으로 생각하면 독재가 아니고 부정적으로 생각하면 독재
남계식	민주당/정치적 생각과 이데올로기가 근접	경제적 물질적 기준으로 측정하면 5,000만 국민 모두가 행복할 수 없음, 좋은 나라는 앞으로 조금이라도 나아진다는 희망을 품을 수 있어야 함	세금 내는 국민에 대한 기초적인 복지, 실업수당은 더욱 강화돼야 함, 직장을 잃을까봐 불안한 사람이 없어야 함	노무현/소탈함, 육군 병장 출신, 서민 출신 대통령, 박정희를 최고의 대통령이라고 하는 대구경북의 여론에 공감/초근목피의 삶을 해결한 공로자

"하나의 자유로운 사회가 갖고 있는 문제들에 직면하는 방법은 경제적이며 행정적인 자원뿐만 아니라 정치적인 상상력에 달려 있다. 정치적인 시각들은 현재에 대한 이해, 변화의 가능성에 대한 이해를 제공하는 데 있어서 필수적인 역할을 수행하고 있다."[5] 연구 참여자들이 보수당을 지지하는 이유는 정서적인 감정이 크게 작용한다. 그러나 복지 정책에 대

해서는 현실적인 감정이 전적으로 개입한다. 과도한 복지 정책은 피땀 흘려 열심히 벌어 주머니에 넣어둔 돈을 빼앗기는 느낌이다. 벨라가 언급한 것처럼 당장 눈앞에 보이는 직설법의 세계를 뛰어넘어 '마치 ~인 것 같은 세계'를 적용하여 정치적 상상력을 펼친다면 공공복지를 실현하는 것이 가능할 것인가?

대부분의 한국인들은 삶에서 이루어야 할 목표로 경제 성장을 꼽는다. 생명이나 부는 무한 증식이 불가능하다. 어느 시점에서 성장을 포기하고 소비를 해야 하는 순간과 맞닥뜨린다.[6] 그런데 연구 참여자들은 개인이 열심히 노력하면 자신이나 자녀를 통해서 계층 상승을 이룰 수 있다는 믿음을 가진다. 무한 성장을 추구하는 기업가적 자아와 공동체를 위한 국가적 자아는 박정희 시대에서 하나로 결합한다.[7] 박정희는 경제 성장의 주역으로 단연 최고의 인물이다. 연구 참여자들은 국가적 자아를 형성하게 된 출발점을 더듬는다. 우리 때는 그랬다면서 새마을운동에 대한 기억을 맨 먼저 끄집어낸다. 그 당시에 새마을운동 노래, 글짓기 대회, 국기에 대한 맹세, 국기 하강식 등과 같은 정기적인 집합의례를 행했다. 국민교육헌장에 따라 나라의 융성이 나의 발전임을 깨닫고 신념과 긍지를 지닌 국민이 되기 위한 집합의식을 강화했다. 현재는 고통스럽더라도 참고 견디면 성공할 것이라는 로망스 서사를 따라 삶을 구성하는 것은 의심의 여지가 없었다.

대구경북 사람들은 국민국가 성장 언어를 사용하여 지역

출신이 외치는 성장 구호를 무조건적으로 환호하며 복종한다. 박정희가 독재 정치와 장기 집권을 했다고 하지만 그것도 능력이라고 생각한다. 정치를 할 사람은 따로 정해져 있다. 국회의원이나 고위 관료들은 사실 정치가 뭔지 모른다. 우리도 마찬가지다. 선거 때가 되면 우리 부모님들은 다 돈을 받고 투표했다. 동네 유지들이 공공연하게 나눠줬다. 경제 발전을 이룩하려면 대를 위한 소의 희생은 감수해야 한다. 유신체제에서 희생된 사람이 있지만 어쩔 수 없는 일이다. 그것은 미래를 위한 큰 그림이라고 본다. 사람들은 당장 눈앞에 보이는 것만 생각해서 반대한다. 고속도로 사업 같은 경우는 훌륭한 업적이다. 박정희는 나쁜 일을 하지 않았다. 아래 사람들이 행패를 부렸다. 설령 도덕적으로 조금 흠집이 있어도 더 큰 업적을 이루었으므로 무마된다. 그들은(박정희, 전두환, 이명박) 대체로 잘했다. 강력한 리더십으로 국민을 위해 봉사하고 희생한 사람들이다. 자신의 성향을 중도와 진보라고 하는 남현무와 남계식도 경제 성장과 관련해서는 이 부분을 인정한다.

정치에 대한 관점은 성장 서사와 직결된다. 이것은 모든 악을 뛰어넘을 수 있는 능력을 갖춘다. 벨라 연구팀은 미국인들을 지탱해주는 유일한 것이 경제라는 로널드 레이건의 주장 때문에 시민이 경제적인 인간에 삼켜져버렸다고 주장한다.[8] 정치의 목표가 경제 발전이 된다면 전문가의 손에 맡기는 것이 효율적이라는 유혹을 받게 된다. 정치는 정치인에게 맡기고, 경제는 경제인에게 맡기고 우리는 순응만 하면 되는가? 이러한 경제 우월주의는 궁극적으로 우리를 불행하게 만들 수 있다. 자유로운 국민의 생존은 정치적인 표현을 발견하는 것에 달려 있다.

6장

종교 이야기

　우리는 삶에서 인지적 혼란, 정서적 고통, 윤리적 딜레마와 마주칠 수밖에 없다. '인지적 혼란'이 오면 참과 거짓을 인지적으로 따져 문제 상황을 해소하려고 한다. '정서적 고통'도 삶에서 피할 수 없는 과제다. 무력감, 실패와 좌절의 경험, 모멸감 등 우리를 둘러싸고 있는 문제적 상황은 헤아릴 수 없이 많다. 이때 고통을 어떻게 피하느냐가 아니라 고통받을 만한 가치가 있느냐 하는 것이 중요하다. 또한 악의 문제와 관련한 '윤리적 딜레마'와도 부딪힌다. 이러한 상황에 직면하면 윤리적 기준과 규범적 지침을 제공하는 상징체계에 따라 행위를 한다. 인간은 상징적 행위자이기 때문에 인지적 혼란, 정서적 고통, 윤리적 딜레마에 처하면 상징체계라는 도구를 사용하여 문제점을 해소하려고 하는 것이다.[1]

그렇다면 대구경북 사람들은 인지적 혼란, 정서적 고통, 윤리적 딜레마에 처할 때 어떤 종교 언어를 사용하는가? 실존적 차원의 이슈들이 있을 때 해결할 수 있는 언어가 있는가? 나는 대구경북 사람들이 인식하는 종교에 대해 알기 위해 다음과 같은 질문을 했다.

왜 지구라는 혹성에 태어났는가?

나는 우연히 이 지구에 태어났는가, 아니면 어떤 신의 섭리나 기획에 의해 태어났는가?

삶의 가치는 무엇인가?

삶의 위기가 있었는가?

죽고 나면 내 삶은 어떻게 되는가?

내 삶은 무슨 의미가 있었나?

01

물이 다르고 질이 다른 집단

여미순은 "삶의 의미가 무엇인가?"라는 질문을 하자 계속 웃기만 한다. 그래서 질문을 바꿨다. "내가 죽고 나면 지구에서 어떻게 살다 갔겠는가?"

"그래 나는 죄인처럼 죄인 아닌 죄인이 되어가꼬. 성당 종교생활 제대로 하려면 이걸(골프) 끊어야 되는데, 이걸 끊으면 삶의 의미가 없어지는데 나는 이기 너무 좋아. 이걸 잘못

배웠나 싶기도 하고. …… 지금은 종교가 나를 구속하지. ……
(남편이) 나를 끌고 간다. 레지오(성당 모임)도 내가 자발적으로
즐겁게 가야 되는데 아이고! 지금 레지오 가야 된다 이카고
가는 기라. 이기 죄인이라."

성당에 열심히 가지 않고 게으른 자신이 죄인이라는 말
만 반복한다. 나는 삶의 의미를 어디에 두는지 물었다. 그러자
또 계속 웃기만 한다.

"내가 어떤 때는 내가 성당을 안 가면 이런 고민을 안 하
고 살아도 될 것인데 성당을 다니다 보니 모든 일을 그쪽으로
연관을 시키니까, 아! 이건 이러면 안 되는데, 어떤 때는 종교
가 나를 불편하게 할 때도 있어. 하느님이 보시기에는 요만큼
도 몬하니까 그래서 거기 최고 거기. …… 그렇게 살라 그라면
공(골프)을 그만둬야 되는데 공을 그만두면 이것도 몬하고 살
면 내가 무슨 낙으로 사노? 이런 것도 생각되고. 요새는 이거
땜에 사는데 진짜로 이렇게 재미있는 걸 왜 안 하노."

종교와 골프가 팽팽한 접전을 벌인다. 골프를 그만두면
삶의 의미가 없어진다. 주님의 은총으로 사업도 승승장구했
고, 100일 동안의 간절한 기도 끝에 귀한 아들도 얻었다. 성격
이 불같은 남편과 이혼하고 싶어도 친정어머니의 체면을 생
각해서 참았다. 골프는 지난날의 고생에 대한 보상이다. 골프
를 치면서 사회적 지위가 높은 상류층 사람들과 대면적 상호
관계에 들어간다. 이전과는 다른 집단의 사람들과 만나며 사
회적 지위가 상승되는 듯한 느낌을 맛봤고, 삶의 질에 대해서

도 눈을 뜨게 해주었다. 오늘도 그는 고민에 빠진다. '성당에 가야 하나? 골프채를 챙겨야 하나?'

부부 인연을 맺고, 지구에 태어나고, 한국에 태어나고, 이런 게 내 뜻인가? 하느님의 계시가 있었는지 물었다.

"나는 하느님의 뜻이라고 본다. 하느님의 뜻이 없다면 절대 이루어질 수 없다고 본다. 내가 태어나고 싶다고 해서 태어나는 것도 아니고, 우리 엄마가 낳고 싶다고 해서 낳는 것도 아니고. 나는 하느님의 뜻이라고 생각해. 그래가 내가 우리 딸내미보고 'ㅇㅇ아! 신경 쓰지 말고 스트레스 받지 말고 하면 하느님이 (자식을) 주신다. 기다리자. 기다리보고 안 되면 인공수정해보든지, 시험관 아기 해보든지' 카면 지는 인위적으로는 하기 싫대. 하느님이 주시면 받겠고 인위적으로는 싫단다."

02
"사회생활과 거리가 멀어서"

여은정은 우리가 지구에 태어난 게 신의 계시 때문이었냐는 질문에 자신은 기독교인이라 일반인과 다를 수밖에 없다고 말한다. 모든 것은 하느님의 뜻이다. 삶의 가치나 의미를 묻자 종교적인 것과 연결된다고 대답한다. 이 땅에 자신이 보내진 목적은 베풂을 행하기 위해서다. 자신은 예수님이 살다간 흔적을 열심히 배우려고 한다. 남편도 기득권을 누리며 살지 못했기에 권리가 없고 힘없는 사람들 편에 서려고 애쓴다.

예수님을 믿는 사람이라면 예수님처럼 가난하고 없는 자, 천한 자를 위해서 사는 것이 당연하다.

"내가 죽은 후에도, 아! 그래, 참 열심히 예수님을 본받으며 살려고 애쓰고 갔구나 하는 소리를 듣고 싶지."

가족 구성원의 화목도 중요하지만, 상대방이 하고 싶은 일을 서로 존중해주고 격려해주는 것이 무엇보다 중요하다. 가정이 제일 우선이고 그다음이 이웃이다. 가정 안에만 머무는 것을 좋은 삶이라고 보지 않는다. 가정 밖으로 나가 내가 가진 것을 통해 공헌하고 봉사하고 좋은 영향을 받으면서 기쁨을 누리며 살아가는 것이 좋은 삶이다. 그런데 가정주부라서 한계가 있다.

"나는 가정주부니까 사회생활하고는 거리가 있잖아. 그렇지만 이웃이라든지, 종교단체라든지 소속되어 있는 곳에, 가정에서 존중을 받고 만족하면 자연스럽게 밖에 나가서도 내 모습을 그 사람들한테 그렇게 보여줌으로써 나도 좋은 역할을 감당할 수 있고."

03

"죽는 것도, 사는 것도 하느님의 뜻"

여정란은 기독교인이다. 하느님이 우리를 이 세상에 태어나게 했다고 믿는다. 세상에 하느님 영광을 드러내게 살라는 목적이 있다. 내가 왜 한국에 태어났는가? 그것도 다 목적이 있고, 지금까지 목숨을 안 거둬가는 것도 할 일이 있기 때문이다. 모든 게 하느님 뜻이다.

"교회 다니는 사람들은 목적 있는 삶 캐가꼬 책이 있는데 제목이 《목적 있는 삶》. 우리가 왜 태어났을까, 하는 질문을 하는데 안 태어나도 되는데. …… 나도 안 그럴려고 노력하는데 한 번씩은 인간인지라 '아휴~ 이렇게 살아서 뭐하겠노?' 이런 생각을 할 때도 있지. 근데 우리는 죽는 것도 하느님 뜻이고 사는 것도 하느님 뜻이라고 생각하기 때문에 열심히 살면 된다. 우리는 하느님 영광을 위해서."

그의 삶의 가치와 목적은 하느님의 영광을 실현하는 것이다. 아주 어렸을 때부터 교회를 다니고 결혼하고 나서는 아이들을 위해 더 열심히 다닌다. 삶의 의미가 무엇인지 물었다. 어렸을 때는 아무 생각 없이 자랐다. 결혼해서 부모가 되고 나서는 자식 키우는 일에 온 신경을 다 쏟았다. 딸아이는 무척 예민하다. 우울증과 거식증을 앓아 위험한 상황에 빠진 적도 있다. 애정 없는 남편과의 관계보다도 딸을 키우는 것이 더 힘들다. 좋은 부모가 되기 위해 노력했고, 그로 인해 신앙심이 더욱더 깊어졌다.

"그래도 딸이 엄마가 없었다면 지는 이 세상 사람이 아닐 거라고 이 소리를 많이 하거든. 저거 아빠한테도 당당하게 이야기하거든. 저거 아빠하고 안 좋고 갈등을 일으킬 때도 엄마 때문에 이때껏 살아왔다고 이렇게 말하는데. …… 우리 신랑하고 되게 안 좋을 때도 우리 신랑하고 그런 관계보다 그거는 눈에 들어오지도 않고. …… 기도도 아이들 때문에 더 많이 했고, 울면서, 울면서 많이 했고 거기에 (삶의) 의미를 둔다."

04
"종족 보존을 위해서 내가 태어났지"

여재선은 우리가 지구에 태어난 이유가 '종족 보존' 때문이라고 말한다.

"우연히 태어난 건 아니고, 종족 보존을 위해서 내가 태어났지. 종족 보존 아니겠나? 누구든지 후손을 남기고 싶잖아. 나도 종족 보존을 위해서 자식을 낳고 싶었고, 그런 거 아니겠나. 그렇다고 봐야지. 하나님의 뜻도 있었을 거고. 그런데 윤회설은 아니야."

그는 종족 보존을 함으로써 불멸성을 추구한다. 아렌트는 말한다. "인간은 불멸하지만 영원하지 않는 우주 속에서 유일하게 죽어야 하는 존재이다."[2] 삶이 힘들 때 종교에 의지했던 적이 있다.

"사람한테 기대는 거는 아니라는 생각이 들더라고. 교회 가서 하느님한테 기대고 또 내가 일어서는 게 맞지. 사람한테 기대면 또 상처받을 수 있고. 내가 몬 믿는데 우애 믿노? (교회 안 간 지) 한 10년 됐지. 교회 활동 열심히 했는데 교회 분란도 또 있었고, 등록 안 하고 뒤에 앉아 있다가 오고 했는데. 1년 있다 가야지, 2년 있다 가야지 카다가 10년이나 됐네.

…… 교회 가고 싶은 생각도 없어지네. 나는 어렵고 그럴 때 그때는 완전히 하느님에게 의지하면서 살았는데 하느님 붙잡고 살았는데, 지금은 그 끈을 다 놓고 나를 믿는다, 이거 우짜겠노."

나는 삶의 의미가 뭐냐고 물었다.

"아이구! 어렵다. 열심히 살았다. 어려움에 굴하지 않고 넘어지지 않고 열심히 살았다. 오뚝이처럼. 내 인생은 오뚝이였다. 아이구!"

05
무당의 조언에 따라 선택한 삶

여경숙은 우리가 지구에 태어난 것은 우연이 아니라 신의 계시가 있었을 거라고 말한다. 어머니, 아버지가 만난 것도 쭉 올라가면 인연 때문이다. 부부는 서로 좀 잘해보라고 원수 간에 만났다고 하지 않던가. 남편의 폭력에 견디기 힘들어 점집을 찾았다. 무당은 남편의 성격이 불같으니 대들면 기름을 퍼붓는 꼴이라며 무조건 참으라고 했다. 화병이 생겼다.

삶의 의미를 담은 보고서를 쓴다면 어떻게 쓸 것인지 물었다.

"사는 동안 열심히 일을 했고 내 하는 일이 다른 사람한테 도움을 줬고 일을 하면서 많이 베풀었고 남한테 인심을 잃지 않고 살았다. 물론 신랑이 힘든 것도 일부분이겠지만 그것도 나의 숙제고 내가 영 안 살 것도 아니기 때문에, 태어나서 남한테 욕 안 얻어먹고 내 하고 싶은 거 하고 살았다. 애들한 테 남기고 싶은 말은 너무 아웅다웅 살지 말고 즐기면서 살아 라. 즐기면서 살고, 죽을 때는 뭘 남겨놓고 봉사를 많이 했다 든지 그런 걸 좀 남겨놓고 갔으면 좋겠어."

그는 남편을 만난 것도 어떤 인연이 작용했다고 믿고, 자 신이 감당해야 할 숙제라고 마음을 달랜다. 무당의 조언에 따 라 무조건 참는 방법을 선택한다.

06
"몇 명이나 내 이름을 기억해줄까?"

남연철은 지구에서 살았던 삶의 보고서를 쓴다면 어떻게 쓸 것이냐고 묻자, 뭘 하는지도 모르고 정신없이 살았다고 쓸 것 같다며 웃는다.

"특별하게 뭐 이룬 것도 없고. 하하 특별하게 뭘 했다고 자랑할 만한 게 없을 것 같습니다. 음~ 나는 태어나가지고 내 가 거 살다 와가지고 그냥 정신없이 살다 보니까 예~, 마 한평 생이 다 가버린 것 같다. 이렇게 이야기할 것 같아요. 하하 아 이 참! 내 삶도 참 보면 특별하게 목표의식도 없이 이래 살았 는 것 같기도 하고……"

나는 삶의 의미가 뭔지 물었다. 그는 상당히 중요한 질문 이라며 그 말을 듣는 순간 가슴이 답답해진다고 말한다.

"호랑이는 죽어 가죽을 남기고 사람은 이름을 남긴다고 했는데 몇 명이나 내 이름을 기억해줄까? 아! 갑자기 생각하니까 답답하고, 특별한 게 없어서 부끄러운 삶이네요. 앞으로도 뭔가 내가 죽더라도 보람 있는 삶을 살았다고 생각할 정도로 열심히 살아야겠죠."

보람 있게 열심히 잘 살지 못했다고 후회한다. 나는 잘 사는 게 어떤 거냐고 물었다. 자신의 노후나 자식의 미래에 미흡했고 자식 교육에 대한 불안감이 있다고 말한다.

07
소소한 일상

남민수는 지구에 어떻게 해서 태어났는가, 신의 계시가 있었는가, 하는 질문에 한 번도 생각해본 적이 없다고 말한다. 삶의 의미가 무엇인지 묻자 죽음의 세계가 궁금하다고 한다.

"나는 죽음의 세계가 궁금해요. 환생할 수 있는가? 죽으면 끝인가? 다른 것으로 태어나는가? 상상도 해봤는데 그건 알 수가 없지. 그런 거 생각하면 가족들과 재미있게 살아야 되겠다, 반성을 많이 하게 되고 어떻게 살아야 될지 많이 생각하게 되는 계기가 되죠."

남현무에게 지구에 왜 태어났는가, 신의 계시가 있었나, 하는 질문을 던졌다.

"엄마 아부지 실수로 태어났어요. 하하하~ 저는 신하고는 거리가 멀어요."

삶에서 위기의 순간으로 남현무는 미군과 싸워 헌병대에 잡혀갔던 사건을 꼽는다. 감옥에 갈 뻔했던 아슬아슬한 순간이었다. 어머니의 눈물과 호소로 전과자가 될 뻔할 위기를 겨우 모면했다.

남두일은 지구에 왜 태어났는가, 우연히 태어났나, 신의 계시가 있었나, 하는 질문에 자신은 특별한 종교가 없다는 대답을 한다.

"불교 가면 편안한데 절에 가면 편안한데 집사람은 절에 완전 골수였는데 요즘은 ○○성당 골수 됐다. 나는 종교에 대해서 그런 거 없다. 나는 뭐 교회. 제사 안 지내고 이런 거는 싫고. 종교에 대해서 나는 안 한다 이런 거는 싫고 그냥 남 하는 거 하면서 믿어야지."

삶의 가치나 의미가 뭔지를 묻자 별로 할 말이 없다며 한참 침묵하다 입을 뗀다. 제일 중요하고 가치 있는 것은 가족이라고 한다.

남계식은 우리는 이 세상에 우연히 태어났다고 말한다. 만약에 신의 계시가 있었더라면 자신은 이슬람교의 창시자 무함마드가 되었어야 했다며 웃는다. 종교는 없지만 부처님도 믿고 하느님도 믿는다. 큰 교회 목사가 아들한테 세습하고, 불교 주지 스님이 싸우고 하는 모습은 싫다. 사람들은 돌인지 부처인지도 모르고, 진짜 부처님의 모습을 아무도 모르면서 자기가 믿는 종교에 절을 한다. 삶의 의미가 뭔지를 묻자 깊게 생각해보지 않았다고 한다. 얼마 전에 정말 많이 아팠을 때 죽을 수도 있겠다는 생각이 들었다. 그때 50여 년 동안 무엇을 하고 살았는지 뒤돌아보았다.

"낫고 싶어서 막 발버둥 치고 싶은 힘조차도 없었으니까. 그때 텔레비전에 나오는 그런 남들이 하는 소소한 일상을 몬 해보고 하는 그런 거조차도 부럽고. …… 가장 친한 친구하고 커피 한잔 마시면서 재미있고 즐거워하고 이런 거."

08

종교 이야기 분석

인간은 삶에서 인지적 혼란, 정서적 고통, 윤리적 딜레마와 같은 문제 상황에 처한다. 이때 어떤 언어를 활용하는가? 실존적 차원의 이슈에 직면했을 때 해결할 수 있는 종교 언어는 무엇인가?

질적 연구는 삶에서 행위자들이 어떤 의미를 부여하며 사회질서를 만들어나가는지에 대해 우선적으로 탐구한다. 삶의 현장에서 들려오는 이야기를 해석하고 분석하여 의미를 파악하려고 한다. 상식·습속·관습처럼 자신의 문화 집단에서 배태된 공적 상징체계는 일상을 살아가면서 겪는 실제 문제를 해결하는 데 도움이 된다. 사람들은 일상의 삶에서 상식·습속·관습처럼 제도화되어 있는 공적 상징체계를 자연적으로 주어진 듯 당연하게 받아들여 공동 질서를 만들어간다.

반면에 문제 상황에 처하면 고도로 일반화된 상징체계에 준거해 행위의 의미를 구성하기 시작한다. 일반화된 상징체계는 특정 세팅을 초월해 존재하며 삶의 목적을 더 근원적이고 실존적인 의미로 만들어준다. 이런 점에서 행위자들의 삶의 의미는 배태된 습속에서부터 도구적인 합리적 행위까지, 더 나아가 실제적인 차원에서부터 궁극적이고 실존적 차원에 이르기까지 겹겹이 둘러싸여 있다.[3]

10명의 연구 참여자는 삶의 의미에 대한 질문에 일상의 삶과 관련된 대답을 한다. 의미의 문제는 "제도화된 세속적 질서의 규준과 궁극적인 규준 사이의 불화를 하나의 유의미한 전체 세계상을 수립함으로써 일반적으로 해소하고자 한다".[4] 종교는 개인의 성격과 행위에 미치는 영향이 막중하다. 토크빌은 종교를 도덕적 기준을 유지하고 희생하는 도구로 바라본다.[5] "종교를 갖고 민주주의적 참여를 행하는 생활은 순전히 개인적 세계보다는 훨씬 더 넓은 시야를 갖도록 시민을 교육시키는 것이다."[6] 하지만 현재의 종교는 세상에 반기를 들지 않는다. 가정처럼 교회가 냉혹한 세상의 안식처 역할을 하려고 한다.

베버는 종교사회학자로 추앙받지만 '종교 그 자체'에 관심을 둔 것은 아니다. 종교가 인간 행위의 다른 영역과 어떤 관련을 맺고 있는지 탐구하고자 했다.[7] 인간의 행위는 물질적이나 이념적 이해관계에 의해 지배된다. 이해관계를 추구하는 힘은 무엇으로부터 오는지, 무엇을 위한 것인지, 그것에 어떤 의미를 부여하는가에 따라 결정된다.[8] 인간은 문제 상황에 처할 때 내면에 있는 문화적 가치이념이 행위를 조절한다. 그렇다면 가치이념은 어디에서 비롯되는가? "경험적 실재의 세계에서 인간은 자신의 이해관계를 추구한다. 반면 상징적 실재의 세계에서는 종교 관념이 안내하는 의미를 추구한다."[9] 종교적 문제로서 고통의 문제는 참고 견딜 만한 것, 고통당할 만한 가치가 있는가에 있다.[10]

삶의 의미에 대해 질문하자 여미순은 '죄인'이라는 말만 반복한다. 골프에 푹 빠져 성당을 열심히 다니지 않는 자신을 탓한다. 그는 삶의 위기 때마다 성모님을 찾았다. 자신이 어머니를 닮아 아들을 낳지 못할까봐 전전긍긍했고, 딸이 자신을 닮을까봐 애를 태웠다. 어머니는 씨받이를 들여서라도 아들을 얻고자 했으나 뜻을 이루지 못했다. 그런 어머니가 불쌍했다. 여미순은 자신의 어머니처럼 죽음을 각오하고 아들 낳기에 도전했다. 그 과정을 고통당할 만한 가치가 있다는 유교 언어를 사용해 설명한다.

여은정은 진학의 갈림길에 선 순간을 삶의 위기라고 말한다. 장녀라는 책임감 때문에 대학 진학을 포기해야 하는 현실에 직면한다. 회사에서 일할 때 시어머니의 병이 깊어졌고, 맏며느리의 소임을 다하기 위해 퇴사를 결정한다. 그는 종교에 대한 신념이 강하다. 예수님이 살다간 흔적을 열심히 배우고 따르려고 한다. 그러나 성경의 가르침과 현실에서의 괴리감을 느낀다. 가정의 범위를 벗어나 하느님 말씀을 실천하기에는 역부족이다. 예수님의 가르침에 따라 힘없고 가난한 사람들 편에 서는 사람은 남편이다. 사회생활과 거리가 먼 가정주부라는 한계를 그 이유로 들며 남편을 통해 해결하려고 한다. 그는 일상의 삶에서나 종교생활에서 가족주의 언어를 사용하여 자신에게 닥친 문제적 상황을 해결한다.

여정란은 하느님의 뜻에 따라 살려고 노력한다. 그러나 인간인지라 그걸 실천하기가 힘들다. 결혼해서는 아이들을 위해 교회에 열심히 다녔다. 좋은 부모가 되기 위해 더 간절히 기도했고 거기에 삶의 의미를 둔다.

여재선은 삶의 의미에 대한 질문이 어렵다고 하면서 자신을 오뚝이에 비유한다. 그는 삼종지도의 유교 언어를 사용하여 굴곡진 삶을 서사한다. 오뚝이는 친밀성 영역에서 종족 보존을 위해 온갖 고통을 이겨낸 성스러운 자아를 상징한다.

여경숙은 삶의 의미에 대한 질문에서 열심히 살았다며 성실주의 언어로 대답한다. 무능한 남편을 대신해 가정의 경제를 책임져왔던 삶에 의미를 둔다. 그는 남편의 폭력에 대한 해답을 얻고자 점집을 찾았다. 무당은 남편의 불같은 성격에 기름을 끼얹지 말고 살라며 조언한다. 치료 언어는 처음부터 가족 내러티브에 의해 만들어졌다. 근대적 가족이 치료 언어를 사용하여 문제적 상황을 해소하려는[11] 것과 달리 여경숙은 남편과의 불화를 무속신앙에 의지하는 토속 언어를 사용하여 해결하려고 한다. 치료 언어는 누군가와 대화하는 소통 모델이다.[12] 반면에 점을 보는 행위는 자신의 삶을 어떤 주어진 운명에 맡겨 종속시켜버린다는 차이점이 있다. 그는 참는 것이 일상화되어 화병을 달고 산다.

남연철은 삶의 의미를 묻자 뭘 하는지도 모르고 바쁘게 지냈고, 특별하게 이룬 것이 없어 가슴이 답답해진다고 한다. 호랑이는 죽어 가죽을 남기고 사람은 이름을 남기는데 몇 명이나 자신의 이름을 기억해줄지를 고민하며 불멸성을 추구한다. 앞으로 더 열심히 살아야겠다고 다짐한다. 남민수는 삶의 의미에 대해 한 번도 생각해본 적이 없다며 죽음의 세계가 궁금하다고 말한다. 일하느라 가족들과 재미있게 살지 못한 것을 반성한다. 남현무는 부모님의 실수 때문에 세상에 태어났다는 농담을 하며 삶의 의미에 대한 답을 대신한다.

남두일은 삶의 의미에 대해 질문을 하자 답하기 어렵다고 말한다. 제일 중요한 것은 가족관계다. 무탈하게 웃고 즐기며 사는 게 좋다. 하지만 가족들에게 잘해주었는지 후회가 된다. 그는 삶에 별다른 위기가 없었다고 한다. 그러나 지방대 출신인 자녀의 진로에 대해 심각한 위기를 경험한다. 아무것도 조언해줄 수 없는 상황에서 과묵함으로 지켜보는 것이 해결책이라 생각한다. 남계식은 삶의 의미에 대해 깊이 생각해보지 않았다고 한다. 얼마 전에 정말 많이 아팠을 때 죽을 수도 있다는 생각을 해본 적이 있다. 그때 텔레비전에서 가장 친한 친구와 커피 마시면서 이야기를 나누는 소소한 일상이 방영되었는데, 그 장면이 부러웠다. 그는 가족과 유사 가족과의 관계에서 느끼는 행복에 삶의 의미를 둔다.

"종교는 작용하는 상징의 체계로, 인간에게 강력하고, 널리 미치며, 오래 지속되는 분위기와 동기를 성립시키고, 일반적인 존재의 질서 개념을 형성하며, 그러한 개념에 사실성의 층을 씌워, 분위기와 동기가 특이하게 현실적인 것으로 보이게 한다. 작용하는 상징의 체계로 ……"[13]

대구경북 사람들에게 가장 강력하고 널리 미치며 일반적인 존재의 질서 개념을 형성하는 종교와 같은 상징체계는 무엇일까? 연구 참여자 중 종교인들은 어려운 상황이 닥칠 때마다 종교에 의지한다. 그러나 일상의 삶에서는 종교에 대한 의무를 다하지 못해 죄인이 된다. 종교는 가족의 행복을 위해 하느님께 빌고 빌어 세속적인 목적을 실현시킬 수 있는 문화 자원이다. 기어츠에 의하면 삶의 의미는 에토스와 세계관을 통합하는 성스러운 상징에 의해 작동된다.[14] 상징체계는 삶의 방식을 안내하며 정서적으로 객관화할 수 있는 확신성을 부여한다. 이는 곧 상징적 형태는 사회적 사건이며 공적 자산임을 말한다.

연구 참여자들은 가족주의 언어를 사용하여 삶의 의미를 말한다. 인지적 혼란, 정서적 고통, 윤리적 딜레마가 발생할 때 가족주의라는 공적 상징체계가 삶의 방식을 안내한다. 가족주의제도의 가용된 문화 자원을 활용해 문제적 상황을 해결하며 삶의 의미를 추구하고자 한다. 삶의 목적을 더 근원적이고 실존적인 의미로 만들어주는 일반화된 상징체계로 나아가지 않는다.

친밀성이 다양한 영역을 지배하다

연구 참여자들의 서사를 분석해본 결과 각각의 영역은 상호 침투하지 않고 적대적인 관계를 유지하며 친밀성 영역이 다양한 영역을 지배한다. 대부분의 연구 참여자는 가족과 지역을 벗어나면 속된 세계가 기다리고 있다고 인식한다. 친밀성 영역은 성스럽고, 다른 영역은 속된 것으로 간주한다. "성스러운 세계와 속된 세계는 적대관계에 있게 된다. 그 두 세계는 서로를 배척하며 적어도 같은 순간에 동일한 정도의 강렬성을 띠면서 살아갈 수는 없는 삶의 두 양식이다. …… 속된 환경과 성스러운 환경은 단순히 분리될 뿐 아니라 서로에게 폐쇄적이다. …… 가깝게 접근하게 되면 그 속으로 흘러가는 성향이 있다."[15]

호네트는 인정의 개념을 세 가지 형태로 정리한다.[16] 첫째, 엄마에게서 받는 사랑이다. 이는 정서적 욕구를 지닌 존재이며 사랑을 통해 이 욕구를 충족한다. 둘째, 동등한 권리의 인정이다. 이를 통해 각 개인은 자주적이고 도덕적 판단 능력이 있는 존재로 인정된다. 셋째, 사회적 연대의 인정이다. 여기서 각 개인은 자신만의 특수한 속성을 지닌 존재로 인정된다. 이러한 세 가지 인정을 통해 각 개인은 비로소 한 공동체의 완전한 구성원이 된다. 호네트의 이론에 따르면 대구경북 사람들은 첫 번째 단계인 친밀성의 영역에 머물고 있다. 가족이나 유사 가족을 뛰어넘는 서사를 구축하지 않고 멜로드라마의 성격을 지닌다. 가족 멜로드라마는 성스럽지 못한 세속화된 세계에서 고통을 받다가 가족의 품안에서 행복을 되찾게 되는 과정을 그리는 멜로드라마의 한 종류다.[17] 이들의 자아는 친밀성 영역에서 머물며 다양한 영역으로 뻗어나가는 언어를 구사하지 않는다. 왜 상호 침투하지 않고 이런 현상들이 일어나는가? 나는 이들이 사용하는 가족주의 서사를 살펴봐야 할 필요성을 느꼈다. 2부에서는 연구 참여자들이 어떠한 언어를 활용하여 삶의 이야기를 꾸려나가는지 분석해보고자 한다.

2부

**대구경북
사람들의
언어**

1장

그림자 언어

나는 연구 참여자들이 서사 도중에 불러들이는 인물이 있다는 것에 주목했다. "개인의 이야기는 천국과 자연, 인류에 대한 분석이다."[1] 이야기하는 행위는 단순한 언변가의 자질이 아니라 삶의 역사가 있으며 어떤 규범적 의미가 내재되어 있다. 과거의 경험과 미래에 대한 상상은 현재의 행위에 지침을 부여하고 그것을 규제하는 작용을 한다.[2] 나는 화자 뒤에 있는 또 다른 화자를 보았다. 자신의 언어로 말을 하는 듯 보이지만 결국 다른 인물에 의지해 이야기를 풀어나간다. 나는 그 언어를 그림자 언어로 칭한다. 그림자는 뒷면에 있는 자신의 일부이며 그 자체가 실상이 아니다. 그러나 전면적으로 보이지 않지만 강력한 영향력을 미치면서 작동한다.

01
"우리 남편 같은 경우는"

여은정에게 촛불집회에 대한 생각을 물었다. 권력을 가진 기득권층이 과거 청산을 못해서 생겨난 문제이고, 힘없는 서민들이 자기 목소리를 낼 수 있는 유일한 방법이라고 대답한다. 하지만 자신은 가보지 않았고 남편과 아이들만 참여했다고 말한다.

시민단체에 참여하거나 후원한 경험이 있는지 물었다.

"시민단체에 직접 참여한 적은 없지. 우리 남편 같은 경우는 정당도 기득권 정당보다는 그런 데 후원하는 걸 옆에서 많이 보고 하는데 남편과 내가 바라보는 것이 공통점이 많기 때문에. 내가 직접적으로 안 하더라도 남편이 그런 활동하는 걸 찬성하고. 이해를 하고."

지지하는 정당이 있냐고 묻자 자신은 가정주부라서 특별히 지지하는 정당이 없다고 말한다. 하지만 남편과 사회를 바라보는 시각이 일치하므로 자신이 당원은 아니더라도 그 당을 지지한다.

좋은 삶이란 무엇인가를 물었다. 가정 밖으로 나가 공헌하고 봉사하며 기쁨을 누리면서 사는 것이라고 하면서도 남편이 그러한 삶을 행한다고 말한다.

삶의 가치에 대해 질문하자 종교 언어로 대답한다.

"지금 환경이 여건이 못 될지라도 물질뿐만 아니라 다른 것으로도 나누고 베푸는 삶으로 살아야 된다는 생각을 하고 있지. 이 땅에 보내진 목적이 그렇기 때문에. 말 한마디로 도와줄 수 있고. 남편도 기득권에서 살지 몬했기 때문에 불합리하다고 생각하고 살았기 때문에 그렇고. 예수님도 가난하고 없는 자, 천한 자를 위해서 살았기 때문에 예수님을 믿는 사람이라면 그렇게 살아야 된다고 생각하는 거지.”

종교 언어로 보편적인 가치에 관한 이야기를 하다가 남편의 삶의 가치로 옮겨간다. 자신의 언어는 사라지고 남편의 언어를 사용해 결론짓는다. 자신은 촛불집회에 가본 적도 없고 시민단체에 가입하지 않았지만 남편은 열심히 활동한다. 여은정은 자아를 확장하는 언어를 많이 구사하고 좀 더 넓은 세계로 뻗어나가기 위해 노력했다. 하지만 “가정주부라서”라는 말을 반복적으로 사용하며 위축감을 드러낸다. 그래서인가, 남편의 그림자에 의지하는 언어를 활용한다.

02
“우리 아들이, 우리 딸이 카네”

여정란에게 학교 진학에 관해 물었다.

“아부지가 내한테 여상 가서 빨리 사회에 나가라 카대. …… 아들이 나중에 이 이야기 듣디만 내보고 엄마 바보 같다 카네. 엄마 가기 싫으면 안 간다 카면 되지 왜 캤냐고. 너무너무 바보 같다고.”

남편과 어떻게 만났는지 물었다. 그 경위를 설명하다가 결혼을 앞둔 딸과 예비 사위를 대화 속에 성큼 불러온다.

"딸이 연애하는 거 보면서 우리 옛날 생각도 마이 했지. 너거 둘이 벌써 손잡았나, 뭐 했나 카면 엄마 몰라몰라 카면서. …… 우리 있어도 상관 안 하고 머스마 이거는 딸 머리 만지고 넘겨주고 쓰다듬고 둘이 좋아하는 모습 보니까 진솔해 보이고 좋데."

그의 활동 범위는 주로 교회와 집에 한정되어 있다. 일상생활에서 하느님 뜻을 실천하면서 사는지 묻자 아침에 일어나면 매일 하느님 영광을 위해서 살게 해달라고 기도를 한다고 한다. 그는 이야기를 조금 이어나가다 다시 딸과 예비 사위 이야기로 돌아간다.

"딸이 결혼을 한다 캤으니까 딸이 행복할 수 있도록 해달라고 늘 기도를 하지. 딸하고 오빠(예비 사위)하고 결혼하고 싶은 이유가 뭐냐고 물으니까. …… (사위가) 현명한 여자하고 결혼하고 싶었단다."

나는 촛불집회에 대한 시각을 물었다. 그는 지지는 하지만 집회에 적극적으로 참여하고 싶지는 않고 귀찮아서 발을 빼고 싶다고 한다. 시민단체에 가입하거나 후원한 적이 있냐고 물었다. 긍정적으로 보지만 가입하거나 후원한 적도 없고 활동하고 싶지도 않다고 대답한다. 자신은 방관자적 입장이라며 아들과 아들 친구 이야기를 꺼낸다.

"아들 친구는 광화문인가 그 가가꼬 뭔 발언대에서 지 목소리 내가 네이버 신문에도 막 실리고 그랬어. K대 역사교육학과에 다니는데 아들은 가를 얼마나 자랑스럽게 생각하는지 모른다. 가는 역사관이 뚜렷하거든. 아들은 지 친구를 너무너무 자랑스럽게 생각한다. 아들도 열을 내는 편인데 집회 참여하지는 안 하더라."

복지 정책은 아들과 딸이 노인들을 부양해야 하고 세금을 많이 내야 하므로 싫다. 좋은 세상은 연공서열제 상명하복이 없어지는 세상이다. 공무원인 아들과 딸의 직장을 보면 너무 권위적이고 관습적이다. 대화 도중에 다시 딸의 남자친구를 불러온다.

"딸 남친한테서 들었는데 대기업은 중간 관리자들이 일을 많이 한다 카대. 딸이 남친한테 직장 이야기를 하면 이해를 못한대. …… 직급 체계도 많이 안 놔두고 수평적으로 직급 체계를 흐트려가꼬 몇 개 안 놔두고 대기업들도 그래 한다 카대. 공무원도 그랬으면 좋겠다. 아들, 딸이 너무 고생하는 것 같아. …… 난 솔직히 복지 정책을 너무 마이 해가지고 그리스처럼 부도나까봐서 겁난다. 어차피 우리 아~들 세금 마이 내야 될 끼고. 앞으로 일본처럼 노인들 다 먹여 살리야 되고 걱정이라."

홍상수와 김민희의 사랑에 관해 물었다. 그는 욕을 많이 했다고 하면서 딸의 이야기를 전한다.

"딸도 별로 안 좋게 생각하던데. 딸도 욕을 얼마나 하는지. 홍상수 욕을 얼마나 하는지. 김민희도 그렇고. 우리 딸도 으씨(엄청) 보수적이더라."

그는 아들과 딸의 언어를 빌려 이야기를 꾸며 나간다. 대구경북 사람들에 대해 묻자 특히 대구경북 '한남 스타일'은 최악이라고 대답한다. 예비 사위가 한남 스타일이 아니라서 다행이고, 아들은 한남 스타일이라 걱정이라며 예비 사위와 아들에게 초점을 맞춘다.

삶의 보고서를 어떻게 쓸 것이냐고 묻자 자녀의 언어를 빌려온다. 딸은 결혼해서 "엄마 같은 엄마가 될 수 있을까"라며 그의 헌신에 고마워한다. 좋은 부모가 되기 위해 신앙심이 더 깊어졌으며 아이들이 자신에게 고마워하는 데에 삶의 의미를 둔다. 서사하는 당사자는 사라지고 아들과 딸의 목소리가 자꾸 들린다. 결혼을 앞둔 예비 사위는 막이 바뀔 때마다 가끔 등장하고 남편은 악을 상징하는 인물로 설정한다. 자신은 자녀의 언어를 대변하는 조력자의 위치에 있다.

03
"남자는 그럴 수 있지 뭐, 바람도"

여재선의 남편은 신혼 초부터 바람을 피웠다. 경제적으로도 무능력하고 가정에 대한 책임감도 없었다. 10년 동안 별거를 하며 남처럼 지냈다. 남편이 덜컥 암에 걸렸다. 늙고 병든 몸이 된 남편이 다시 집으로 돌아온다. 죽도록 밉지만 받아들인다. 생각도 바뀐다. 남편의 바람기를 이해하지 못한 것은 좁은 세계에 갇혀 살았던 자신의 탓이다.

"내가 동기회도 열심히 나가고 하다 보니까 나는 남자에 대한 이해가 너무 없었어. 우리 아부지가 너무 가부장적이고 바깥에 나가면 딸이 깨질까봐 벌벌 떨고 거기 사랑으로 했는 게 아니고 강압적으로 했는 거라. 교회 다녔는데 교회가 얼마나 보수적이고? 너무너무 보수적이잖아. 허튼 길을 가본 적이 없어. 기능직 공무원으로 교육기관에 들어갔는데 그래도 거기가 깨끗하잖아. 다른 데 가면 성희롱도 당할 수 있고 그런데 깨끗하잖아. 우리 아저씨(남편)도 내가 바깥에 나가면 회식하는데도 빨리 안 온다고 난리를 쳤으니. 내가 밖에 나가본 적이 없는 거야. 중학교 동기회에 가보면 …… 지 바람피운 이야기 하고, 옆에 친구 바람피운 거 일러주고. 공무원도 있고, 그런데 맞장구를 치더라고. '야야!! 니도 그라나' 카면 '나는 남자 아이가' 카더라고. 그래서 아~! 내가 세상을 너무 몰랐구나. 남자를 너무 몰랐구나. 남자에 대해서 좀 이해가 되더라고. 처음에 컴퓨터가 뭔지도 모르고 우리 아저씨가 세이(인터넷 음악 방송)에 들어가는 거야. 이게 뭔데 카는데 나를 거기에 넣어달라 캤지. 이 남자가 무슨 짓 하는가 싶어서. 태그가 올라가고 음악이 나오고 눈이 뒤집어지는 거야. 처음 보는데도 말도 막 놓고. 나는 예예~ 카면서 말 높이고. 모임을 한다 카길래 이 인간들이 도깨빈지 뭔지 한번 가보자 싶어서 나갔는데 보통 사람들이더라고. …… 내가 가리개를 가리고 세상을 봤다면 내가 이쪽 옆에도 저쪽 옆에도 둘러볼 수 있는 여유를 가지게 된 거지."

이제 자신은 변했다. 동기회, 인터넷 음악방송 모임을 통해 남편 외의 다른 남자들의 이야기를 들었다. 남자는 그럴 수 있다. 세상 모든 남자가 그렇듯 남편도 바람피울 수 있다. 가부장적인 아버지, 엄격한 규율을 따지던 교회, 깨끗한 공공기관에 갇혀 있다 보니까 세상 물정을 너무 몰랐던 탓이다.

집단 내에서 고학력자인 자신의 자존심을 나락으로 떨어뜨린 사람은 남편이다. 그는 자아를 확장하기 위해 늦은 나이에 대학교에 진학하면서 넓은 세상에 나아가려고 했지만, 결국 가부장의 언어로 현실을 정리한다.

삶의 가치에 관해 물었을 때 삼종지덕三從之德을 불러온다. 자신은 아버지 복도 없고, 남편 복도 없고, 자식 복도 없는 사람이라며 의존적인 자아를 피력한다. 그는 사람에 대한 이해가 아니라 가부장적 문화구조에 굴복해 이혼하지 않는 자신의 입장을 정당화한다. 그의 말처럼 사람은 변하지 않는 것일까? 다른 세계로 향하는 언어를 구사하다가도 은어가 회귀하듯 제자리로 돌아온다.

04
"충성심이 막 솟아나요"

남연철의 삶에서 가장 많은 영향을 끼친 이는 아버지다. 아버지는 일제강점기와 한국전쟁에 끌려나가 두 차례나 죽을 고비를 넘겼다.

"우리 아버님은 화랑무공훈장을 받으셨어요. 일제시대 때 일본군으로 끌려가지고 거의 십 몇 년간을 중국에서 계속 싸우고 있었거든요. 전쟁이 끝났는 줄 몰랐다 카네요. …… 엄마는 돌아가셨다고 제사 지내야 되는 게 아니냐고 카고 있었는데 돌아온 거예요. 그런 삶을 살았는데 또 얼마 있다가 6·25가 터지니까 또 6·25에 전투를 경험을 했는데 그 가서 공을 많이 세우셨는가 봐요. 아부지로 인해 많은 사람이 죽을 뻔했는 거를, 아부지가 공이 있어서 무공훈장을 받으셨는데, 아부지 같은 경우는 한 번도 우리에게 욕을 하신 적이 없어요. 항상 허허허 웃고 공부해라고 카는 것도 아니고 좋은 말씀만 하셨어요."

그는 아버지의 삶을 보면서 국가에 복종해야 한다는 생각이 더 견고해졌다고 말한다. 화랑무공훈장을 수여한 아버지가 자랑스러웠다. 아버지는 목숨이 살아 있음에 감지덕지하며 돈도 벌지 않고 자녀들을 책임지지도 않았다. 어머니가 채소농사를 지어 수확물을 난전에서 팔아 가부장의 역할을 대신했다. 그런 어머니를 생각하면 눈물겹지만 아버지는 가족 대신 국가를 위해 더 성스러운 짐을 지고 희생한 분이었다. 그는 학창 시절 화랑교육원에서 충성교육을 받은 경험을 말한다.

"정신교육을 시키기 위해서 충성교육을 시킵니다. 그럼 뭐 이제 우에 보면은 진취적인 사고를 갖도록 카는 거지. 일주일 동안 맨발로 그 금호강 그 달리면서 '하면 된다!', '나라에 충성하자!' 그런 걸 반복하면서 머리띠 매고 합니다. 그래 카면 뭐 이제 나라에 충성심이 막 솟아나고 예~ 절대로 데모 같은 건 있을 수 없지요. 그걸 아마 그런 걸 방지하기 위해서 그런 교육을 시키지 않았나, 그런 생각도 들고, 그게 또 나라에서 필요하긴 필요하지요."

군대에 갔다가 휴가를 나왔을 때 대학 후배들이 시위를 했다. 화가 머리끝까지 치밀었다. 몸을 바쳐서라도 지켜야 할 국가에 감히 반항하다니 있을 수 없는 일이었다. 후배들의 멱살을 잡고 집어던졌다. 그는 '5·18민주화운동'의 '민주화'라는 용어에 대해서도 상당히 부정적이다.

"(광주항쟁을) 진짜로 무슨 사명감을 가지고 이 나라를 위해서 진짜 그렇게 했으면 내가 이해를 하겠는데 그런 아~들이 태반이 그런 거예요. 군중심리에 우르르 카면서. 어느 정도 그때 상황에서 대통령 입장에서 그때 상황 입장에서 무질서하게 무기가 탈취돼가지고 막 폭도들이 막 하면 강하게 제압을 안 하면 나라가 진짜 전라도로 국한돼가 있던 게 나라 전체가 전복될 그런 상황으로 안 갔겠나 하는 그런 생각이 들거든요."

그는 국가적 언어를 사용하여 국가에 반대하는 집단을 폭도로 지칭한다. TK 정권이 보여준 국가 중심주의, 권위주의적 통치, 일사불란한 질서 등에 대한 자부심과 향수가 있다.[3] 진정 나라를 위한다면 폭도들이 그렇게 날뛰면 안 된다. 어떠한 경우에라도 국가에 반항해서는 안 된다. 자아의 기준을 국민국가 안에 두며 개인은 전체를 위해 주어진 하나의 기능을 충실하게 수행하는 존재로 인식한다.[4]

시민들을 향해 발포 명령을 내린 것은 국가 전체로 퍼져나갈 위기 상황을 차단하기 위한 대통령의 특별 조치다. 국민은 국가의 명령에 충실히 따르고 복종해야 한다. "인간은 누구나 국가는 존속되어야만 하고 또 오직 국가 안에서만 각자의 특수한 이익이 성취될 수 있다는 데 대한 신뢰를 지니고 있지만, 일단 그런 생각이 습관처럼 굳어져버리면 나날의 우리의 삶 전체를 받쳐주는 것이 무엇인지를 알아볼 수 없게 된다."[5] 그는 국민교육헌장에 명시된 내용에 따라 나라의 융성이 '나의 발전의 근본임을 깨닫고' 명예로운 국민의 자아를 형성하기 위해 노력한다.[6] '박정희 패러다임'의 핵심 요소인 반공주의, 성장주의, 국가주의의 정치 이념들을 끌어안고 살아간다.[7]

05
"내분만이 아니라"

남민수는 초등학교 때 어머니가 돌아가셨다. 다른 사람들과 비교해 자신의 처지가 다르다는 사실이 싫었다. 새어머니가 여러 번 바뀌면서 생모에 대한 원망이 깊어졌다. 그는 스스로 질문을 던졌다. 나는 왜 이렇게 태어났을까? 우리 어머니는 왜 일찍 돌아가셨을까? 아버지는 왜 저럴까? 우리 집은 왜 다른 집과 다를까? 어머니가 없는 자신이 불행하게 느껴졌다. 그는 중학교를 졸업하고 외삼촌이 운영하는 가게에서 일을 했다. 견디기 힘들었다. 비슷한 또래의 외사촌들은 학교에 다녔다. 자신의 처지가 너무나 초라했다. 남들과 다르다는 사실이 괴로웠다. 도시로 나가고 싶었다. 고향 친척의 소개로 대구에 있는 양화점에 들어갔다. 그는 이제 더 질문을 던지지 않았다. '내뿐만'이 아니었기 때문이다.

"우리 또래가 고 당시에 많았죠. 양화점 내에서 방은 따로 없고 그냥 적당하게 재단하는 다이 위에서 자고, 밥은 식당에 지정했는데, 방 없이 나무 다이 위에서 이불 깔아가 자고 생활하는 데는 불편함이 없었죠. 내뿐만이 아니고 딴 또래 동료들과 같이 삼시 세끼 해결하고. …… 기술만 배우고 나면 밤에 자면서 가게도 지키고, 뭐 내 또래 되는 아이들이 있었으니까. …… 힘든다고 몬 느꼈지요. 어딘지 없이 처음에는 헌신하고 배운다는 그게 자리 잡고 있었으니까. 내뿐만 아니고 다른 동료들도 그냥 그렇게 큰 보수 없이. 지금 생각하면 요즘하고 많이 틀리지. 기술만 배우고 나면은 기술로 딴 데 옮기가꼬 기술에 대한 보상을 받을 수 있다. …… 또래들도 고렇게 생활했으니까 전혀 잘못됐다고 생각 안 했어요. …… 군대생활도 순탄하게 잘했지. 1년 내내 훈련만 하는 군대생활이었지만도 군대생활은 잘했어요. 군대생활은 내가 힘들어도 남들도 다하는데 낸들 몬하겠나 참고 견뎠죠."

그가 군대를 제대할 무렵, 신발이 대량 생산 체제로 바뀌었다. 양화점은 점차 사라지고 동료들은 뿔뿔이 흩어졌다. 지난날 무보수로 일해준 것이 물거품이 되었다. 멋진 구두 재단사가 되는 꿈을 꾸며 미래를 그렸다. 그 꿈이 와장창 깨졌다. 그래도 억울한 생각이 없었다. 일이라는 게 원래 내 뜻대로 되는 게 아니다. 양화점은 원래 그런 체제였으니까 어쩔 수 없다. '내뿐만'이 아니라 다들 그렇게 하지 않았던가. 의심의 여지없는 당연의 세계에 대해 불만을 제시할 수 없다. 순응하면서 적응해나가는 거다.

나는 남민수에게 대구경북을 어떻게 바라보는지 물었다.

"예전에는 무조건 보수당이었는데 한 해, 한 해 투표할 때마다 마음의 변화를 일으키니까. 내뿐만이 아니고 그렇게 생각하는 사람이 많지 않을까, 그렇게 생각되네요."

그는 촛불집회를 긍정적으로 본다고 했다. 앞으로 시위에 참여할 의사가 있는지 묻자 '집회하는 사람은 따로 정해져 있다'고 대답한다.

"다 그렇게 생각하고 있을 거예요, 아마."

남민수는 "내뿐만이 아니라", "다들 그렇게 하니까"라는 공동체 언어에 기대어 자신의 삶을 유의미하게 구성한다. 공동체 구성원들과 다른 삶을 살아가면 불안하다. 모두 똑같은 처지이기에 힘들어도 견뎌나갈 힘을 얻는다.

그림자 언어 들여다보기

4명의 연구 참여자는 기-승-전-국가, 가족과 유사 가족 주의 언어로 질문에 답한다. "우리 남편 같은 경우는", "우리 아들이, 우리 딸이 카네", "남자는 바람피울 수 있지 뭐", "충성심이 막 솟아나요", "내뿐만이 아니라"라고 하는 문화화용론을 펼친다. 공동체에서 일상적 삶을 사는 사람들은 주어진 습속, 인습, 관습에 따르는 것을 당연하게 받아들인다. 그것이 진리인 양 묻고 따지지 않는다. 습속에 따라가는 것을 당연시한다. "문화적 문법은 그 집단 구성원들 사이에 일체감을 강화시키는 기능을 하면서 동시에 변화를 거부하는 특성을 지닌다."[8] 여은정과 여재선은 다양한 영역으로 뻗어나가는 언어를 구사하다가 재빨리 집으로 돌아온다. 가족주의 코드의 가장 큰 특징은 친밀성 영역 밖으로 나갔다가 바로 집으로 귀환하는 것이다.[9] 의미 있는 상호작용은 공동의 코드를 공유한 사람들 사이에서만 가능하다. 이들의 언어는 가족주의 코드로 한정되어 서사의 밑바탕이 되는 문화 코드의 부족함을 드러낸다. 이러한 현상으로 인해 문장의 주어만 앞세우고 발화의 주체는 문장 뒤로 숨어버리는 그림자 언어를 사용한다.

2장

공부 언어

개인의 삶은 천차만별이지만 대부분의 사람은 공적 상징 체계를 활용하여 언어를 구사한다. 나는 10명의 연구 참여자가 자신의 서사를 말할 때 공부 언어를 활용한다는 것을 발견했다. 특히 여성 연구 참여자는 진학의 갈림길에 선 시간을 또렷하게 기억하고 있었다. 그 시기를 가장 위기의 순간으로 기억하고 한이 되는 시점으로 꼽았다. 자신의 삶에서 강렬한 인상을 준 사건은 크게 각인되고 중요하지 않은 사건은 멀리 사라지게 마련이다.[1]

그들은 학문에 대한 열정을 갈구하지만 좌절한다. 장녀라는 이유로, 딸이라는 이유로, 문화적 묵인하에 스스로 포기할 수밖에 없었던 환경에 처한다. 여성 연구 참여자와 마찬가지로 남연철은 문화자본을 얻기 위해 치열하게 도전한다. 나머지 남성 연구 참여자는 특혜를 받지만 학업에 대한 열정 부족으로 미련 없이 포기했다는 점이 다르다. 부르디외는 제도화된 문화자본은 마치 죽은 자가 살아나듯 사회적으로 공인된 집합적 주술과 같은 힘을 가졌다고 언급한다.[2] 교육은 명예나 위신을 획득할 수 있고, 상징자본의 위력으로 자아의 이미지를 고급스럽게 비춰주기도 한다. 그래서 후회와 회한으로 작동하는지도 모른다.

01
"최~~고 한이 되는 게"

여미순은 현재 삶의 목적을 이루었다고 할 정도로 남부럽지 않은 삶을 살고 있다. 하지만 제대로 된 학창 시절을 경험하지 못한 것이 '최고 한'으로 남아 있다. 중학교를 졸업하고 공장에 다녔다. 학업에 대한 갈증으로 스무 살이 넘어 산업체 고등학교에 진학한다. 산업체 고등학교는 수료증만 있고 졸업장은 없다. 교복도 입어보지 못했다. 지금의 현실에 만족하면서도 아름다운 여고 시절의 추억과 교복에 대한 환상을 지우지 못한다. 상큼한 소녀 시절의 이미지 대신 공장에서 일하는 찌든 자아만 보인다. 그 당시에 자신을 이끌어줄 조언자가 없었다. 작은아버지는 어머니에게 딸은 공부를 시키지 않아도 된다는 논리로 그의 진학을 방해했다. 그때 자신을 이끌어주는 사람이 한 명이라도 있었더라면…… 모든 것은 다 때가 있는 법이다. 그 나이 때에 꼭 해야 할 경험을 하지 못한 것이 두고두고 한이 된다며 몇 번이나 반복한다.

"최~~고 한이 되는 게 그거다. 가로 늦게(때를 놓쳐) 하기도 그렇고. 지금 와서 잘 먹고 잘사이끼네 상관이 없는데 친구들은 대학 4년제 나와서 잘살고 있던데. …… 그래 최고 후회되는 거는 그때 정상적으로 못 밟고 했는 기 최고 후회되지. 우리 친구들은 검정고시 쳐가 대학 가고 하더라마는. …… 사는 데는 상관이 없는데 내가 학창 시절이 없다는 것. 직장 되는 학교는 말이 학교지, 정상적인 거 아니지. …… 돈이 없어가 일을 안 하면 안 되고. 학창 시절이 없다는 거. 그게 한이지. 딴 거야 뭐 먹고살아가는 기야 뭐 불편한 게 없다."

02
"성적이 비슷한 친구들은 서울 명문대로 갔지"

여은정은 3남 1녀의 장녀로 태어나 집안의 살림 밑천이 되어야 한다는 책임감을 느꼈다. 부모님은 빨리 사회로 나가서 가정에 도움이 되라고 말씀한 적이 없었다. 하지만 동생들이 줄지어 있는 집안 사정을 뻔히 알고 있었다. 친구들의 반대에도 불구하고 실업계 고등학교로 진학했다.

"나는 집안 형편도 그렇고. 같은 재단에 ○○여상에 장학금을 준다 해서 전면 장학금을 받고 들어가게 됐어. 그때 그친구들 말을 들었더라면 내 인생이 어찌 됐을까 하는 생각을 해. 어렵더라도 대학을 졸업했으면 교사가 되었든지, 그랬으면 나이 들어서도 일을 할 수 있을뿐더러 길게 봤을 때는 친정에도 좀 도움이 될 수 있었을 건데 내가 장녀니까. 나를 조언해줄 어른이 있었으면. 모든 걸 내가 결단을 내려야 되는 상황에서는 눈앞에 보이는 게 그거였으니까 기억에 남으면서도 후회가 많이 되지."

그와 성적이 비슷한 친구들은 수도권의 명문대학에 진학했다. 그때 삶의 조언자가 있었더라면 그러한 선택은 하지 않았을지도 모른다. 그 순간이 가장 후회스럽다며 앵무새처럼 읊는다. 그는 그 후 야간대학을 다니며 학업에 대한 목마름을 해소한다.

03

"나는 희생양이야"

여정란은 여상 졸업 후 대구의 최상위권 대학 상업교육과에 합격했다. 하지만 야간 수업이 없었다. 그 대학을 졸업하면 상업고등학교 교사 자리는 확보할 수 있었는데 아버지의 반대에 부딪혔다. 야간 수업이 있는 하위권 대학을 선택해서 낮에는 회사에서 일하고 밤에는 학교로 달려갔다.

"나는 5남매 맏이고 여동생은 아프지 동생은 줄줄이 있지. 여상 갔지. 아부지가 내한테 여상 가서 빨리 사회에 나가라 카대. 워낙 엄마 아부지 말을 내가 잘 듣잖아(웃음). …… 나는 희생양이야. 내 뜻대로 못하고. 그때는 맏딸은 살림 밑천 이런 말을 듣고 살아서 그런지 모르겠지만 당연하게 생각했지. 회사 다니면서 2년을 학교를 다녔다. 다니다가 나중에 두 개 다 할려니까 너무너무 힘이 들어 체력적으로 힘이 들어. ······ 2년 지나가 회사를 그만두고 주간에 가서 들었지. 졸업 하면 교사라도 하지 싶어서 회사를 뗄치우고 갔는데······"

그는 부모님에게 등록금 한 번 받은 적이 없었다. 500만 원을 지원해주지 않아 상업고등학교 교사도 하지 못했다. 아 들이라는 금수저를 타고난 남동생은 교육의 혜택도 누리고 집에서 사업자금도 몽땅 갈취해갔다. 그러나 지금까지 본인 앞가림도 하지 못하고 허덕거린다. 자신은 희생양이다. 먼저 태어난 죄밖에 없는데 장녀는 왜 그래야 하는지 모르겠다. 그 때는 당연히 그래야 하는 줄 알았다. 오늘도 그 질문을 던지지 만 친정에서 올려놓은 양어깨의 무거운 짐을 내려놓지 못하 고 있다.

04
"교대가 꿈이었지"

여재선은 명문고로 진학했다. 다른 여자 친구들은 초·중 학교를 졸업하면, 타지로 유학을 가는 오빠나 남동생의 밥을 해주거나, 공장에 취직하기 위해 고향을 떠났다. 그 당시 상황 에 비추어보면 자신은 고학력자에 속한다. 아버지는 그에게 교대를 보내주겠다고 약속했다.

"나는 초등학교 때부터 우리 아부지가 니는 교대를 가라 캤거든. 니는 맏이니까 선생을 시킨다. 맏이가 잘돼야 동생이 잘된다 그랬어. 나는 학교 가는 걸 당연하게 생각했지."

그러나 아버지는 알코올 중독자가 되어버리고 생계의 모든 짐은 어머니가 짊어졌다. 정신이 약간 이상해진 아버지는 여자가 밖으로 나가면 버린다는 이유로 사회생활을 하지 못하게 감금해버렸다. 아버지가 무서워 반발할 수도 없었다. 대학 진학에 대한 희망이 좌절되고 집에 감금당한 그는 시름시름 앓기만 했다. 결국 결혼을 탈출 수단으로 선택했다.

05

"엄마가 아파서 실업계로 가버렸지"

여경숙의 어머니는 가부장 역할을 제대로 하지 못하는 아버지를 대신해 생계를 꾸리다가 암에 걸린다.

"내가 고등학교 때 엄마가 암이 걸려가지고 진로가 바뀌어버렸지. 돈을 벌어야 될까? 교대를 가야 될까? 그때는 교대가 2년제였거든. 엄마가 아파서 돈을 벌기 위해 실업계로 그 때문에 실업계로 가버렸지."

교대가 목표였던 그는 실업계 고등학교로 진로를 변경했다. 빨리 돈을 벌어 집안을 부양하기 위해서였다. 언니와 그는 아픈 몸을 이끌고 노점에 장사 나가는 어머니를 대신해 집안 일을 도맡으며 어린 두 동생을 업어 키웠다. 언니는 결국 중도에 고등학교를 포기했다. 그는 언감생심 대학 진학의 꿈조차 꿀 수 없었다.

06
자존심

남연철은 당시에 인기가 있었던 명문 공고를 졸업했다. 시골 중학교 출신으로 그 정도 학벌이면 꽤 괜찮다는 평을 받았다. 그러나 직장생활을 하면서 대인관계에서 학력의 벽을 느끼게 되었다. 왠지 자존심이 상했다. 대학은 마음만 먹으면 갈 수 있는 곳이라는 생각이 들었다. 위장병에 시달리며 이를 악물고 도전해 삼수 끝에 어렵게 대학에 진입했다. 대학은 무너진 그의 자존감을 회복시켜주었다.

"제 겉은 경우는 ○○공고는 그때 당시에 수준이 높았어요. 중학교에서는 나 혼자밖에 못 갔어요. 잘 갔다고 생각했는데 졸업해가지고 직장생활 처음 들어갔는데 1년 정도 하다 보니까, 이야! 내가 열심히 하면 돈 버는 거는 문제없겠다는 걸 느꼈어요. 그 당시에 갓 졸업하고 사장 차 포니 투를 타고 다녔거든요. 그 정도로 굉장히 인정을 받은 거죠. 그런데 대인관계 때 '아, 고등학교 졸업했습니까' 카면 굉장히 자존심이 많이 상하는 거예요. …… (거래처) 사장이나 이사 이런 사람들하고 직접 상대하는데 내가 자존심 상하는 거는 딱 한 가지인 거예요. 어느 학교 나왔냐고 물으면 자존심이 상하는 거예요. 아~! 돈보다도 학교 나가야 되겠구나 하는 그런 생각에 자존심이 상해가지고, 그래가지고 공부해야 되겠다는 생각에 야간 학원에 다녔죠. 1년 동안 계속 종합학원 댕기면서 낮에는 일하고 밤에는 학원에 댕기고, 집에 가면은 뭐 1시, 2시 저녁을 몬 묵고 내(계속) 공부해야 되니까 위장병 걸리고. …… 삼수한 거죠……"

07
"공부 잘하는 여동생은 시골에 여상 가고"

남두일은 자신이 대학을 중퇴했다는 말을 무덤덤하게 내뱉었다. 다른 여성 연구 참여자가 학교에 가지 못한 게 가장 후회스럽고 한이 된다고 했던 것과 비교되었다. 그는 종손으로 태어나 집안에서 귀한 대접을 받으며 자랐다. 그는 공부에 관심이 없었고 여동생은 공부에 열정이 많았다. 시골에서 두 사람을 대구에 유학시키려면 경제적 부담이 크다. 공부에 관심이 없는 그는 대구로 유학을 가고, 재주가 뛰어난 여동생은 시골에 있는 여상을 갔다. 그는 '왜 그랬을까?' 하는 의문은 품지 않는다. 모든 상황에 대한 질문은 습속이 명확한 답을 제시한다. 문화적 구조에서 용인된 신분에 속하는 아들이 더 우선적일 수밖에 없다.

"나중에 여동생이 카대. 학교도 내 밑에 여동생이 공부를 잘해가 대구에서 제일 좋은 학교로 갈 수 있었는데 대구로 안 보내고 집에서 촌에 여상 보냈다 아이가. 대구에서 하면 돈 마이 든다고. 여동생이 그거 가지고 지금도 칸다. …… 공부는 진짜 안 했지(웃음). …… 고등학교 졸업하고 전문대를 들어갔는데 공부하기 싫어가 맨날 놀러 다니고 카다가 친구하고 둘 다 학교 그만도뿟다. 그래가 빌빌거리다가 군대 갔지."

그는 공부가 싫었다. 대학교를 중퇴한 것에 대한 미련도 없었다. 여동생은 지금도 대구에 있는 학교를 보내주지 않았다고 원망한다.

08
"문과가 뭘 배우는지도 몰랐다니까 솔직히"

남계식은 음악을 좋아했다. 〈이종환의 별이 빛나는 밤에〉, 〈2시의 데이트 김기덕입니다〉, 〈지금은 여성시대〉를 들으면서 음악과 친구가 되었다. 그 당시 대학가요제가 붐이었다. 고등학교 1학년 때 음악을 좋아하는 친구들과 어울리면서 자연스럽게 대학가요제에 나가는 꿈을 키웠다. 밴드를 만들어 대구교육문화회관, 학교 바자회 등에서 공연을 했다. 그러나 대학 진학 후 중도에 학업을 포기했다. 문과 체질인 그는 이과를 선택해 공부에 흥미를 느낄 수가 없었다. 취업이 잘된다고 해서 이과를 갔지만 견디지 못했다. 가정형편이 어려워 등록금을 마련하지 못한 것도 원인이기도 했다. 학업 포기와 함께 대학가요제에 나가는 꿈은 자동으로 사라졌다.

"음악을 좋아해서 고등학교 1학년 때 그때는 대학가요제가 붐이라서 우리가 밴드 만들어서 나중에 대학가요제 나가자 카면서 밴드를 만들었어. …… 근데 공부가 그렇게 취미에 안 맞더라고. …… 내가 문과를 가야 되는데 이과를 가가지고. …… 문과가 뭘 배우는지도 잘 몰랐다니까 솔직히. 그때 당시 10반 있으면 8반은 이과였고 나머지 2반은 문과였지. 취업 잘 된다 캐가. 나는 정교하게 만들고 이런 거 잘 몬하는데. …… 그때 1학기 하다가 그만뒀어요. …… 형편도 안 좋고 그래가 돈 벌러 다녔지. 대학교는 갔는데 등록금을 돌라꼬 카는 상황이 안 되니까. 그렇다고 내가 머리가 좋아가지고 장학금 받고 이런 것도 아니고……"

09

공부 언어 들여다보기

여고 시절의 아름다운 환상을 품기 위해서건, 삶의 주춧돌이 되기 위한 학벌을 취득하기 위해서건 교육에 대한 이야기는 서사의 중심에 있다. 현실의 삶에 여유가 있어도 학교에 대한 환상은 사그라지지 않는다. 문화자본을 소유하지 못하면 스스로 신분적 상징에서 위축된다. 부르디외의 《구별짓기》에 등장하는 한 인물은 "나에게 있어서 책은 그저 교양의 도구일 뿐이지 책 자체를 위한 것이 아닙니다"[3]라고 말한다. 학교는 교양 있는 지적 인간으로 탄생하기 위한 관문이다.

　교육은 객체화된 분류체계이며 "학력상의 위엄은 인간으로서의 위엄과 동일시된다. 학력 자격이 보증하는 '교양'은 지배자 측의 정의에서 '완벽한 인간'의 기본적 구성 요소의 하나이고 교양 없음은 그 사람의 정체성과 인간으로서의 위엄을 훼손하는 본질적인 결함으로 인식한다".[4] 교양 있는 인간으로서 위엄을 갖추기 위해 잠 잘 시간이 부족하고 제때 밥을 먹지 못해 위장병으로 고통받으면서도 도전하는 이유가 된다.

　여성 연구 참여자들은 대부분 교대 진학을 희망하며 장래 직업으로 교사를 꿈꾸었다. 그 당시 교대는 2년제이기에 4년제 대학보다 등록금 부담을 줄일 수 있었다. 지금은 다양한 직업군에 있는 사람들을 폭넓게 만날 수 있지만, 그 시대에 접할 수 있는 다른 세계의 으뜸 인물은 선생님이었다. 교사는 한정된 생활세계에서 마주치는 사람들과는 차별화된 존재였고, 인격을 갖춘 교양 있는 외부인이었다. 저 멀리 있는 이상이 아니라 내 앞에 현존하는 대상이었기에 새로운 세상으로 나아가 사회적 상승을 꿈꿀 수 있는 모델이었다.

　여성은 공식 교육제도에서 일반적으로 배제 대상이었다. "집을 떠나 길 찾기에 나서려면 가부장과 불화를 겪어야 한다."[5] 여성들은 가부장과 불화를 겪는 모험을 하기보다 전통과 인습의 세계에 순응하며 착한 사람으로 살아가는 길을 택한다. 그 당시 공공연하게 통용되는 관습이 있었다. 여성은 고등학교를 졸업하고 얌전하게 신부 수업을 받다가 자신보다

한 단계 높은 학벌을 가진 남성과 결혼을 했다. 결혼 적령기에 접어들면 기관 단체에서 시행하는 신부대학에 등록해서 신부 수업을 받는 것이 통과의례 과정 중 하나였다. 단기 과정의 신부대학이 인기를 끌었던 것도 이러한 이유 때문이었다. 여성의 매력과 미모는 상향 이동을 가능하게 하는 중요한 속성이었다. 예쁘고 얌전한 아가씨가 자신보다 사회적 위치가 훨씬 높은 남성을 신랑감으로 차지하는 이야기가 흔하게 나도는 세상이었다.[6]

여미순, 여은정, 여정란, 여재선, 여경숙의 남동생들은 대학에 진학한다. 그들은 남자이기 때문에 우선적으로 교육받을 자격을 갖춘 대상이다. 여은정, 여정란, 여경숙은 여상(또는 야간대학)을 졸업하고, 집안의 주춧돌이 될 남자의 앞길을 닦아주기 위해 그들을 열심히 지원한다. 집안에서 장녀와 장남의 신분은 다르다. 장녀는 집안 살림 밑천으로 천한 흙수저 신분 대접을 받고, 장남은 집안의 기둥이 될 재목으로 귀한 금수저 직위를 부여받는다. 딸과 아들이라는 출신 성분은 흙수저와 금수저라는 넘볼 수 없는 위계질서를 구축한다.

1990년대에 인기리에 방영된 드라마 〈아들과 딸〉은 이를 여실히 증명한다. 교육은 가부장제에서 성차별을 가장 분명하게 보여주는 제도다. "사회 구성체 내부에서 지배문화를 재생산하면서 권력관계 구조까지 재생산한다. 재배적인 교육체계는 정당한 상징폭력의 독점권을 확보하려는 경향이 있다."[7] 아들을 중시하는 문화구조가 딸들의 교문 출입을 봉쇄한다.

귀남이와 후남이는 쌍둥이로 태어나지만 남매의 운명은 확연하게 다르다. 아들 귀남에게는 공부할 수 있는 여건이 자연적으로 주어진다. 딸 후남은 죽기 살기로 악을 써서 벼랑 끝에서 겨우 기회를 잡는다. 어머니는 아들의 앞길을 가로막는다는 이유로 딸의 인생을 잔인하게 제지한다. 교육은 사회적 지위를 상승시킬 수 있는 수단이며, 학력은 취업과 임금에 높은 영향력을 미친다. 한국의 학력별 임금 차이는 OECD 국가 중에서 가장 큰 것으로 나타났다.[8] 대학을 나와야 사회적 지위를 바꿀 수 있다. 교육은 자신이 처한 환경에서 벗어날 수 있는 희망의 끈이고, 신분적 상징^{social register}을 나타내며 인격을 진단하는 척도가 된다.[9] 지배 문화를 형성하는 권력 조직에는 당연히 아들인 귀남이 들어가야 한다.

후남은 가부장제에 도전하면서 엄청난 시련을 겪는다. 결국 자신의 꿈을 성취하고 백마 탄 멋진 남자와 결혼한다. "평균 이하의 힘을 지닌 주인공이 자신의 소망을 가로막는 사회로부터 영웅을 중심으로 조직된 사회로 나아가는"[10] 희극 서사를 구사한다. 그때 사람들은 드라마니까 이것이 가능하지 현실에서는 불가능한 이야기라고 말한다.

귀남이와 후남이의 이야기는 드라마에서 끝나지 않았다. 인터뷰하는 도중 후남이가 현실 속에서 되살아나 대사를 내뱉는 것 같은 착각이 들 정도였다. 후남에게는 습속이 휘두른 흉터 자국이 선명하게 남아 있다. 학력으로 인해 사회적 차별을 받은 경험은 없지만 일상의 삶에서는 늘 따라다닌다. 한국

여성들의 이야기를 집필한 에이블먼은 말한다.[11] "대학에 진학하지 않았다는 사실은 그녀의 인생 이야기에서 언제나 중심 주제였다. …… 미연이 엄마(연구 참여자)가 자신이 대학을 다니지 않았다는 사실을 분명히 말하기 시작한 것은 여섯 번째 만났을 때였다. 게다가 그녀는 아이들에게 고졸 학력을 숨겼음을 그때 말해주었다. …… 교육은 확실하게 '인간 대접'을 받게 해주는 것을 의미했다."

3장

연대 언어

01

"우리가 남이가!"

대체! 대구경북 지역이 꼴통 보수 지역이라고? 저 지역에 사는 인간들이 무슨 보수 이념이나 제대로 숙지하고 있다고 보나? 단지 박정희 태생이 구미 지역이라는 것, 우리가 남이가 하는 공식에 박통 시절에 그 지역 경상도에 집중적으로 공장 시설 지어내 우리가 먹고살았다는 막연한 헛배 부른 사고에 젖어 …… 괜히 대중이한테 빨갱이 가면 씌어 히히낙락하며 헛소리하는 지역감정 조장자들. 지금 대구경북이 지금 한반도에서 제일 잘사는 지역이라고 생각하나! 박정희 보은으로. 제발 쩔어 뭉개져 뇌 속에 박힌 친일 독재 박정희교에서 벗어

나길 …… (2017.4.28. Clea93의 블로그)

자한당 지지하는 사람들의 이유? 우리는 경상도기 때문에 무
조건이지(실제로 친구가 한 말) 논리 없음x …… 이번 사태로
박근혜가 너무했다라는 의식 팽배함. 많이 돌아선 사람들도
많이 있음. 그래도 박정희만큼은 성역임. 아버지는 잘했지만
딸은 잘못했다라는 생각. 아버지의 잘못된 점들(유신헌법, 민
간인 학살, 여대생 술 파티) 이런 것들을 아무리 이야기해도 기
본적으로 '진실'이라고 믿지를 않거나 혹은 '그때는 다 그랬
어'라는 의식이 엄청 많음. …… 민주당 지지하면 이상한 사
람 취급. …… 나는 나라 다 팔아먹어도 새누리당 뽑아요. 그
냥 우리 고향이 대구니까. …… 이 나라 대통령이 왕이잖아.
…… 우리 노인네들은 1번인데 …… 절대 민주당을 뽑지 않
음. 왜? 빨갱이 집단이라는 인식이 있음. (2017.11.18. SOCCER
의 블로그)

헤아릴 수 없이 많은 여성들을 성폭행한 미투의 흉악범 박정
희를 신격화하고 군사반란을 일으켜 광주학살을 자행하고 독
재를 일삼은 전두환 노태우를 모시던 보수당 …… 최순실의
지시가 있어야 움직이는 닭대가리를 떠받들던 대구경북 ……
하기사 대구의 한 시장 아지메는 자기는 나라를 팔아먹어도
보수라고 당당히 말하는 것을 보면 미쳐도 단단히 미친 것 같
다. …… 제발 정신 차려라. 니들이 제일 싫어하는 북한. 거

기에 사는 주민들 오로지 김일성 김정일 김정은 찬양하더만 대구경북 니들도 똑같다. 북한 탓할 것 없다. (《아고라뉴스》, 2018.4.3)

인터넷상에서 대구경북을 향한 게시 글이 따갑다. 박정희를 신격화한 집권당의 계보를 나열하며 험악한 묘사를 한다. "우리가 남이가!"라는 연대 언어에 얽매여 지역감정을 부추기고 꼴통 짓이나 부린다며 손가락질을 해댄다. 너무나 듣기 민망한 말이지만 이제 더 이상 생소하지도 않다. 종종 술자리에서 "우리가 남이가?"라는 건배사를 외치곤 한다. 그 숨은 뜻을 알기 이전에는 동질감을 느끼는 좋은 의미로 받아들였다. '우리 남편', '우리 아내', '우리 아들', '우리 딸', '우리 집'이라는 표현에서 한국인의 고유한 문화적 정서가 엿보인다. 한편으론 일면식이 없는 타인과 나의 남편, 아내, 자식, 집을 공유한다는 의미를 곰곰이 되새겨보면 슬며시 웃음이 나온다. 언감생심 가당치도 않은 사실이지만 별다른 해석을 요구하지 않는다. '우리'라는 복수형의 숨겨진 뜻은 "나와 이야기를 나누는 당신은 가족이라는 의미가 담겨 있고, 그만큼 당신을 가깝게 생각한다는 의미가 들어 있다".[1] 하지만 '우리' 속에 나를 슬쩍 집어넣어 표현하는 공동체적 화법은 개인의식이 형성되는 것을 암암리에 차단한다.[2]

상호이해 과정은 문화적으로 내면화되어 미리 알고 있는 선이해를 배경[3]으로 이루어지며 생활세계는 모든 이들이 공유하는 배경표상이 존재한다. 그러므로 언어는 의식의 기준이 아니라 오랜 세월 동안 체화된 문화적 관점에서 살펴봐야한다. 지금까지 "우리가 남이가?"라는 언어에 대해 한 번도 질문을 던져본 적이 없다. 상식의 세계에서 의심을 유보하는 단어이므로 부정적인 의미를 되새겨보지 않았다. "우리가 남이가"라는 언어는 해석에 따라 뜻이 달라진다. 나와 너, 영남과호남, 남한과 북한, 소외계층과 상류계층은 남이 아니므로 각자에게 유리한 방향으로 밀고 당겨 상생하려는 의미는 매우가치가 높다. 그러나 이것을 지역주의와 집단주의를 조장하는 폐쇄적 의미로 해석할 때 심각한 문제점을 야기한다.

'우리'라는 친숙한 언어를 활용하여 소기의 목적을 달성한 정치 집단이 있다. 1992년 당시 김기춘 법무장관 등 여권인사가 부산 초원복집에서 비밀리에 모였다. 그때 지역감정을 부추기는 대명사로 "우리가 남이가"라는 문화적 화법을 차용한다.

> 지역감정이 유치한지 몰라도 고향의 발전에 긍정적이다. 하여튼 민간에서 지역감정을 좀 불러일으켜야 된다. …… 부산경남 사람들 이번에 김대중이나 정주영이 어쩌냐 하면 영도다리 빠져 죽자. 《머니투데이》, 2016.12.11)

참석자들은 그들의 목적을 달성하기 위해 노골적으로 연대 언어를 악용하는 데 스스럼없다. 이 녹취록이 공개되어 세상을 들쑤신다. 한 나라의 권력층이 구사하는 언어라고 믿고 싶지 않지만 그 실체가 확연하게 드러난다. 이 발언은 박정희 시대부터 이어져 온 콘크리트 공화국을 더 단단하게 다지는 데 힘을 보탠다. 부산경남은 여러 번의 상황을 겪으면서 '우리'라는 연대 언어를 성찰해보는 계기가 있었다. 하지만 대구경북은 여전히 그 건배사가 유효하다. 2017년 5월 9일, 박근혜 탄핵 이후 대통령 선거 결과를 놓고 대구경북에 대한 비난의 목소리가 한결 높아졌다. '우리가 남이가'를 외친 대구경북이 대한민국 구성원의 '우리' 밖으로 밀려나 '남'이 되는 광경을 목격한다. 전국적인 여론과 다르게 대구경북은 촛불집회에 대한 불만의 목소리가 매우 높다.

"쫓겨난 구석도 있지 뭐!!"

여재선은 대통령 선거에서 망설임 없이 박근혜를 선택했다. 세월호 사건이나 국정농단을 겪으면서 박근혜에 대해 실망하기도 했다. 하지만 촛불집회를 긍정적으로 보지 않는다.

"내가 박근혜를 찍은 사람이지만 …… 촛불혁명도 물론 뭐 대처를 잘못한 건 맞지만, 확실하게 잘못한 건 맞지만 세월호 사건도 그따구로 해선 안 되고, 난 정치에 대해서 잘 모르지만, 거기에 촛불에서 진정하게 나라를 위해 촛불을 든 사람도 있지만 그렇지 않은 사람도 많다고 본다. 솔직하게 …… 뭐 민노총이라든지 골수 그런 분자들 있잖아. 그 사람들이 앞에서 리드한 건 당연한 사실이잖아. 그 사람들이 조직적으로 한 건 사실이잖아. 박근혜가 내려간 게 그런 게 아니라 한마디로 쫓겨난 구석도 있지 뭐. 난 촛불을 긍정적으로만 안 봐."

그는 촛불집회는 진보당이 정권을 잡기 위한 수단으로 활용한 것이라는 입장을 보인다. 민주노총을 비롯한 골수분자는 우리가 아닌 그들이다.

"좀 잘못해도 한 번쯤 눈감아줘야지"

남연철은 박근혜 탄핵 촛불시위를 하는 사람들의 행동이 안타깝다고 개탄한다.

"지금 같은 경우는 그 정도까지는 아닌데. (그런) 생각이 들죠. 그렇게까지 할 필요가 있을까. 또 진정 얼마나 알고 거기에 참여했을까. 또 오늘 같은 경우 그, 정유라 같은 경우는 고런 것 때문에 젊은 아~들이 확 달아오르는 게 많잖아요. 차별!! 지가 뭐 돈 있는 것도 능력이다, 그런 단순한 한두 가지 때문에 확, 실제 그게 뭐 박근혜가 잘못해서 그만큼 나왔다고는 나 생각을 안 합니다. 잘못한 것도 있긴 있겠죠. 그렇지만은 대통령 자리에서 물러날 정도까지 그렇게까지 해야 되는가 하는 그런 생각을 전 개인적으로 합니다. 좀 잘못해도 한 번쯤 눈감아줘야지."

사회 공동체는 윤리적 관습^{mores}과 습속^{custom}이라는 중간 매개를 통해 의사소통이 이루어진다.[4] 생활세계에서 살아가는 개인 행위자들은 공적 상징체계에 기대어 나름의 선한 삶을 추구한다. 이때 특정한 상황이 발생하면 자신의 행위가 '선'한지 '악'한지를 안내해주는 규범적인 기대에 따라 어떠한 행위를 취한다.[5]

몸 바쳐 충성해야 하는 일개 백성으로서 감히 군주를 구속한다는 것은 상상할 수 없다. 의리를 중요시하는 대구경북의 정서에 위반되는 행위다. 박근혜가 좀 잘못해도 한 번쯤 눈감아줄 줄 아는 것이 우리의 문화적 정서다.

욕을 얻어먹어도 감수하는 강력한 리더십

남연철에게 정치적인 지향에서 진보, 보수, 중도 중 어디에 위치하느냐고 묻자 100퍼센트 완벽한 보수라고 대답한다. 그렇다면 보수가 무엇인지 물었다.

"계속 그 길로 살아와서 그런지 몰라도 생각이 …… 뭐가 보수인지 정확하게는 모르겠는데 대구경북 쪽에는 대부분 그런 사람들이 많이 있는 것 같더라고요."

그는 자신을 둘러싼 문화 집단의 규범을 철저하게 따른다. 보수의 이념이 무엇인지 타당성을 따지는 것은 중요하지 않다. 단지 같은 문화 집단에서 보수의 이념을 추종하는 사람들이 많기 때문에 그 방식대로 살아갈 뿐이다. 그것이 규범이고 습속이고 선한 삶이다. 그는 부정적인 진보에 대해 불만이 높다. 경제 성장과 민주화로 우리가 이만큼 살게 된 것은 다분히 강력한 리더십 덕분이다. 그것이 왜 독재인가?

"자기가 욕을 먹어도 뭔가 해내는 그런 그게 마음에 들어요. 특히 이명박이, 박정희 왜 마음에 드느냐? 설령 약간의 결점이 있을 수 있겠지만 자기가 몸을 사리고 자기가 리드 대통령으로서, 대통령이 아니면 해낼 수 없는 일을 욕을 얻어먹어도 감수하는 과업을 이루는 것. 박정희 같은 경우 욕을 얻어먹으면서도 경부고속도로 닦고, 5개년 경제 개발 하는 거는 그건 정말 자기희생을 해서 후대에 그~ 길이 해준 거라. 이명박이가 그렇게 했다고 보거든. 이명박이도 그렇게 했다고 보거든요. 4대강 사업! 대단히 긍정적으로 평가해요. 다소 반대하는 게 있더라도 대업을 위해서."

성찰 대상으로 놓는 일을 가로막는 장애물은 문화적 선이해를 배경으로 하는 그릇된 우월감에서 비롯된다.[6] 그에게 지역 출신 대통령은 자기희생을 바탕으로 국가 건설에 온 힘을 기울여 지대한 공을 세운 영웅이다. 두 전직 대통령에게 5개년 경제 개발이나 4대강 사업 같은 경우는 개인의 이해관계에 아무런 이득이 되지 않는다. 오직 국가를 위해 자신의 한 몸을 내던졌기에 가능하다. 엄청난 욕을 얻어먹으면서도 대업을 감행하는 이유는 당장 눈앞에 놓인 작은 이익을 보지 않고 미래의 꿈을 향해 더 큰 그림을 그렸기 때문이다. 자기희생 정신을 몸소 실천하는 그들을 높이 평가하며 보수의 이념은 따를 만한 가치가 있다고 평가한다.

"꼬집고 까래비고"

남두일은 촛불집회는 군중 몰이에 불과하다고 말한다. 노조나 촛불집회를 하는 사람들을 정상적으로 볼 수 없다. 주동자는 실속을 다 챙긴다. 직장 다니는 사람들보다 연봉이 훨씬 많다. 사고가 완전히 골수분자다.

"그거는 솔직히 군중 몰이 해가지고 나는 미쳤나 캤다. 누구 아이디언지 모르겠지만 나는 뒤에서 다 조정한다고 본다. 국민들은 그냥 막 따라간다. 조정됐다고 본다.

진보는 부정적이라서 싫다.

"문재이(문재인)는 모든 걸 자꾸 부정적으로 이야기하지. 나는 내게 그렇게 들린다. 꼬집고 까래비고(할퀴고). 세월호 사건도 누가 잘못인데? 박근혜가 잘못했나? 정당이 잘못했나? 그걸로 인해 촛불집회까지 번져나갔는데. 그거 누가 잘못했는데? 그라마 대통령이 모든 걸 책임지나?"

그는 종손으로서 1년에 기제사를 8번 지낸다. 명절과 묘사, 집안 대소사까지 합쳐 매달 의례적인 집안 행사를 치르며 가족주의를 더욱 공고히 다진다. 어린 시절부터 문중의 공동체에서 행하는 집합의례를 통해 독특한 권위구조를 내면화한다. 그는 대가족제도에서 벗어나 핵가족 삶을 유지하고 있으면서 위계적인 가족 집단의 질서를 엄격하게 실천한다. 가부장적 권위가 강할수록 그 지역에 대한 문화를 숙명으로 받아들이고 다른 문화에 대해 배타적이 된다.[7]

조상에게 물려받은 체제와 인습에 대해 가치를 의심하거나 부정하지 않고 규범적 동의를 통해 수용한다. 보수는 대구경북의 전통이다. 지배계급의 통치 권력이나 체제에 맞서서 묻고 따지고 반항하면 불온하다. 무엇이 좋고 나쁜지를 시시콜콜 따지기 전에 무조건 정서적으로 끌린다. 그것이 긍정적이고 좋은 삶이다. '우리에게 남이 아닌 자유한국당'에 자꾸 시비 걸고 할퀴고 문제를 제기하는 민주당이 납득이 가지 않는다.

박정희 향수

여경숙은 보수당에 맹목적인 지지를 표한다.

"50~60대는 기득권 세력에 대한 향수를 품고 있는데 그걸 몬 깨는 이유가 마음이 약해서. 의리 때문이기도 하고. 역대 대통령이 대구경북에서 마이 나왔었잖아. 그래서 마이 안 강하겠나. 의리지 나는 그래 생각한다."

그는 유사 가족 집단의 의리를 지향하는 통일시민대학을 다니면서 수료생들과 매월 정기 모임을 가진다. 그곳에서 반공교육을 받기도 하고 산악회 모임을 결성해 친교도 다진다. 집단들은 그들의 추종자들로 하여금 신앙을 활성화할 수 있는 정기 모임을 갖도록 한다. 개인으로 내버려두면 약화될 감정들은 집합의례를 행하여 집합흥분을 고취시키고 구성원들의 집합의식을 고양시킨다.[8] 남두일과 여경숙의 경우, 문중 행사나 통일시민대학의 집합의례를 통해 감정이 더욱더 증폭되고 '우리' 속으로 깊숙하게 빨려들어간다. 체계가 아무리 분화되어도 합리성에 의해 행위를 하지 않고 공동체의 습속이 이끄는 대로 따른다.

그에게 박정희는 지난날의 추억·향수와 함께 공존하는 인물이다. 옛날 사람들(부모님 세대)이면 누구나 다 지지하기 때문에 예전부터 박정희를 좋아했고 박근혜를 좋아했다. 박근혜는 자식이 없으니까 나쁜 짓을 할 사람이 아니므로 무죄다. 솔직히 보수가 무엇인지 별 관심이 없다. 그 개념도 막연하다. 의심하고 문제를 제기해서 태극기집회에 동참한 것이 아니다. 타당성을 따져보려는 문제의식보다 묵시적인 규범적 동의에 의해 공동체가 지향하는 인습과 관습에 따라가는 것이 더 중요하다.

충성 고객, 의리 있는 사람

여미순은 과거 '우리'라는 집단이 아니라서 시련을 겪은 경험이 있다. 건물 주인과 분쟁이 일어났던 적이 있었다. 그런데 자신이 선임한 변호사가 건물 주인과 같은 성씨, 같은 파라는 것을 뒤늦게 알았다.

"가게 하다가 주인하고 소송이 걸리가, 가게를 12년을 했는데 팔고 나올라 카니까 주인이 원상 복귀하라 캐서. 비용이 5,000만 원 더 들어갔는데, 20년 전의 권리금 받고 나올라 카이 태클 걸대. 소송까지 갔는데 없는 사람이 지더라. 변호사를 잘못 샀는데 집주인이 백 씨인데 변호사도 백 씨고 같은 파더라고. 소송을 한 번도 안 해보이 몰랐잖아. 서류를 다시 보내주고 우리가 읽어보고 반박하고 해야 되는데, 우리는 서류를 한 번도 몬 받아봤어. 변호사가 우리를 하나도 안 보여줬지. 나중에 지나고 알았지. 다 끝나고 난 뒤에 서류를 주더라고. 정보가 하나도 없었지, 저거끼리 짜고 저거끼리 다 하고. 그래가 우리가 졌지."

그는 재판에서 패소한 이유가 같은 집단 내의 사람들이 담합을 했기 때문이라고 믿는다. 자신의 변호사와 집주인이 같은 성씨인 줄 몰랐다. '성'이 같다는 이유만으로 그들의 행위를 의심하게 만든다. 그만큼 '우리'라는 연대 언어는 중요하다.

'우리'라는 공동체에서 많이 구사하는 언어는 '의리'다. 그는 동네에 새로 생긴 병원과 원래 있던 허름한 병원, 30년 단골 미용실을 예로 들면서 대구경북 사람들의 '의리'를 증명한다. 사람들은 보통 깨끗하고 최적화된 의료 장비를 갖춘 병원을 찾게 마련이다. 그러나 그들은 좋은 장비를 들여놓은 병원을 외면하고, 지금까지의 방식대로 허름한 동네 병원을 이용한다.

"우리 동네 새로 생긴 이비인후과가 있는데 시설이 얼마나 좋은지 모른다. 일류 기계 다 들다 났는데 내가 그거 보고야!! 돈 이만큼 들이가 융자 오만상 내고 빚을 오만상 내가 그런데도 하루에 10명 정도만 온다 안 카나. 우리 아파트 세대 수가 2,400세댄데도 그렇다. 그 옆에 오래된 허름한 이비인후과는 환자가 북적북적거리고 줄 서 있고. 경상도 사람이 진짜 희한하제. 서울 사람들 같으면 새로 생깄제, 좋제 카면 다 옮긴다."

새로 지은 병원은 조용하고, 예전 병원은 환자들로 북새통이다. 이사를 하고 나서도 30년 동안 이용하던 단골 미용실을 계속 방문한다. 그 미용사가 특별난 기술이 있어서가 아니다. 온정주의라는 관습적 동의에 따라 부족함과 불편함을 감수하더라도 충성 고객이 되는 것에 가치를 둔다. 의리 있는 사람은 이익을 좇는 행동을 하면 안 된다. 그런 면에서 서울 사람들은 깍쟁이다. 그들은 합리성에 따라 이익을 추구하는 전략적 행위를 펼친다. 새롭고 좋은 곳이 생기면 무조건 그곳으로 이동한다.

02
행위의 합리성 정도와 조정 방식

"행위자들이 특정한 행동을 법적으로 혹은 관습적으로 명해진 것을 믿음으로써, 규범적인 것으로 전환될 수 있다."[9] 베버는 인습에서 관습으로 넘어가면서 전통이 형성되는 것이라고 보았다. 그런데 관습적 규칙은 인습의 형태로 아무 생각 없이 받아들여 존재하는 것이 아니라 분명한 의식을 형성해야 하고 합리적인 정당성의 믿음에 의존한다.[10] 〈표 7〉은 하버마스의 대안적 행위 분류법이다.

〈표 7〉 대안적 행위 분류법

행위의 합리성 정도 조정 방식	낮음	높음
이해관계를 통해	사실적으로 습관화된 행위 〔인습〕	전략적 행위 〔이익 추구 행위〕
규범적 동의를 통해	관습적 동의 행위 〔공동사회 행위〕 (Gemeinschaftshandein)	탈관습적 동의 행위 〔이익사회 행위〕 (Gesellschaftshandeln)

자료: 위르겐 하버마스[11]

하버마스는 언어매체가 생활세계의 재생산을 위해 충족시키는 근본적 기능은 문화적 전통 안에 있다고 주장한다.[12] 공동사회는 정서적인 감정이 개입되고 집단 중심적인 특수성이 있다. 이와 달리 이익사회는 탈관습적이고 이익을 추구하는 전략적 행위를 한다.[13] 대구경북 사람들은 행위의 합리성 정도 조정과 방식을 어떻게 행하는가? 인간의 본성에서 바라본다면 좀 더 시설이 훌륭하고 편리한 곳을 찾아가는 행위는 지극히 합리적이다. 그러나 여미순은 습속에 따른다. 이러한 선택은 행위의 합리성의 높고 낮음으로는 설명이 불가능하다. 인습과 관습 차원으로 접근해야 한다. 그는 합리적이고 전략적인 행위를 취하는 것은 의리를 배반하는 비정상적인 행위라고 인식한다. 이러한 행위는 근대인의 속성과 상충한다. 공동사회 관점에서 바라보면 옛날 미용실과 허름한 병원은

'우리'가 된다. 그동안 쌓아온 신망, 정서적인 면이 크게 작동한다. 새로운 의료 기계를 갖춘 병원과 새로 생긴 동네 미용실은 우리라는 공동체를 벗어난 '남'이다.

행위자는 "자신과 자신을 둘러싼 세계를 인지적으로 분류하고 도덕적으로 가치평가하며, 정서적으로 느끼기 위해 공적으로 가용한 문화구조를 활용하여 말과 행위를 구성하는 방식에 초점을"[14] 기울인다. '우리'라는 문화구조를 활용하여 살아온 행동양식은 합리적이고 개인적인 사고를 지향하는 데 익숙하지 않다. 대구경북 출신 정치인들에 대한 충성도 역시 이와 같은 논리에 따른다. 연구 참여자들에게 '의리'는 정의와 명분이다. 이것이 왜곡되어 합리적인 판단과 이성적인 평가는 뒤로 미루게 되고, 패거리주의를 조장하는 정치가들의 볼모 노릇을 하는 현상으로 나타날 수 있다.[15]

'우리가 남이가' 하는 말은 결국 '우리는 남이 아니다'라는 의미와 동일하다. 유사 가족 집단과 같은 '우리끼리' 문화가 형성되어 집단 안팎의 사람들에 대한 이익과 특권이 달라진다.[16] 정치인들은 지역사회의 발전을 위해 노력하기도 한다. 또 한편으로는 "지역사회를 다양한 이익이 표현되고 판단되는 맥락에서 보려는 경향이 있다".[17] 우리끼리의 의리를 중요하게 생각하는 공동체에서 좀 더 좋은 이념을 가진 정당이 나타나도 그쪽으로 쉽사리 마음을 돌리지 않는다. 그러한 행위는 약삭빠르고 인간미 없는 서울 사람이나 하는 짓이다. 이러한 배타적 연고주의는 지역감정으로 흐를 우려가 충분히 있다.[18]

대구경북의 배경표상에는 전근대적인 문화구조가 내면화되어 있다. 아무런 보상 없이 근대화에 희생된 지나간 것들에 대한 향수가 하나의 그림자처럼 따라다닌다. 자본주의적 근대화는 전통적 생활형식은 파괴했지만 일상의 삶에서 더 높은 수준으로 보전되고 변혁되지 못했다.[19] 오늘날 정치, 종교, 경제 등 "각각의 제도들은 내적인 자기 법칙성을 어느 정도 확보하면서 상대적인 자율성을 누리고 있다".[20] 하지만 대구경북 사람들은 여전히 습관화된 행위, 즉 인습에 따라 움직이고 관습적 동의에 의해 이해 행위를 조정한다. 분명한 의식과 합리적인 정당성을 내세우는 사고는 집단의 가치를 위반하는 행위이기 때문이다.

03

집합적 정체성

인간의 상호작용은 반드시 공적으로 가용한 상징체계를 통해서 이루어진다. 그것은 제도적으로나 행위적으로 의심을 유보하고 익숙하게 사용할 수 있는 하나의 습속으로 자리 잡는다.[21] 대구경북 사람들은 우리 사회의 규범적 맥락인 공동체주의, 집단주의에 머물러 있다. "부족사회에서 조직 권력은 정치적 강제력의 형식으로가 아니라, 일반화된 신망의 형식으로 형성된다. 계보, 고귀한 출신, 신적 혈통 등에 의해 뒷받침된 명망 덕분이다."[22] '우리가 남이가'라는 연대 언어의 힘을 뒷받침해주는 문화구조는 생활세계의 마음의 습속에서 비롯된다.

정치적 강제력으로는 집단적 유대가 견고해지지 않는다. 문화적 상징체계가 있기에 강제든, 자발적이든 간에 집단적 정체성이 형성된다. 전통에 대해 타당성을 검토하지 않으면 문화적 빈곤에 빠져 합리적 사고가 불가능하다. 그러므로 '우리가 남이가'라는 말의 의미를 성찰하고 해석하는 일은 무엇보다 중요하다. 생활세계에서 상호이해 과정은 문화적 전승을 필요로 한다.[23] "정치, 경제, 문화, 시민사회 등 여러 영역 안에 있는 타자와 대화해야 한다. 그래야 다양한 자아가 출현할 수 있다."[24]

고도로 분화된 체계 속에 살고 있으면서도 습속에 따르는 규범적 맥락의 범주에 머물러서는 안 된다. 'TK 정서'라는 특수한 언어에서 벗어나려면 일반화된 언어를 습득해야 한다. 그러기 위해서는 새로운 집합의례를 실천하여 집합의식을 변화시켜야 한다. 집합의례의 핵심적 기능은 도덕 공동체를 수립하는 것이다. 도덕 공동체는 성과 속의 이분법적 분류 체계가 사회적 차원에서 실현된 것이다. 성과 속의 구분은 원래는 자의적인 것이지만 집합의례를 통해 흔들리지 않는 의미의 토대로 작용하면서 자연성을 획득한다. 즉 집합의례는 성과 속의 자의성을 자연성으로 전환시키는 모체라고 할 수 있다.[25] 미래는 저절로 주어지지 않는다. 가족 집단이나 유사 가족 집단 안에서만 행해지는 집합의례는 다른 언어를 사용할 수 있는 문화화용 능력을 떨어뜨린다. 다양한 영역으로 나아가는 새로운 집합의례를 실천함으로써 집합의식을 고취해야지만 도덕 공동체를 수립할 수 있다.

4장

기억 언어

슈워츠는 기억을 문화체계로 정의한다. 기억은 삶의 방향을 이끌어주는 상징적 역할을 하며, 우리가 처한 상황을 과거의 역경과 연결함으로써 현재의 곤경에서 벗어나게 도와주는 안내자와 같다. 그는 제2차 세계대전을 겪으면서 미국인들이 링컨을 역사상 가장 위대한 인물 중 하나로 꼽는다는 사실에 주목한다. 루스벨트 지지자들은 링컨을 끌어와 루스벨트와 '짝짓기keying'하며, 남북전쟁을 단순히 노예해방을 위한 내전으로 치부했던 인식과는 달리 제2차 세계대전의 국가적 위기와 연결한다. 짝짓기는 일차적 구조틀을 통해 이해된 행동의 의미를 다른 일차적 구조틀을 통해 이해된 행동과 비교함으로써 변형시킨다. 일차적 구조틀은 고프먼에 의해 차용된 용어이며 다른 모든 사건들을 해석하는 근원적 배경 구조라고 할 수 있다.[1] 링컨의 상징적 힘을 빌려 루스벨트와 연결함으로써 제2차 세계대전을 신성하고 가치 있는 전쟁으로 환기시킨다.[2]

세간에서 대구경북을 '정치적 섬', '정치적 무인도'라는 은유법을 활용해 설명한다. 이러한 집합적 정체성은 정치적 차원만으로 접근할 수 없으며 뒤르케임주의 문화사회학적 관점에서 탐구해야 한다. 뒤르케임주의 문화사회학은 상징과 의례를 통해 집단의 공통된 행위를 유도한다.[3] 대구경북의 집합의식 속에는 기억의 얼굴이 존재한다. 바로 박정희다. 이 인물은 대구경북의 집단적 정체성을 형성하는 데 막대한 영향을 끼친다.

01

문화적 섬, 박정희에 대한 감정

유년의 삶을 지배한 박정희에 대한 기억은 1970년대로 거슬러 올라간다. 새마을운동이 급물살을 타던 시대에 초록 모자를 쓴 사람들은 마을정화사업에 소맷자락을 걷어붙였다. 새마을지도자, 마을 동장, 부녀회장이라는 감투를 쓴 이들이 농촌 사람들을 계몽하는 선구자적 역할을 했다. "새마을운동은 농촌 마을 구성원이 마음의 총화로써 공동체적 쇄신을 이루어 개발을 수행할 것을 요구하면서 자력갱생을 그 방침으로 내세웠다."[4] 박정희 시대 근대화의 논리는 국가주의와 집단주의다. 가정의례준칙, 혼·분식 장려, 근검절약 등의 정신 개조는 국가가 개인의 사고방식과 일상의 생활습관까지 지배하며 국가의 명령에 잘 따르는 순종적 인간형을 창출한다.[5]

　유년의 기억 속에는 흑백 필름처럼 스쳐가는 고향의 모습이 초기 화면으로 펼쳐진다. 그다음 장면은 관료제의 파발마인 면서기가 자전거를 타고 골목길에 들어서는 모습이다. 그 당시 마을까지 조직적으로 연결된 수직적 관료체계는 새마을운동의 목표와 방향을 실천하는 데 지대한 공로를 세운다. 박정희가 작사한 것으로 알려진 "새벽종이 울렸네"로 시작되는 〈새마을운동 노래〉는 농촌과 도시의 아침을 깨우는 자명종 역할을 담당했다. 새마을운동은 농촌 근대화 운동뿐만 아니라 민주주의의 실천 도장, 자주경제, 자주국방, 총력안보의 지름길로 인식되어 생활세계 구석구석에 침투했다.[6] 내 삶의 역사에는 새마을운동-고향-면서기-박정희라는 일련의 구조가 동시에 작동한다.

"확고하게 누가 뭐 캐도 박정희 대통령이 최고"

　여미순은 누가 뭐라 해도 확고하게 박정희 대통령이 최고라며 기억 언어를 사용한다. 그는 박정희와 박근혜를 언급하면서 자녀들의 눈치를 본다. 학교에서 박정희 대통령을 나쁘다고 교육하는 교사들에게 불만이다. 세뇌 교육이 문제다.

　박정희는 지긋지긋한 가난에서 나라를 구해준 구세주다.

그는 아버지 세대로부터 물려받은 박정희 우상화를 그대로 세습하고 전승한다. 박정희는 멸사봉공 정신으로 부국강병을 이룩한 영웅이며 헌신적이고 책임감 있는 가부장으로 집합의식 속에 뿌리박힌다.[7] 1970년대부터 시작된 지역주의는 1980년대에 들어서면서 깊이 정착된다. 서울에서 활동하는 지역 인사들과의 인맥을 자랑하고 대구경북이 나라의 중심이라는 소중앙의식에 사로잡혀 'TK 우월주의'에 빠져든다. 1992년 14대 대선 때 '우리가 남이가'라는 지역주의 선동에 현혹되어 표를 몰아주었지만 김영삼 정권은 5공 청산이라는 명분으로 TK 출신 정치인들을 대거 숙청한다. 이때 'TK 정서'라는 말이 처음 생겨난다. 그 뒤 불순 세력으로 지목했던 호남 출신의 김대중이 대통령이 되자 다시 옛 명성을 되찾아야겠다는 위기의식을 강화한다.[8]

2000년대에 시작된 박정희 향수는 보수언론의 상징적 조작과 밀접한 관련이 있다. 역사적 실존 인물을 등장시키는 것은 '과거'의 시간적 제약에서 벗어날 수 있다. 영웅이 이룩한 위대한 행적과 업적은 과거에만 국한되지 않고 현재의 시련과 고난을 넘어서는 데 유효하며 미래의 낙관론으로 이어진다.[9] 경제가 곤궁에 처하자 기억 속에 있는 박정희를 불러온다. 박근혜는 아버지로부터 국가를 발전시킬 능력을 물려받았다는 점을 부각한다.[10]

"그 아버지가 우리나라를 한 단계 끌어올렸으니까"

남민수는 박정희는 경제적으로 훌륭한 일을 했기에 도덕적으로 조금 흠집이 있어도 상관없다며 기억 언어를 사용한다. 유신체제에서 희생된 사람들은 극히 일부이다. 전체를 위해 일부는 희생되어도 어쩔 수가 없다. 박근혜가 대통령에 출마했을 때 어떤 믿음이 있었다.

"가족도 없고 깨끗하게 열심히 이 나라를 잘 이끌 꺼다. 그런 충분한 깜이다. …… 아무래도 아버지가 우리나라를 경제적으로 부흥을 시키고 한 단계 끌어올리고 딸도 아마 하면은 뭔가 지금 우리 사는 거하고 더 좋게 발전시키지 않을까 하는 기대감도 있었고. 아무래도 그런 기대감이 있었죠."

대구경북의 지역주의는 선거를 통해 개인적 기억을 집단적 기억으로 공유하여 다른 지역과는 다른 독특한 정체성을 발전시켜왔다.[11] 영남의 보수층을 통합해서 특정 정당에 대한 지지를 확보하려는 전략을 펼쳤고, 이는 지역감정을 고착화시키는 데 막대한 영향력을 행사했다.[12]

"옛날부터 그렇게 자랐고"

여경숙은 예전부터 박정희도 좋아했고 박근혜도 좋아했다. 옛날부터 무조건적인 지지를 보내는 부모님을 보면서 자랐기 때문에 자신도 남편과 함께 보수당을 지지한다. 역대 대통령 중에서 가장 존경하는 인물은 박정희다. 자식 세대에도 이런 결단력 있는 분이 대통령이 되었으면 좋겠다.

기어츠가 제시하는 문화 개념은 여러 가지를 뜻하는 것이 아니다. 별난 모호성도 없다. 역사적으로 전승된 상징적 의미는 인간이 그것을 통해 생활에 관한 지식과 태도를 서로 전달하고 영속화하고 발전시키는 개념체계를 뜻한다.[13] 박정희에 대한 감정은 어렸을 때부터 문화적으로 체화되어 집단이 공유하는 기억 속에 자리 잡았다. 보수는 거부할 수 없는 이념으로 굳어진다. 다른 이유가 없다. 그렇게 자랐기 때문에 그래서 긍정적이다. 나쁜 것은 보지 않으려는 무던한 성격이 보수를 지지하는 데 한몫한다.

02
박정희 설계도

문화양식은 모델이며 일련의 상징들이다. 모델은 '~에 대한', '~를 위한'이라는 두 가지 의미가 있다. '실재에 대한 모델'과 '실재를 위한 모델'이 그것이다.[14] '성장'의 가치를 창출해줄 '사회에 대한 모델model of society'로 박정희가 독보적인 존재라는 사실은 의심의 여지가 없다고 믿는다. 대구경북 사람들의 마음은 이 부분에서 뚜렷이 나타난다. 보수당을 대표하는 박정희 향수는 집단적 정체성과 관련 있으며 정치적으로 조작되었다고 볼 수 있다.

세계 정치의 흐름에서 본다면 2000년대는 자본주의와 사회주의의 냉전체제가 허물어진 시기다. 한국사회는 이와 같은 흐름과는 뒤떨어진 진보와 보수의 논쟁을 내세우며 박정희에 대한 기억을 소환했다.[15] 대구경북 사람들은 박정희라는 상징적 인물을 내세워 보수당을 지지할 명분을 얻고 정치세력의 중심지로 옛 명성을 회복하기를 기대한다. 집합기억은 사회의 경험과 가치, 목표를 설명하며 그것을 현실화하기 위해 인지적, 감정적, 도덕적 지향을 제공한다는 점에서 '사회를 위한 모델model for society'을 제공한다. 과거를 잃어버린 민족은 미래가 없으며, 우리와 무관한 과거는 우리를 이끌어줄 수 없다. 사회적 실재가 반영된 집합기억 속에서 사람들은 미래 지향적으로 나아가는 '사회를 위한 모델'을 찾게 된다.[16]

여재선은 어려운 시절은 생각 안 하고 민주주의만 부르짖는 사람들이 못마땅하다. 밥을 먹어야 민주주의다. 노무현 대통령과 김대중 대통령이 민주주의에 이바지한 것은 박정희 대통령이 밑받침했기 때문이다.

"박근혜를 찍었지만, 여성이고 우리나라도 여성 대통령이 나올 때도 됐고. 저거 아부지 밑에서 퍼스트레이디 역할을 하면서 정치 수업도 그만큼 했으니 뭔가 좀 할 거라 생각했지."

영부인을 대신해 퍼스트레이디 임무를 수행해온 박근혜를 박정희와 버금가는 인물로 부상시킨다. 짝짓기는 사회 세계의 조직과 제도라는 문화적 상징을 통해 유통되는 공적인 담론으로 조직한다.[17] 박근혜를 둘러싼 보수당은 지지 세력을 구축하기 위해 집합기억 속에 있는 박정희 설계도를 사회에 대한 모델로 제시하며 핵심 카드로 활용한다. 한국의 가족주의 문화가 일차적 틀로 작동하여 그 딸이 박정희의 경제 설계도를 가져와 성장의 열망을 해결해주는 기제로 작동할 것이라고 선동한다. 사람들은 아버지를 닮은 박근혜가 경제를 부흥시키고 지역의 옛 권력을 탈환할 것이라는 기대를 가진다.

한국사회는 민주주의 역사가 매우 짧은 탓에 제대로 된 민주주의를 경험할 겨를이 없었다. 그러한 까닭에 사회에 대한 모델은 극히 제한되었다. 박정희 정권은 분배보다 성장을 우선시하는 정책을 시행했다. 농민이나 노동자에게 엄청난 희생을 요구하며 저임금·저곡가를 바탕으로 하는 수출 주도형 전략을 추구했다. 일각에서는 박정희 정권이 많은 일자리를 창출하고 찢어지는 가난을 해결했다고 말한다. 하지만 비인간적이고 비민주적인 방법을 택했다는 데서 많은 비판을 받는다. 우리는 그러한 과정에서 독재적 구조, 대립적 노사관계, 황제 재벌, 물질만능주의, 주입식 교육, 부정부패 등을 대표적 유산으로 물려받았다.[18]

벨라는 부정적 기억은 공동체로 하여금 과거의 악을 바꾸도록 요구하므로 필수라고 믿는다.[19] 대구경북 사람들의 마음은 성장주의와 유신헌법에 의해 희생된 피해자의 절규를 기억 속에서 지운다. 성장 서사를 우선으로 하기에 도덕적으로 흠집이 있어도 괜찮다. 대를 위해 소가 희생하는 법이다. 남연철은 말한다.

"설령 약간의 결점이 있을 수 있겠지만 자기가 몸을 사리고 자기가 리드 대통령으로서, 대통령이 아니면 해낼 수 없는 일을 욕을 얻어먹어도 감수하는 과업을 이루는 것. 박정희 같은 경우 욕을 얻어먹으면서도 경부고속도로 닦고 5개년 경제개발 하는 거는 그건 정말 자기희생을 해서 후대에 그~ 길이 해준 거라."

대구경북의 마음은 박정희를 비판하지 않는다. 민생고를 해결한 능력 있는 가부장의 이미지로 저장하고 부도덕한 기억들은 싹둑 잘라낸다. 성장이라는 필름만 편집하여 무조건적으로 수용하고 따른다. 국가 발전은 곧 자신의 풍요와 일치하는 것으로 인식되어 개인을 희생하더라도 반드시 수행해야 할 목표로 삼는다. 여기에 비판하는 세력은 종북, 빨갱이, 불순 세력일 뿐이다. 그들을 강력한 반공 이데올로기 기제를 활용해 비판한다.[20]

보수당의 이러한 접근법은 젊은 층에게는 터무니없이 묵은 이념으로 비칠지도 모른다. 그러나 박정희 향수를 간직한 세대는 자신을 희생하고 가부장 역할을 충실히 수행한 도덕적 덕성을 갖춘 의로운 사람으로 박정희를 기억한다. 이러한 정서를 통해 박정희라는 사회에 대한 모델을 박근혜와 짝 짓기하여 사회를 위한 모델로 재생시킨다. 박근혜 역시 멸사봉공의 정신으로 국가와 결혼하여 지고지순한 사랑을 나누는 열녀의 이미지로 내비친다.[21] 혹여 불미스러운 일이 생길까봐 피붙이들과의 교류마저 끊고 사적인 관계보다 공적인 일에 몰두하는 제2의 의인으로 부각시킨다. 가톨릭교의 신부님과 불교의 스님처럼 박정희 종교의 성녀로서의 이미지를 완벽하게 구축한다.

박근혜에 대한 숭배는 기억 언어의 힘이다. 역사적 선례를 끌어와 두 인물을 짝짓기하여 '성장 담론'이라는 일반화된 가치를 전파하는 명분으로 삼는다. 개인적 기억을 집단적 기억으로 끌어와 대구경북의 집단적 정체성을 공고하게 만든 것이다. 이런 점에서 지역주의는 정치적 현상이 아니라 "문화적 현상이다".[22] 대구경북은 파란 물결이 출렁이는 한반도에서 빨간 물결의 점이 찍힌 '문화적 섬'이라는 독특한 지형을 이룬다.

5장

무조건주의 언어

01

박정희 토템 숭배

대구경북의 무조건주의 언어는 박정희와 연결지어 찾아볼 수 있다. 그러므로 박정희 신화를 탐구하는 작업은 매우 의미가 깊다. 나는 뒤르케임주의 관점으로 접근하여 박정희를 탐구해보고자 한다. 뒤르케임은 사회적 공동체의 결속을 창출하고 유지하는 데 필요한 집합의식을 강조하고 집합의식의 구조와 재생산 과정을 탐구했다. 집단적 토템은 인간들의 의지와 무관하게 태어나면서부터 유전이 되어 전해진다. 이와 달리 개인적 토템은 주어지는 것이 아니라 의도적인 활동을 통해 획득되지만 강제적이지 않다.[1] 사회는 끊임없이 온갖 종류의 성스러운 사물을 만들어낸다. 우리는 특정한 인간에게 몰입하고, 그 사람이 좋은 사회를 이루어주기를 갈망한다. 그에게 신들에 대한 경배와 유사한 존엄성을 부여하고 신성화한다. 이로써 그는 성스러운 도덕적 존재로서 힘을 얻게 된다.[2]

한국사회는 해방과 전쟁을 경험하면서 빈곤 탈출이 절실한 과제였다. 박정희는 상징적인 토템의 지위를 확보하기 위해 국민의 입맛을 자극할 수 있는 경제 성장 담론을 내세우는 데 성공했다. 사람들의 가슴속에는 그가 한강의 기적을 일궈낸 거룩하고 희생적인 아버지로 회상된다.[3]

"(박정희는) 자기희생을 해서 후대에 그~ 길이 해준 거라. …… 다소 반대하는 게 있더라도 대업을 위해서."(남연철)

"여러 대통령이 쫙 있지마는 박 대통령이 그래도 내가 젊은 시절에 계속 집권했던 당이고, 박정희 정권에 대해서는 영향을 가장 많이 받았고 같이 컸다고 보면 되겠죠. 좋게 생각합니다."(남민수)

"(박정희는) 자기 사리사욕 안 챙기고 진짜 자기 거를 안 챙기고 국민을 위해서 봉사하고……"(여경숙)

"우리나라 이렇게 만들었는 사람이 박통이라고 생각한다. 밥 묵고 살도록. 그때 당시에 김대주이나 이런 사람 했으면 이래 몬했다. 그때 멀리 안 보고 앞만 보고 데모나 하고 고속도로 만드는 것도 데모나 하고, 오너가 누구냐에 따라서 바뀌잖아."(남두일)

"토템은 단순한 명칭에 불과한 것이 아니라, 그것은 상징이며 진정한 문장이다."⁴ 사람들을 실제로 움직이게 하려면 인지적 사고만으로는 한계가 있다. 도덕적이고 정서적 느낌을 공유할 수 있는 강력한 신념체계가 있어야 한다. 1789년에 발생한 프랑스혁명이 도덕적 개인주의를 강조한 자유, 평등, 이성을 추링가^{churinga 5}로 삼아 혁명 세력의 환호⁶를 받았다면, 박정희 정권은 "잘살아보세, 잘살아보세, 우리도 한번 잘살아보세"라는 '성장주의' 추링가를 들고 국민의 지지를 얻었다.

추링가는 개념과 느낌을 공유한 공동체적 기호로서 집단의 성스러운 감정과 의식을 내포한다.⁷ 다른 집단과의 관계나 집단표상을 나타내는 추링가는 높은 가치를 지닌 사물로 추앙받는다. 박정희 신화는 사람들을 종교적 신앙에 빠져들도록 이끈다. 사물을 성스럽게 만드는 까닭은 거기에 새겨진 토템의 이미지 때문이다. 그것은 토템적 존재 그 자체보다 더 성스러우며 더 강력한 힘을 지닌다.⁸ 한국사회에서 성장주의는 높은 가치를 지닌다. 만약 그러한 목적을 잃어버리면 집단과 개인에게 심각한 손실을 준다. 이러한 목적을 달성하기 위해 "사회는 때때로 개인들에게 엄청난 희생을 요구한다".⁹

칼뱅 예정설은 본인이 구원받았다는 자기 확신에 도달하려면 끊임없이 직업 노동을 하는 것이 가장 탁월한 수단이라고 강조한다. 구원에 대한 거센 욕망은 노동만이 은총의 세계에 도달하게 한다는 믿음을 증폭시킨다.¹⁰ 기독교인들이 세속적 금욕주의를 강요하는 프로테스탄트 윤리에 따라 자본주의를 실천하듯,¹¹ 우리 조상들은 근면과 절제와 자기희생을 바탕으로 하는 새마을운동 강령을 실천하며 자발적으로 고통의 신정론에 빠져든다. 삶의 고통에 맞서 투쟁하면서 온갖 어려움을 겪지만 결국에는 승리한다는 로망스 서사를 따른다.[12] 현재는 고통스러워도 미래를 위해 인내하며 오늘보다 내일의 희망을 말한다. 당장 보상을 못 받더라도 '그날이 오면' 자신의 헌신이 빛을 발할 것이라 기대한다. 찬란한 그날을 맞이하기 위해서는 무엇보다 주변과의 관계가 중요하다. 왜냐하면 대구경북에서 상호작용하는 사람들은 서로 사회관계가 촘촘하게 얽혀 있기 때문이다.

> 대구·경북은 대부분의 주민이 이곳에서 태어나고 성장한 사람들로 구성되어 있다. 그래서 대구·경북은 세 단계만 거치면 아는 사람이다. 이러한 인구 구성은 문화와 가치의 동질성을 갖고 있고 남을 배척한다. "우리가 남이가!"라는 폐쇄적 구조에 다양한 의견의 형성을 어렵게 한다. 그 위에 박정희 정권 이후 계속해서 이 지역 출신이 권력을 장악함으로써 대구·경북의 수구 꼴통화가 공고화되었다고 한다. 장기간 권력의 수혜자가 되면서 중앙 권력의 보수 이데올로기가 무비판적으로 수용되었다. (《매일신문》, 2010.10.30.)

김성해는 대구경북이 직면한 위기의 뿌리는 깊다고 언급한다.[13] 특정 정당에 대한 지지, 맹목적인 순종, 시대정신을 거부하는 보수적 기질, 체면을 중시하는 패거리 문화를 그 원인으로 지적한다. 그 예로 지역 언론의 유력 인사들이 주로 대구 경북 태생이고, 신문사의 경우 자체 출신 기자를 사장의 자리에 앉히는 경우가 대부분이라며 비판한다. 특정 고등학교를 접점으로 폐쇄적인 권력 집단이 일찍부터 자리를 잡아 혈연, 지연, 학연에 의한 집단적 보상 이념이 일차적 덕목으로 자리 잡는다. 이러한 까닭에 사람들은 이기적인 행동에 별 매력을 느끼지 못한다. 정치적 조직들은 모든 개별적 이해관계를 배제하고 공동체 숭배 사상을 통해 공동체 전체의 이해관계에 신경을 썼다.[14] 집합적 합리성은 개인적인 이기심보다 더 쉽게 성취될 수 있고, 이기적인 행동은 나중에라도 비난을 불러올 가능성[15]이 높기 때문에 공동체적 가치체계에는 집합적 합리성이 배태되어 있다.

정치적 집단은 개인으로 버려두면 약해지는 감정들을 강화시키기 위해 적극적으로 노력한다. 체제 변혁을 추동하기 위해서는 문화적 요소가 집합의식으로 부상한다.[16] "모든 정당들과 종교 집단들은 그들의 추종자들로 하여금 공동으로 신앙을 나타냄으로써 그러한 신앙을 활성화할 수 있는 정기적 모임인 집합의례를 행한다."[17] 사회 구성원들은 유신헌법을 정당화하는 노래, 새마을 어머니 합창 대회, 매일 5시에 거행되는 국기 하강식, 국민교육헌장 낭독, 웅변 대회, 새마을운동 모범 사례 발표, 충·효에 대한 글짓기 대회 등의 집합의례를 통해 집합흥분의 도가니에 빠져든다. 이러한 의례 과정에서 사회 구성원들은 공유된 가치나 관념에 의해 집합흥분을 경험하며, 사회가 부추기는 충동에 강제로 굴복하지 않고 본성이 부르는 대로 따라간다.[18] 집단최면 상태에 빠진 대중들이 자발적으로 참여하여[19] 집합의례를 통해 집합의식이 더욱더 공고화된다. 이것이 박정희 신화를 창조하는 원동력으로 작동한다. 사회는 개인의 의식을 통해 존재하며 그것이 우리 안에 스며들어 조직화되었다.[20] 박정희 토템에 대한 숭배는 자발적인 행위에 의한 것이다.

02
무조건적 수용

10명의 연구 참여자는 '성장 담론'과 관련해서는 박정희에 대한 평가가 거의 일치한다. 보릿고개를 없앤 경제적 영웅이며 자신의 안위를 생각하지 않은 희생적이고 헌신적인 불굴의 가부장으로 회상한다. 박정희 이념을 계승한 당이 줄곧 권력의 끈을 잡고 있었던 이유는 내면화된 문화적 요인에서 살펴볼 수 있다. 여경숙은 말한다.

"옛날부터 나는 보수당이니까. 박정희도 좋았고, 박근혜도 좋았고. …… 옛날부터 그렇게 자랐고 우리가 새누리당, 자유한국당이니까 그렇게 계속 주입시켜진 것도 있고 봤는 것도 그거였었고. 좋은 것만 보지. 나쁜 거는 안 보고. 무던한 성격 때문이기도 하고 의리 빼면 시체잖아(웃음)."

대구경북은 의리 있는 집단이다. 아버지를 배신하는 행

위는 할 수 없다. 이러한 마음의 습속은 '무조건적 자기수용'이라는 용어에서 찾아볼 수 있다. 무조건적 자기수용이란 '바르고 지적으로 유능한가?' 하는 것에 개의치 않는다. 타인이 자신을 인정하고 존중하는 것과는 상관없이 자신을 긍정적으로 수용한다.[21] 만약 부정적인 상황이 오더라도 무조건적 자기수용을 높인다면 자신의 가치는 덜 위협받는다. 비록 장점보다 단점이 더 많을지라도 자신을 있는 그대로 만족스럽게 받아들이기 때문이다. 강압적인 부모를 둔 아동은 무조건적인 자기수용을 통해 비판과 비난의 상황에서 우울함이나 불안과 같은 부정적 정서에 영향을 덜 끼친다고 본다.[22]

무조건적 자기수용 현상은 집단주의 문화에서 두드러진다. 개인주의를 지향하는 문화에서는 개인을 독립된 존재로 보기 때문에 타인이나 사회적 맥락, 피드백으로부터 자유롭다. 하지만 집단주의를 지향하는 문화에서는 사회적 맥락과 사회관계 속에서 자신을 규정하므로[23] 집단의 가치나 타인의 평가·인정에 더 많은 영향을 받는다. 그러므로 무조건적 자기수용이 높을수록 삶의 만족도는 높아지고 정서적으로 안정된 삶을 누릴 수 있다.[24] 이와 같은 이론은 공동체를 지향하는 사회에서 무조건적 자기수용 현상이 높다는 것을 보여준다.

나는 무조건적 자기수용을 문화사회학적 관점으로 설명하고자 한다. 무조건적인 자기수용은 일상의 삶을 지배하는 정서적·도덕적 에너지를 얻을 수 있는 성스러움이 있다. 사람들은 공동으로 준거하는 상징체계에 의해 사고하고 행위를 한다.[25] 유신체제 아래 독재정치는 무조건적이고 순종적인 인간형을 요구한다. 사람들은 그것이 행복을 찾아가는 지름길이라고 믿으며 따라간다. 박정희 시대에 진행된 근대화 정책은 순종적 인간형을 만들어 국가권력이 일상에까지 침투하여 효과를 발휘한다.[26] 사회의 반대 이론이 비판과 비난의 상황을 불러일으키는 것을 꺼린다.

그 시대 공동의 준거는 '성장주의'와 '반공주의'다. "민주주의의 성스러운 가치는 스스로 정의되는 것이 아니라 속된 가치와의 유사성과 차이에 의해 정의된다."[27] 속된 가치는 조상에게서 물려받은 뼈저린 '가난'이다. 이에 대비되는 성스러운 가치는 국가의 부국강병富国強兵을 가정으로 옮겨온 부가강족富家強族이다. 가족의 건강과 물질적 풍요로움이 모든 성스러움을 대변한다. 지역 출신이 선봉장이 되어 성장주의 깃발을 흔들며 앞장서서 나아갈 때 그 숭배자에게 지역의 표를 몰아주면 호혜성을 베풀어 큰 선물로 답례할 것이라 예견한다. 부모 세대는 민주주의 국가의 시민의 자리보다는 절대적인 충성과 복종을 겸비한 왕조시대의 성스러운 신하가 되는 걸 선택했다. 민주주의를 지향하던 이념이 무조건주의로 변질되어 다음 세대에게 유산으로 물려준다. 우리의 부모 세대는 일제강점기와 한국전쟁을 경험하며 누구보다 굴곡의 세월을 보냈다. 민주주의라는 가치이념을 경험해보지 못한 상태에서 국가 주도적인 정책에 휩쓸린 세대다. 경제 개발 5개년 계획과 새마을운동으로 지긋지긋한 가난에서 벗어나게 해주겠다는 추링가는 거부하지 못할 강력한 힘이었다.

　또 하나는 '반공주의'다. 어린 시절 울진 삼척지구에 나타난 공비들을 향해 "우리는 공산당이 싫어요"라고 외친 이승복 일가의 죽음은 내내 공포의 대상이었다. 꿈에서라도 공산당과 마주치고 싶지 않았다. 보수주의가 내세우는 반공주의 이념은 강제가 아니라 자발적으로 내면화되어 체화된 상징체계다. 부정적 영향을 최소화하기 위해서는 어떠한 상황이든 긍정적으로 받아들이고 인정하는 태도가 필요하다.[28] 개인은 자유민주주의를 상징하는 전지전능한 박정희 토템을 오염시키는 존재로 전락해서는 안 된다. 강한 반공주의 이데올로기와 연결하여 군사 통치를 시행하는 정권에게 묻고 따지고 항변하면 불순 세력으로 내몰린다. 집단으로부터 부정적인 평가를 받을 것에 대한 두려움에서 벗어나 타인이 인정하는 방향으로 사고를 전환해야 한다.[29]

　남연철은 어렸을 때부터 가치나 이념이 세뇌되었다고 말한다. 우리는 부모가 만들어주는 음식을 먹으면서 묻고 따지지 않는다. 육수는 무엇으로 냈을까? 나쁜 재료는 사용하지 않았을까? 무슨 영양분이 얼마나 들었을까? 이런 것을 일일이 캐묻지 않는다. 그러다 보면 어느덧 그 입맛에 길들여진다. 박정희 토템은 학교로부터, 부모님으로부터 교육과 생활습관을 통해서 익힌 아비투스다. '우리가 남이가'라는 연대 언어에 의해 상속된 재산 중 하나이며, 어렸을 적부터 몸에 체화된 습속이다.

균열의 조짐

박정희 토템의 발원지였던 대구경북에 균열이 일어나기 시작했다. 무조건주의의 붕괴 조짐이었다. 박근혜의 탄핵이 이 현상에 크게 기여했다. 나는 연구 참여자들의 서사를 중심으로 대구경북의 마음을 크게 4가지로 분류했다.

임 향한 일편단심

첫 번째는 여전히 박정희 신드롬을 안고 있는 일편단심 추종자 부류다. 좋은지 나쁜지, 옳은지 그른지, 묻고 따지는 합리적인 해석보다 감정적 가치를 더 중요시한다. 이들은 박정희 토템에 대한 공통된 신앙, 공통된 집합의례, 정서적·도덕적인 집합적 이상을 가지고 있다.[30] 나의 유년기를 지배했던 신앙은 박정희 토템이다. 초등학교 다닐 무렵에 육영수 여사 피살 사건을 접했다. 텔레비전이 귀한 시대라 마을 사람들은 부잣집 마당에 설치해놓은 화면을 보면서 국장을 지켜봤다. 육영수는 신사임당과 같은 덕목을 갖춘 현모양처이며 자애와 사랑, 희생과 봉사 정신을 갖춘 포근한 어머니상으로 추앙받던 인물이었다.[31] 그날 마을 사람들은 상주가 되어 오열했다. 고등학교 시절이었다. 등굣길 버스 안에서 박정희 서거 소식을 접했다. 여기저기에서 울먹이는 소리가 들려왔다. 학생들은 교문에 들어서자마자 참았던 울음을 토해냈다. 막연하게 숭배하던 토템이 사라졌다. 박정희 토템은 이념이나 이데올로기와 상관없이 내 옆에서 항시 존재하던 거대한 대상이었다.

"살아온 게 그렇게 살았는지 …… 우리나라 이렇게 만들었는 사람이 박통이라고 생각한다. 밥 묵고 살도록 …… 진짜 잘했다 아이가."

남두일은 박정희에 대한 감정을 "살아온 게 그렇게 살았는지"라고 표현한다. 종갓집 장손, 씨족 집단, 학연·지연의 공동체 구성원으로 생활하면서 개인의 감성을 가지기는 어렵다. 그 당시 강단에 선 교육자도 무조건적인 지지를 보내며 획일화된 지식을 학생들에게 주입시키는 것을 목표로 삼았다.[32] 학교나 가족 집단, 국가가 이끄는 정책에 의심하지 않고 순응하며 살았다. 사람들은 다른 세상과 상호작용해본 경험이 많지 않아 이상적인 목표와 가치관이 스며들 기회를 가지지 못했다. 앞선 세대가 추구하는 가치이념을 그대로 물려받으며 공동체의 집합의식이 당연시하는 모든 것을 받아들였다.

사람은 각자의 마음으로 세상을 바라보지만 종교는 모든 사람을 하나가 되게 하는 집합표상을 형성한다.[33] 부모 세대에서 시작되어 우리 세대에 전승된 무조건주의는 대구경북의 집합표상이다. 목적이 인지적으로 계산되는 것이라면 꿈은 정서적으로 상상된다. 미래는 목적이라는 합리적 선택만이 작용하는 것이 아니라 무의식적이고 비합리적인 충동과

욕망, 감정, 덧없고 근거 없는 환상들까지도 포함한다.[34]

현재의 고통을 참고 버티는 힘은 꿈꾸어왔던 또 다른 미래를 그릴 수 있는 희망에서 온다. 우리의 부모들은 국가의 주인이 왕이 아니라 바로 나 개인이고, 모든 권력은 국민으로부터 나온다는 민주주의 이념을 처음으로 경험한 세대다. 그들은 두드려보고 뒤집어보고 탐색하는 성찰적 여유를 가질 시간도 없이 국가가 이끄는 정책에 따라 삶의 목표를 설정했다. 비록 현실은 소똥냄새와 흙냄새, 땀냄새, 기름냄새가 뒤범벅된 몰골로 살아가지만, 자식 세대는 당신과 닮지 않은 삶을 물려주리라는 희망을 품었다. 삶에 찌든 자신의 모습은 과거 속에 묻어두고, 멋지고 환한 웃음을 짓는 미래의 자화상을 연출할 것이라 믿었다. 50~60대는 굴곡의 세월을 고스란히 유산으로 물려받았다. 산업화의 틈바구니 속에서 자녀들에게 가난을 물려주지 않기 위해 질주하는 삶을 살아야만 했다.

인간이 인지적이고 합리적인 선택만 해야 한다면 삶은 깊은 수렁 속으로 빠져든다. 꿈을 꾼다는 것은 무한한 상상력을 키워준다. 그 때문에 일상을 견딜 만한 힘을 얻는다. 이런 점에서 상상된 미래를 좀 더 생생하게 포착할 수 있는 개념은 목적이라기보다 꿈에 가깝다.[35] 유대교는 메시아라는 구세주를 통해 미래의 꿈을 제시하고 종교적 보상관념을 설정한다. 메시아가 다스리는 세상은 인류애와 영광이 가득하고 평화가 도래할 것이라고 믿는다. 엄청난 보상희망을 던져 현실의 고통 그 자체가 값진 것이라는 이미지를 갖게 만든다.[36]

옆도 뒤도 돌아보지 않고 앞만 보고 달려온 지난날이었다. 한국사회는 신자유주의적 양극화, 세월호 참사, 박근혜 탄핵, 촛불집회, 민주주의 후퇴라는 위기 상황을 맞으며 집합적 파상을 체험하고 있다.[37] "파상의 시대는 대안이 명확하게 드러나지 않은 상황에서 과거의 꿈들이 자신의 한계를 드러내며 문제화되는 시기다."[38] 지난 세월 동안 품었던 가치와 열망의 체계들이 사회의 가치이념과 부딪혀 눈앞에서 좌초하는 현장을 지켜보는 것은 끔찍하다.

상상력의 경계선은 무한정이다. 희망을 품을 수 있는 최고치를 꿈으로 설정해놓았다. 추상적인 이미지에 가까웠던 꿈[39]이 박근혜라는 트라우마의 실체에 근접하면서 상처와 흔적의 파편이 가슴을 찌를 것이라는 불길한 예감에 사로잡힌다. '그날이 오면'이라는 보상희망의 꿈이 물거품이 되어 사라진다면 처참한 일이다. 임을 향한 일편단심 추종자들은 가위눌림 상태에서 벗어나지 못한다. 깨어남과 꿈 사이의 회색지대인 몽상과 파상의 불안정한 상태에 짓눌린 채 그대로 머물고 싶어 한다.[40] 박정희 토템이 빛을 잃어버려 몽상의 세계의 그림들이 부서지고 흩어지는 현실과 마주치는 것이 너무나 두렵다.

대구경북은 한국 지배 권력의 지지 기반 역할을 상실하면서 권력과 발전으로부터 동시에 소외되는 것을 절감하고 있다.[41] 합리적인 해석에 근거하여 보수의 가치와 이념을 지지한 것이 아니라 무조건주의 이념에 따라 박정희-박근혜 토템을 추앙했다. 성스러운 존재로 여겼던 대상들이 부조리하고 도덕적이지 않은 속물이라는 사실이 견딜 수 없다. 자신들의 토템에게 해를 가하는 것을 금지하고 싶다.[42] 분명 이것은 또 다른 토템적 상징을 확보하려는 세력들의 누명이고 반격일 뿐이다. 지금까지 존재해왔던 신앙을 보존해야겠다는 다짐으로 몽환의 장에서 깨어나기를 거부한다.

선물을 받고 답례하지 않는 권력자들

두 번째는 자신들의 선택이 어리석었다고 판단하는 부류다. 개인적·집합적 상상 속에 미래를 위해 구성한 꿈이 환멸적으로 붕괴되고 위기에 빠지는 문제적 상황에 봉착한다. 몽상의 세계에서 파상의 세계로 가는 과정에서 이전에 가졌던 가치와 열망들이 와해되는 충격에 빠진다.[43] 대구경북 사람들에게 권력이란 뜬구름 같은 추상적인 개념이 아니라 물질적 이해관계를 실현할 수 있는 구체적인 힘이다.[44] 박정희 신화는 대구경북의 공통된 믿음체계이면서 도덕체계이기도 하다. 거대한 도덕적 힘에 의한 몽환에서 깨어나 현실을 직시하게 된다. 이제는 확실하게 끊고 맺어 지금까지와는 다른 노선으로 전환할 계획을 세운다.

성장주의 추링가는 유신헌법과 독재정치에 대한 모든 부조리를 합리화시켰다. "추링가는 집단의 성스러운 감정과 의식을 지칭"[45]하므로 박정희-박근혜 신화가 대를 이어 명성을 이어가는 지지대 역할을 하기에 손색이 없었다. 지역 출신 인물이 수십 년 동안 대통령이 되면서 그에 따른 보상이 주어질 것이라 예상했다. 그 믿음이 박정희 토템을 계승한 당에게 '묻지 마 몰표'를 던져주는 밑거름이 되었다. "우리의 도덕과 생활 자체의 상당 부분은 언제나 의무와 자발성이 혼합된 증여의 분위기 속에 머물러 있다."[46] '증여한다'는 것은 또 다른 권력을 얻는 것으로 이어진다.[47] 몽상에서 깨어나는 순간 포틀래치의 위반에 대한 상실감을 경험한다.

사모아섬에는 명예나 권력, 마나^{mana}(초자연적인 힘)의 힘을 가지면 답례를 하는 절대적인 의무가 있다. 선물받은 물건은 생명이 있다고 믿었으므로 답례를 이행하지 않으면 이러한 모든 것을 잃어버릴 수도 있다고 생각한다.[48] 우리가 살아가는 일상의 삶에서도 포틀래치 원칙이 크게 작동한다. 친구나 이웃에게 선물을 받으면 그만큼 되돌려줘야겠다는 의무감을 가진다. 어떤 사람이 나에게 준 선물은 단순히 물질적인 차원뿐만이 아니라 정신적인 요소도 포함되어 있다. 증여자에게 선물을 되갚고자 하는 것은 상호작용 관계에서 체면을 유지하기 위해서다. 선물을 갚지 않는 것은 "결연과 교제를 거부하는 것이기도 하다."[49]

남민수는 증여를 받지 못한 부분을 지적한다.

"밖에서 보는 입장에서는 한편으로는 좀 어리석다 좀 그런 생각도 하지 않겠나 싶은데. 그거는 뭐냐 하면 계속 뭐 우리가 정권도 대구경북에서 대통령도 마이 배출하고 정치적인 중심이 대구경북에서 마이 이루어졌는데 발전이라든가 이런 거는 아무래도 이쪽으로 좀 다른 지방보다 좀 뒤떨어진다고 생각하니까. 발전상 예전에는 뭐 박정희 대통령이 있을 적에는 구미 공업단지를 해가꼬 많이 했는데 그 이후로는 대구경북이 어떻게 먹고살고 그런 프로젝트라든가 이런 기 없었는데 이때까지 사실 정권을 계속 잡았지만, 그런 기 하나도 밑바탕 자체가 안 이루어졌으니까 남들이 우리를 보면은 권력을 잡았는데도 불구하고 먹고살 수 있는 인프라 구축을 몬 다져 놨으니까. …… 지금은 갱기도나 그런 위쪽으로 옮기가다 보니까 이쪽으로는 점점 더 소외감 느끼죠."

오늘날의 증여는 집단 대 집단, 추장이나 씨족 집단의 인격화된 대표를 통해 진행되는 태고의 증여와 다르다. 개인들 사이의 미세한 상호작용 속에서 친밀성 강화에 초점을 맞추고 있다.[50] 하지만 대구경북 사람들은 여전히 무조건적인 권력과 지위를 안겨준 지역에 대해 막대한 포틀래치가 주어질 것이라는 기대를 품는다. 그 예상은 빗나간다. 예전에 받았던 구미공단, 포항제철과 같은 증여를 지금은 전혀 받지 못했다. 게다가 그동안 추앙했던 박근혜 토템이 최순실이 조종하는 대통령 아바타에 불과했다는 사실까지 보태져 충격에 빠진다. 선물을 받지 못했다는 투덜거림으로 끝나지 않고 공동체를 둘러싼 정서적이고 감정적인 가치가 파편화된다. 이 지점에서 균열이 발생한다. "꿈은 단순히 미래시제에만 국한된 것이 아니다. 꿈은 현재는 '아무것도 아닌 것nothing'이면서 동시에

'모든 것everything' 또는 '무언가something'인 시간이 될 수 있으며"[51] 환상이기도 하고 희망을 제시하기도 한다. 우리가 체험하는 현재는 지난 시대의 꿈이 불완전하게 혹은 의도하지 않았던 방식으로 실현된 세상이다.[52]

남민수는 허탈감에 젖는다.

"지금 현재도 어리석다는 것은 다른 생각을 하지 않고 묻지 마 식으로 한 곳으로 우야든지 그랬으니까 그게 역효과를 내서 발전을 저해했고 대구경북에서 야당 지지표도 마이 나오고 갱쟁이 돼가지고 여당 국회의원도 신경을 쓰고 잘되도록 지방을 먹고살 수 있는 각종 혜택이라든가 뭐 예산도 배정을 할 건데 그 사람들 입장에서는 무조건 당만 잘 타고나면 무조건 자기는 다음 선거에도 승리할 수 있다 그런 생각을 머리에 갖고 있으니까 특별하게 지방을 지역을 위해서 서울에 뭐 올라가서 자기 지역을 위해서 많은 노력을 하고 연구를 하고 어떻게 하면 지역이 잘 먹고살 수 있느냐 그런 것을 생각해야 되는데 당을 위해서만 카다 보니까."

지금까지 대구경북의 유권자는 습속에 의해 '묻지 마' 투표를 했다. 남민수는 그것이 지역 발전을 둔감시켰다는 사실을 깨닫는다. 유권자는 공약과 정치 이념 등 자신의 이해관계를 만족시킬 만한 인물에게 투표한다.[53] 박정희 토템은 암암리에건 계획적이었건 구성원들의 동의를 얻어 탄생했다. 공동체에서 두 개의 토템은 존재할 수 없다.[54] 그래서 묻지도, 따지지도 않고 하나의 토템에게 몰표를 던진다. 합리적 선택과는 거리가 먼 공동체의 습속대로 무조건적인 지지를 보냈지만 답례는 감감무소식이다. 후보자들은 보수당의 추천만 받으면 선거에서 이길 수 있으니까 별 신경을 쓰지 않아도 된다고 인식한다. 오히려 역차별을 당했다고 느낀다.

20년 전의 망령이 또다시 되살아났다. 1995년 대구시가 조성하려던 위천국가산단이 상수원 오염을 우려한 부산권 주민들의 반발로 무산된 것과, 이번 영남권 신공항 건설 백지화가 판박이가 됐다. …… 대구시는 광역자치단체 가운데 전국에서 유일하게 국가산단이 없는 것과 관련, 대구 생존 차원에서 위천국가산단을 추진했다. …… 국가산업단지 인가권을 쥔 중앙정부는 부산권 눈치만 보고 갈팡질팡하며 시간만 끌다 결국 위천산단 지정을 무산시켜버렸다. …… 어디 그뿐인가. 노태우 정부 당시 1990년 초 대구로 온다는 계획이 다 잡혔던 삼성자동차도 김영삼 대통령이 당선된 뒤 느닷없이 부산으로 가고, 껍데기뿐인 삼성 상용차가 대구로 왔고 결국 2000년 도산했다며 "신공항까지 무산시켜버리니 정말 할 말을 잃었다"고 발끈했다. …… 더욱이 신공항 건설 백지화는 달성 유가 구지에 조성 중인 대구국가산업단지 성공에도 찬물을 확 끼얹고 말았다. …… 달성산단 근로자 B씨는 "이번 영남권 신공항 건설 백지화는 박근혜 국회의원을 청와대까지 보낸 달성군민들에 대한 배신의 정치이며 순진한 지역민들의 등을 친 사기"라고 성토했다. (《매일신문》, 2016.6.21.)

"위계·성·세대 등으로 나뉜 개인들과 씨족들 사이에 사물 및 사람을 포함해 우리가 영적인 물질이라고 부를 수 있는 것의 끊임없는 교환"[55]이 오간다. 선물을 받고 답례하지 않은 권력자들의 인격에 실망을 금치 못한다. 애초에 답례할 생각은 있었는가 하는 의심이 든다.[56] 예전에는 다른 지역보다 우선적으로 대구경북에게 포틀래치를 행했다. 공동체의 영적 정치 집단을 무조건적으로 신봉했지만 교환이 이루어지지 않는다. 이건 배신이다!

바타이유의 말을 빌리면 포틀래치는 상업과 마찬가지로 부의 순환 방식의 하나다.[57] 이익을 목적으로 하는 교환이나 약탈과는 분명 다르지만 결국 획득하기를 원한다. 권력과 명예를 안은 정치 집단들이 더 성대한 새로운 포틀래치로 갚아야 하는데 응답이 없다. 증여는 시장적 가치 외에 감정적 가치를 가지고 있다.[58] 증여 행위를 통해 교환된 물건은 단순한 사물이 아니다. 일상적으로 타성에 찌든 물건과는 차원이 다르다.[59]

권력자가 선물하는 포틀래치는 영예로움 그 자체다. 그 빛은 대구경북이 타 지역의 비난을 무릅쓰고 몰표를 던질 수 있는 뿌리를 제공했다. 이제는 과거의 몽상을 파괴하고 미래의 꿈이 태동하는 파상의 장소로 다시 태어나길 갈망한다. 가위눌림에서 깨어나 필사적으로 몽환의 장에서 벗어나려고 몸부림을 친다. 꿈에서 깨어나는 각성의 순간에 몽상 세계의 것들이 흩어져 폐허로 부서져 내리며 다른 세계가 열리는 충격

을 경험하는 파상력을 기대한다.[60]

오동나무에 걸린 마음

세 번째는 의리 때문에 차마 버리지 못하고 엉거주춤 서 있는 부류다. 어렸을 적 불렀던 동요처럼 오도 가도 못하고 오동나무에 걸려 있는 모양새다. 몽상에서 깨어나 파상으로 가야겠다고 느끼지만 마음 걸음이 좀처럼 움직이지 않는다.

"옛날에는 전라도 사람들을 안 좋게 봤는데 요즘은 대구경북 사람들을 좋게 안 보는 것 같아. 드라마 보면 옛날에는 전라도 사람들을 안 좋게 봤는데 전라도 놈 전라도 놈 캤는데. 옛날에는 전라도 말했는데 요즘 깡패 역할은 경상도 사람이다. 그라고 좋은 역할은 전라도 말 쓴다. 잉~~잉 캐사면서. …… 참 세상이 변했다는 걸 느껴. 드라마나 영화나 내가 밖에서 보는 걸 다른 데서 보는 걸 잘 모르지만. 덜 좋게 보는 것 같아."

여재선은 인터넷 매체나 텔레비전 드라마를 보면서 허탈감에 빠진다. 좋은 이미지로 그려졌던 대구경북이 불성실하고 나쁜 이미지를 풍기는 역할로 바뀌었다고 한숨짓는다. 세상이 많이 변한 것 같다. 예전에는 전라도 사람이 주로 깡패 역할을 맡았는데 지금은 좋은 역할만 맡는다. 1995년에 방영된 〈모래시계〉는 귀가 시계라고 불릴 만큼 시청자들의 사랑을 독차지했다. 김대중 대통령은 〈모래시계〉를 만든 감독과

PD를 용서할 수 없다며 날을 세웠다.

1995년 인기 드라마였던 〈모래시계〉에선 같은 전라도 출신임에도 비열한 인물들만 지역 사투리를 썼다. 이를 본 김대중전 대통령은 당시 "〈모래시계〉를 만든 감독·피디를 용서할수 없다"고 말했다고 한다(《새벽:김대중 평전》). 2010년 전남도는 한국방송작가협회에 "사투리는 지역의 넋이 밴 정서·문화이자 뼈와 살인데도 요즘 영화·드라마에서 전라도 사투리가비하 수단으로 악용되고 있다"며 공문까지 보냈다. 지금은 그렇지 않다고? 쉽게 확인할 수 있는 방법은 사투리 쓰는 이들의 극 중 역할을 보는 것이다. 결론부터 말하자면 사투리 쓰는 이들은 여전히 사회적으로 무시받는 직업을 갖거나, 무지해 보이는 인물로 그려진다. (《중앙일보》, 2018.6.27.)

당시 지역주의로 인해 전라도 폄하 논란이 극심했다. 깡패 등 나쁜 배역은 언제나 전라도 사람들이 맡았다. 드라마는 실재는 아니지만 실재처럼 인식되게 조작된다. "연극의 중요한 본질은 존재와 의식의 변환이다."[61] 여재선은 텔레비전 드라마를 보면서 상실감을 경험한다. 연극과 일상생활의 관계는 상대방 속으로 구부러져 들어가는 뫼비우스의 띠와 같다.[62] 셰크너는 야키족의 사슴 춤을 관람하면서 자신이 본 모습이사람이면서 사슴이라는 감정에 빠져든다.[63] 자기 자신도 아니고 자기 자신이 아닌 것도 아닌 정체성을 가졌다고 느낀다. 드라마가 작금의 현실을 보여주는 듯하다. 배역은 권력이고 능력이다. 이것은 대구경북의 추락을 의미하는 것인가. 깡패 역할을 맡은 드라마 속 경상도 사람의 모습은 영락없는 대구경북의 현실처럼 느껴지는 의식의 변환을 경험한다.

신문, 인터넷 등 대중매체에서도 연이어 대구경북을 향한 여론이 도를 넘는다. SNS에는 근거 없는 악플이 줄을 잇는다. 대구경북이 전국적 왕따를 당하면서 대통합의 리더십이 필요하다는 우려의 목소리가 나온다.

최근 대구 여중생 집단 성폭행 사건이 알려진 후 다수 네티즌이 관련 기사에 대구 시민을 일간베스트 회원과 벌레 단어를 합성한 '일베충'으로 지칭해 조롱하고 있다. 또 '대구 보수 놈들 뭘 해도 이런 식이라니깐' 등의 댓글이 달렸다. 특히 '국내 성폭행 3대 지역은 밀양, 부산, 대구. 성 노예의 고장은 경상도'라는 동일한 악플이 여러 차례 달렸다. 지난달 대구 수돗물 사태가 발생했을 때에는 '대구 수돗물 대구 시민이 마시고 죽어라', '자유한국당 뽑았으니 알아서 해라' 등의 비난이 쏟아졌다. 이뿐만이 아니다. 6·13 지방선거에서 대구·경북의 광역·기초단체장에 구미시를 뺀 나머지 지역에서 자유한국당 후보가 당선되자 이를 비난하는 댓글이 수도 없이 게재됐다. 심지어 청와대 국민청원 중에는 '대구·경북을 독립시켜주세요' 등의 어처구니없는 글도 있다. …… 상황이 이렇자 대구·경북민은 도를 넘은 비난을 도무지 납득하지 못하겠다는 반응이다. 특히 케케묵은 지역감정이 되살아날 우려도 나오고 있다. 직장인 김민희(31·여) 씨는 "요즘 지역 관련 기사 댓글을 보지 않는다. 이해할 수 없는 글이 너무나도 많기 때문이다"며 "인터넷 실명제 도입이 시급한 것 같다"고 말했다. …… 허창덕 영남대 사회학과 교수는 "온라인 공간은 사적 영역이 아니라 공적 영역이다. 공적 영역에서 민주시민으로서 성숙한 자질을 갖추지 않는다면 지금과 같은 이분법적인 흑백논리를 벗어나지 못한다"며 "그 결과는 우리나라 국민, 즉 자신에게 피해가 돌아온다"고 경고했다. 장우영 대구가톨릭대 정치외교학과 교수는 "특정 지역을 욕하고 고립시키는 행태가 가장 큰 문제다. 뉴스에 어떤 댓글이 달렸을지 짐작될 정도지만 막을 방법이 없다"며 "악플을 다는 네티즌에게 빌미를 제공하면 안 된다. 그래서 지역을 대표하는 국회의원 등을 잘 뽑아야 하고 지역민으로부터 선출된 대표들은 제 역할을 해야 한다"고 조언했다. (《대구일보》, 2018.7.5.)

대구경북이 엄청난 공격을 받고 있다. 이 문장을 다른 맥락으로 접근하면 보수가 전국적으로 뭇매를 맞고 있다. 2018년 지방선거 때 나타난 결과를 보고 이외수 씨는 대구경북을 '정치적 무인도'라고 표현했다. 인터넷에서 상상을 초월하는 악플러들의 댓글을 보면서 대구경북의 집합적 정체성을 어떤 모습으로 그리고 있는지 궁금했다. 그들은 대구경북을 한반도 영토 안에서 오랫동안 함께 살아온 집단으로 보지 않았다.

문화는 사회적 의미를 함유한 공적 상징체계를 가지고 있고, 어떤 사건이 일어났을 때 그 행위를 이해할 수 있게 해준다.[64] 혹시 그들은 한반도에서 '문화적 섬'의 지형을 이루고 있는 대구경북 지역을 다른 별에서 온 외계인으로 취급하는 것은 아닐까?

위 기사에서 한 대구 시민은 화가 나서 지역 관련 기사에 관한 인터넷 댓글을 보지 않는다고 말한다. 나 또한 자료 수집을 위해 정보를 찾다가 자존감이 심하게 상했다. 수돗물 발암물질 사건과 관련하여 "보수당을 지지한 죄로 먹고 죽어라"라는 댓글을 보고 발끈했다. 냉철한 시각으로 탐구하려 했지만 순간적으로 불쑥 감정이 개입되었다. 대구경북 지역을 보는 불순한 시각과 속된 집단으로 낙인찍힌 게 너무나 불명예스럽게 느껴졌다.

성·속은 시대에 따라 변화하며 불결에 대한 분류는 상징체계를 나타낸다. 상징체계는 그 속에서 살아가는 인간이 만든다. 우리는 시간이 지나고 경험이 쌓일수록 분류법에 더 많은 힘을 기울이게 된다. 어느 때고 새로운 경험에 대응하려면 이미 형성된 체계를 수정해야만 한다. 그러나 경험이 과거의 것과 일치할수록 우리들이 가정한 체계를 더욱 확신할 수 있다. 이미 설정된 가설들을 혼란시키지 않도록 우리는 이를 무시하거나 왜곡한다. 대체로 우리가 주목하는 것들은 지각 행동 바로 그 안에 미리 선택된 모습을 부여하는 것이다. 그리하여 보수적 편향을 세우게 된다.[65]

보수의 가치는 높고 귀하다. 보수성이 옛것에 대한 향수로 단순히 지킴을 의미하는 것은 아니다. 외부의 위협에 대해 자신의 정체성을 지켜내기 위한 노력, 스스로에 대한 믿음을 바탕으로 하는 지조와 주체성을 가지고 있음을 의미한다.[66] 대구경북 사람들은 '압축적 근대화'를 이룩한 정권의 중심지라는 자부심이 강하다. 전국적인 비판 대상이 되는 이러한 현상은 대구경북의 명예를 훼손시키고 자존심에 먹칠을 당한다.

이회창은 회고록에서 "정말로 책임지고 반성해야 할 사람은 보수주의 가치에 배반한 행동을 한 정치인들이지 보수주의가 아니다. …… 보수는 끊임없이 스스로 혁신해야 한다. 보수의 이념과 정체성을 지키면서 미래를 향해 끊임없이 자기 개혁의 길을 가는 것이 진정한 보수의 모습"(《중앙일보》, 2017.8.21.)이라고 강조한다. 자유한국당 3선 김세연 국회의원은 2020년 총선에 불출마 선언을 하면서 '자유한국당은 해체해야 한다'는 주장을 펼쳤다. 자유한국당을 향해 "좀비 같은 존재"라고 평가해 당을 충격에 빠뜨렸다(《노컷뉴스》, 2019.11.19.). 또한 자유한국당의 황교안 대표는 '자유한국당 청년정책비전'을 발표한 뒤, 청년들과의 간담회장에서 한 청중에게 어디 가서 보수라고 말하는 것 자체가 수치심이 든다는 비판의 목소리를 들어야만 했다(《동아일보》, 2019.11.19.). 이러한 사실은 보수가 지금 지독한 몸살을 앓고 있다는 것을 보여준다. 지지자들은 '역사의 민폐', '생명력을 잃은 좀비 같은 존재', '비호감 역대급 1위', '수치심'을 동반하는 증상을 치료

하려면 완전한 백지 상태에서 새로 시작해야 한다며 애달파한다.

뒤르케임은 사회의 본질이 옳게 이해되려면 일련의 공통가치, 집단적 양심에 공통된 책임인 뭔가 다른 것이 필요하다고 했다.[67] 중세시대에 종교적 죄악은 중대한 오염에 속했다.[68] 하지만 지금은 시민이 종교적 원칙을 위배했다고 해서 속된 존재로 내몰리지 않는다. 조선시대 현모양처는 여성이 추구해야 할 최고의 덕목이었다. 귀를 막고, 입을 닫고, 눈을 감고 3년을 지내야 한다는 그 시대의 가치이념을 지금 강요한다면 돌팔매를 맞을 수 있다. 그때는 성스러운 가치이념이었지만 지금은 속된 가치이념이다. 이렇듯 성과 속은 시대적 흐름에 따라 변화한다. 보수당을 텃밭으로 두고 있는 대구경북도 이러한 가치이념에 위반되어 성스러운 집단에서 속된 집단으로 전락한 것은 아닐까? 현대의 오염 관념은 모든 사회의 상징체계와 연결된다. 문화적 현상으로부터 오염 신앙이 존재하게 된다.[69] 공적 상징체계를 새롭게 추구해야지만 상호 주관적인 세계를 구축할 수 있다. 보수의 이념과 가치에 맞는 성스러운 이야기를 한다면 오동나무에 걸려 오도 가도 못하는 사람들의 발길을 잡을 수 있지 않을까?

편 나뉘는 집안 풍속도

네 번째는 세대 분열이 일어나고 있다는 점이다. 이는 대구경북의 신풍속도이다. 친밀성이 깊은 가족 집단에서 이러한 분쟁은 수시로 일어난다. TK 정권은 박정희-전두환-노태우-이명박-박근혜로 이어져 내려오면서 각종 기득권을 누렸다. 하지만 더 중요하게 봐야 할 것은 그들에 의해 이념적으로 동원된 대구경북 시도민이 보수 이념의 포로가 되었다는 사실이다. 2004년 홍덕률은 지역주의를 노골적으로 선동하는 것을 막기 위해서는 언론과 지역 대학의 혁신이 필요하다는 글을 발표했다.[70] 이처럼 지역 대학의 혁신을 주장하는 이유는 이미 포로가 되어버린 기성세대보다 미래 주자가 될 젊은 층에게 희망을 건다는 의미일 것이다.

2012년 이소영은 세대 균열에 관심을 집중했다.[71] 2002년 대선을 기점으로 지역 균열의 변화에 주목을 해왔고, 특히 세대 균열이 이 변화를 주도한 것인가 하는 논쟁을 펼쳤다. 2017년 대통령 박근혜는 탄핵되었다. 이를 계기로 대구경북의 세대 분열 현상은 극단적으로 나타났다.

"우리는(남편, 딸, 사위) 모이면 편 갈린다. 투표할 때도 갈린다. 이번에도 저거 아부지하고 딸하고 박정희 대통령 이야기하다가 싸우고 난리 났다. 박정희 대통령이 몇 번 개혁을 했잖아. 새마을운동을 하고 이래가 잘살게 됐다 카고. 딸은 그게 아이라 카고, 말할라 카면 막 무시하고 그카다 보니까 언성이 높아져뿌더라고. 딸은 왜 그런지 얘기도 몬했지. '아빠 저도 얘기 좀 해요' 카니까 어른 말하는 데 끼든다고 소리 지르고 억누르고. 질질 울고 짜고 난리가 나고. 지난번 대통령 선거 할 때도 난리 나고……"

　이러한 대화는 여경숙의 집안에서만 볼 수 있는 풍경이
아니다. 집집마다 발생하는 대구경북의 일면이다. 그나마 여
경숙의 남편은 자식들 앞에서 자신의 의견을 큰 목소리로 표
현하는 편이다. 아예 자식들 눈치를 보는 기성세대들도 많다.

　"요즘 아~들은 카면 펄쩍 뛰는데. …… 진짜 펄쩍 뛴다.
나는 그렇다. 박정희 대통령 같은 분은 없다고 본다. 박정희
대통령은 뭐 좀 같은 정치인으로서는 그런 일이 있다마는, 인
권 유린도 있다마는, 어차피 대를 위해서 소를 희생한다. ……
애들은 아이다 이거지. 즉 말하자면, 애들은 학교에서 세뇌 교
육을 받았다고 해야 되나? 학교 가면은 우리는 잘한다고 세뇌
교육을 받았는 거고 저거는 맨~날 좋은 점을 얘기 안 하고, 학
교 선생들도 잘못된 거를 애들한테 자꾸 심어주니까 애들은
박정희를 나쁜 사람으로 알지. 최고 문제가 박정희가 인권 유
린을 했다고 말하는데 하여튼 선생들도 아~들 가리킬 때 박
정희 대통령 장단점을 같이 말해야 되는데 판단은 저거가 하
는 건데 불공평하게 맨날 몬했는 것만 얘기하잖아."

　여미순은 학교 교육이 문제라고 지적한다. 박정희를 나
쁜 사람으로 아이들에게 세뇌시킨다. 급변하는 세계는 가부
장의 위엄을 쪼그라들게 만든다. 시대가 변함에 따라 부모에
게서 전수받은 삶의 양식은 무용지물이 된다. 자식들이 보기
에 부모는 현실을 직시하지 못하고 늦은 걸음으로 따라오는
뒤처진 문화인에 불과하다. 정치 이야기가 나오면 부모를 훈

계하려 들거나 답답하다는 말을 해서 기분이 상한다. 아예 주제를 회피하는 것이 상책이다.

　나는 이들의 서사에서 한강의 소설《채식주의자》에 나오는 주인공 영혜의 얼굴이 떠올랐다. 고기는 거부감이 들어서 먹지 못하겠고 채소가 좋아서 먹었을 뿐인데 사람들은 언젠가부터 자신을 채식주의자로 부르며 비정상인으로 바라보는 시선을 느낀다.[72] 단지 좋아하는 대상이 다를 뿐이었다. 좌파는 왠지 빨갱이 같아서 싫었다. 반공을 외치고 경제 발전을 추구하며 국부의 역할을 잘 수행한 박정희를 존경했고, 그 딸인 박근혜가 좋아서 지지했는데 타인의 시선은 어느새 자신을 보수 꼴통으로 바라보고 있었다. 가장 친밀하고 신뢰하는 자식들도 그 대상을 좋아하면 안 된다고 우긴다. 전국적인 여론도 정신병자로 취급할 정도로 따갑다.

　'TK 개○○', '대구는 답 없다', '제정신이냐' …… 19대 대선에서 절반 가까운 대구경북 표가 홍준표 후보에게 몰렸다는 결과가 발표되면서 인터넷과 SNS상에서 지역 전체를 싸잡아 비하하는 분위기가 퍼져 우려를 낳고 있다. …… 인터넷과 SNS에는 '대구경북은 박근혜에게 그렇게 당하고도 아직 정신을 못 차렸느냐' '나라를 팔아먹어도 뽑아줄 기세' '홍준표가 장애인에게 연습시켜 표를 찍게 했다는데 대구경북은 장애인인가 보다' 등의 막말이 오가고 있다. …… 한 SNS 이용자는 "나는 홍 후보에게 표를 던지지 않았다. 평소에도 진보

정권 지지자이다. 보수의 텃밭이라는 대구에서 진보로 살아 간다는 것이 얼마나 힘든지 아느냐. 촛불집회에서도 어르신 들에게 아무 이유 없이 폭행을 당하기도 한다. 욕하기보다는 조금이라도 변화하고 있는 모습을 봐줬으면 한다"고 호소했 다. (《매일신문》, 2017.5.11.)

위 기사 내용에서와 같이 대구경북의 한 젊은 층은 문화 적 정서로 인해 진보로 살아가는 것이 힘겹다고 토로한다. 성 향이 다르다는 이유로 어른들에게 폭행을 당한 적도 있다. 나 라를 팔아먹어도 뽑아줄 기세를 가졌다며 '사고의 장애인'으 로 치부한다. 생활세계에서 주제화되는 담론은 새로운 상황 정의에 관해 협의가 이루어질 때마다 다를 수 있으며,[73] 보편 적인 담론은 끊임없이 변화되어야 한다.[74] 보수의 중심지로 살 아온 대구경북을 타 지역에서 'TK 개○○', '대구는 답 없다', '제정신이냐' 할 정도로 몰상식한 집단으로 치부하며 마음의 습속을 향해 겨누는 화살이 빗발친다. 무엇을 어떻게 해야 하 는가? 예전부터 무조건 좋아했던 사람이라 사모하는 마음을 접기가 쉽지 않다.

3부

**대구경북
사람들의
삶의 지향**

1장

가치: 가족의 행복

나는 대구경북 사람들의 가치를 알기 위해 다음과 같은 질문을 했다.

어떤 삶을 살아왔는가?
좋은 삶이란 무엇인가?
삶의 위기를 느낀 적이 있는가?
삶의 가치는 무엇인가?
삶의 의미는 무엇인가?

가치는 사회를 사회답게 만들고 현실과 다른 꿈을 품을 수 있게 하는 미래 지향적인 요소다. 성과 속의 이항 대립으로 구성된 가장 차원이 높은 코드이며 성취 불가능한 이상이다.

기독교의 근본 가치는 예수를 통해 구원을 받는다는 신념이다. 예수의 재림은 현실적으로 불가능한 이상이므로 종교 행위를 지속할 만한 가치가 있다.[1] 우리는 일상의 삶에서 가치론적 질문을 던지지 않고, 물질적·이념적 이해관계에 따라 행위를 한다. 하지만 문제적 상황에 처하면 가치지향이 선로의 방향을 결정짓는 차단기 역할을 한다. 근대 이전에는 초월적이고 형이상학적인 영역에서부터 자연적으로 주어진 가치에 따랐다. 근대 이후에는 내면으로부터 신뢰하는 가치에 의해 주관적 가치를 창출해야 한다. 설령 외부에서 가치가 주어진다 하더라도 맹목적으로 좇지 말고 스스로 성찰한 후 받아들여야 한다.[2]

나는 연구 참여자들의 이야기를 통해 〈표 8〉과 같은 이항 코드를 얻었다.

대구경북 사람들의 가치는 '가족의 행복'이다. 크게 세 가지 범주로 구분한다. 첫 번째, 가치를 실현하기 위해 '생산적' 코드를 사용한다. 독실한 가톨릭교 신자인 여미순은 종교 언어보다 유교 언어를 훨씬 더 우위에 둔다. 여재선도 마찬가지다. 누구나 종족 보존을 위해 이 세상에 태어났고, 각 개인은 종족 보존을 위해 자식을 낳아야 한다는 '생산적' 코드를 사용한다. 자녀들에 대한 기대는 연구 참여자들 대부분이 '평범함'을 말한다. 우여곡절 많은 사연을 지닌 자신들을 닮지 않아야 한다. 결혼하고 애를 낳아 키우면서 평범하게 자신이 닦아놓은 기반을 보존하면서 살기를 바란다. 이런 점에서 '평범함'을

<표 8> 가치 차원의 이항 코드

성	속
가족 공동체를 먼저 고려하는	자신을 먼저 고려하는
자유로운	구속하는
생산적, 보존적	비생산적, 소모적

추구하는 그 마음을 '보존적' 코드로 분류했다. '생산적·보존적' 코드는 성스럽고, '비생산적·소모적' 코드는 속되다.

두 번째, '자유로운' 삶에 대한 가치를 말한다. 분석하면서 가장 혼란스러웠던 인물은 남현무다. 그는 연구 참여자 중에서 유일하게 감각과 감성을 일깨우는 재미난 삶을 추구한다. 1980년대 당시 어머니는 500만 원을 주고 아들의 공무원 자리를 마련해주었다. 그는 어머니의 피땀이 젖은 돈이라는 것을 알지만 그 자리를 박차고 나왔다. 결혼 후, 처가의 도움으로 차린 잘나가는 가게마저 가족들의 반대를 무릅쓰고 그만두었다. 그 이유는 삶이 재미가 없어서였다. 대개가 집단주의적 언어를 사용하는 데 비해 유독 개인주의적 언어를 지향했다. 그런데 좋은 나라를 위한 효율적인 수단 목적으로 대화보다 힘의 논리가 우위에 있음을 강조하고 조직 문화에 복종해야 한다는 문화화용론을 펼쳤다.

연구 참여자들은 삶의 의미에 대해서나 자녀의 미래에 관한 질문을 하면 재미있는 삶, 자유로운 삶을 말한다. 그들은 제도가 요구하는 대로 순종하면서 앞만 보고 달려오는 동안 재미난 삶, 자유로운 삶을 살지 못했다. 이 코드는 실상은 앞으로의 희망이 담긴 가치이념이며 자녀들의 삶에 기대하는 '미래 지향적' 코드라고 할 수 있다. 사회제도에 구속되지 않은 '주체적이고 자유로운' 코드는 성스럽고, '구속하고 억압하는' 코드는 속되다.

세 번째, 연구 참여자들의 가치지향이 가장 두드러지는 코드는 가족 공동체다. 이 코드는 이들의 문화구조에 내면화되어 있다. 좋은 삶을 위해서는 자신보다 공동체를 먼저 고려하는 것이 마땅하다. 목숨보다 더 중요한 것은 가족 공동체의 불멸성을 추구하는 것이다. 여미순, 여재선은 죽을지라도 기필코 아들(자식)을 낳고야 말겠다는 강한 의지를 보인다. 가족을 위해서라면 개인의 희망을 포기하는 것을 당연하게 여긴다. '가족 공동체를 먼저 고려하는' 코드는 성스럽고 이에 반대되는 '자신을 먼저 고려하는' 코드는 속되다.

다음은 일상의 삶에서 가치 차원의 이항 코드가 어떻게 작동하는지 서사를 통해 상세하게 보여주고자 한다.

01
"삶의 목적을 이루었지"

여미순은 결혼 후 제왕절개를 해서 딸 둘을 낳았다. 시어머니는 술만 마시면 아들 타령만 했다. 그 당시 제왕절개는 두 번까지는 괜찮지만 세 번이면 산모가 죽을 수도 있다는 말이 나돌았다. 심지어 성별 검사를 해서 딸이면 유산을 시켰다. 그 후유증으로 늘 몸은 아팠고, 성당을 다니는 터라 마음은 늘 죄스러웠다.

"아들 낳고는 천하가 다 내 꺼였다. 세상에 아무것도 부러운 것 없었고 모든 천하가 나를 위해서 있는 것 같더라. …… 결혼해가 최고 잘했는 기 최~고 잘했는 기 아들 낳은 기라."

종족 보존을 해야 한다는 유교 언어가 종교 언어보다 우위에서 작동한다. 목숨을 바쳐서라도 아들을 낳고야 말겠다고 갈망한다. 자신보다 더 중요한 가치는 가족 공동체의 불멸성을 먼저 고려하는 것이다. 어렸을 적, 씨받이를 통해서라도 아들을 얻기 위해 절규했던 어머니의 처절함이 그대로 새겨져 있다. 삶에서 위기를 느낀 적이 있는지 물었다. 여미순은 결혼하자마자 남편과 성격이 맞지 않아 이혼을 생각했다고 말한다.

"성격이 너무 안 맞아. …… 그래도 일 있으면 부모들 신경 쓰게 한다고 참고 살았지. …… 엄마 체면만 안 보면은 이혼할 수도 있었지. …… 엄마는 내 마음고생한 거 모른다."

가족주의 언어를 사용해서 위기를 넘어선다. 삶의 가치가 뭐냐고 묻자 '돈의 언어'로 대답한다.

"삶의 가치라는 게 뭐 별거 있나?(웃음) 니나 내나 다 살아야 되니까 사는 거지. 특별한 솔직히 뭐 우리 목적은 일을 해가꼬 열심히 많이 벌어가꼬 노후에는 좀 편안하게 살자 이기 목표였는데. 가게 할 때 목표는 딱 5억만 모으면 모든 걸 그만

하자 그랬거든. 그 당시에 5억이 엄청 컸지. 빵 한 개 100원씩
할 때였으니까."

5억은 노후가 보장되고 가족의 행복을 추구할 수 있는 밑
거름이다. 삶의 목적을 이루었냐고 물었다.

"나는 이루어졌다고 보지. 아~들 정신 똑바로 배기가 있
고, 신랑이 이 정도 되면 바깥에 댕기미 여자나 만나고, 남자
들은 돈 있으면 생각이 또 딴 데 빠질 수가 있잖아."

아이들과 남편 이야기를 하면서 목적을 이루었다고 말한
다. 그의 가치는 가족의 행복이다.

02
종교 언어와 현실 언어의 괴리

여은정에게 삶에서 위기의 순간이 있었는지 물었다. 그
는 자신의 미래보다 장녀의 책임감을 더 우선적으로 생각했
다. 진학의 갈림길에서 동생들을 생각해 실업계 고등학교를
선택했던 그때를 가장 위기의 순간으로 기억했다.

"엄마 아부지 능력이 없고 동생이 가끔 반면 장학금도 받
고 했지만 등록금이 없어서 내가 결혼하고도 동생 등록금을
대줬어. …… 어렵더라도 (내가) 대학을 졸업했으면 교사가
되었든지 그랬으면 …… 친정에도 더 도움이 될 수 있었을
건데."

집안 사정을 고려해서 진로를 다른 길로 틀었지만, 여전

히 자신의 도움이 미흡했다고 여긴다.

삶의 가치를 물었다. 예수님이 살다간 흔적을 열심히 배우려고 한다며 '종교 언어'로 대답한다. 자녀들은 어떻게 살기를 원하는지 묻자 가족과 함께 여가를 즐길 수 있는 직업을 가지고 재미있게 살았으면 좋겠다고 한다.

좋은 삶이란 무엇인가를 물었다. 내가 가진 것을 통해 공헌하고 봉사하고 좋은 영향을 받으면서 기쁨을 누리며 살아가는 것이 좋은 삶이다. 그렇지만 사회생활하고는 거리가 있다. 자신의 위치를 남편을 내조하는 아내의 역할로 변경한다.

"남편이 뭘 하고 싶다고 할 때 하지 마라 뭐 이렇게 한다기보다 그것을 통해서 뭘 얻기를 하면 존중해주는 거지. 우선 가정이 제일 중요하고. 그다음에 이웃이지. 가정에서 화목하면……"

그는 종교 언어와 현실 언어 사이의 괴리감을 느낀다. 좋은 삶은 베풀면서 사는 것이라고 하면서도, 막상 자녀에 대한 질문에서는 가족들과 소소한 행복을 누리며 살기를 원한다. 좋은 삶을 위해 남편을 존중하는 게 우선이다. 그는 줄곧 '가족 공동체를 먼저 고려하는' 코드를 사용한다. 좋은 삶을 위해 하느님 말씀을 실천하는 사람은 그가 아니라 남편이다. 자신은 가족 공동체와 교회 공동체 밖으로 발걸음을 내딛지 않는다. 역할을 가정주부로 경계지음으로써 가족과 유사 가족 안에서 자아를 형성한다.

03

"저거 둘이 잘살면 난 그게 행복일 것 같아"

여정란은 어렸을 적, 가정이 편하지 않았다. 고부 갈등으로 어머니가 많이 괴로워하는 걸 보면서 자랐다. 아버지는 여자관계가 복잡했다.

사색적이고 비관적인 여동생은 자살 소동을 벌여 집안을 발칵 뒤집어놓았다. 삶의 의미가 무엇인지 묻자 부모가 되고 나서 자녀 키우는 일에 온 신경을 다 쏟았다고 말한다. 늘 아이들을 위해 간절하게 기도했다. 불행한 가정을 이루면 안 된다. 아이들은 결혼해서 평범하게 살았으면 좋겠다.

"앞으로 살면서 엄마 아버지한테 잘할라고 카지 말고 제일 우선이 너거 가족 위주로 살고 그렇게 살았으면 좋겠다고. 아들도 마찬가지고. 장가가서 살면 부모님한테 우째야 되니 이런 고민 말고 저거 위주로 살았으면 좋겠어. 생활비니 뭐니 어버이날이니 이런 거 생각 안 했으면 좋겠어. 저거 둘이 잘살면 난 그게 행복일 것 같아."

그는 자신의 삶보다 '가족 공동체를 먼저 고려하는' 코드를 사용한다. 장녀의 책임감, 시어머니와의 갈등, 친정 부모님 부양으로 무척이나 힘겨운 현실이다. 자신은 책임을 다하지만 자녀들은 자신과 닮으면 안 된다. 가족주의 망에 걸려 허덕대지 말고 자유로운 삶을 살기를 바란다.

04
"우리 애가 정상적으로 사는 데
내가 밑거름이 됐으니까"

여재선은 젊은 시절에 갑상선이 좋지 않아 심하게 앓았다. 결혼 후, 아기를 낳고 싶었다. 의사는 임신을 하게 되면 산모도 아기도 안전을 장담할 수 없다고 경고했다. 위험을 무릅쓰고 임신을 했다. 기형아가 태어나는 악몽을 꿨다.

"그때는 교회를 열심히 다녔으니까 기도하면서 낳아보자 카면서 용기를 얻어가 낳거든. 아를 안 낳았으면 벌써 가정은 깨졌겠지. 아 때문에 지금까지 사는 거니까. …… 아만 데리고 나왔지. (남편은) 바람을 피워가 내삐리고 왔지. 그런데 1년 6개월 있다가 직장 그만두고 따라 나왔더라고. 처음에 아는 8개월이었지."

가정을 유지한 이유는 자녀 때문이다. 그렇지 않으면 가정은 벌써 깨졌다. 경제력이 없는 남편을 대신해 자녀 교육에서부터 결혼까지 모두 책임졌다. 삶의 가치가 뭔지를 물었다. 질문이 어렵다고 하면서 불쑥 인덕이 없다는 말을 꺼낸다.

"첫째는 나는 인덕이 없는 사람이라고 생각해. 우리 아부지가 나를 고등학교까지 보낸 것도 있지만 아부지 때문에 병이 났잖아. 스트레스 때문에. 그리고 남편을 몬(좋은 남편이 아님) 만났잖아. 그라고 내가 6남매 맏이라고 했잖아. 어떤 문제가 있으면 무거운 짐은 항상 내 꺼야. …… 남편도 그 모양이지. 아무리 주변을 둘러봐도 인덕이 없어. 딸도 봐라. 지 새끼 낳가 내한테 턱 갖다 맽기고."

삼종지도를 일컬으며 인덕이 없는 자신의 삶을 한탄한다. 살면서 위기가 있었는지 묻자 여러 번 있었다고 한다. 죽을 고비도 많이 넘겼다. 자신은 세상에서 가장 무거운 짐을 지고 있는 불행한 사람이다.

"남들은 재혼해가 잘 먹고 잘사는데 이런 생각도 든 적도 있었지만. 결국 우리 애가 정상적으로 사는 데 내가 밑거름이 됐으니까. …… 보통 여자 같으면 내 가정이 깨졌지. 내가 지키고 있으므로 해서 내 딸내미가 정상적인 생활을 할 수 있고, 내가 해줄 수 있으니까 행복이라고 마음을 바꿨지. 내가 할 수 있는 건 해줄 수 있어서 좋고. 내가 말라꼬 이런 가정을 지켰겠노."

그의 대답은 극과 극을 오간다. 가장 불행한 사람으로 자신을 묘사하다가 어느새 자신보다 '가족 공동체를 먼저 배려하는' 코드를 사용하면서 행복을 말한다. 가족을 위해 뭔가 베풀 수 있는 것에 가치를 두고, 그것이 자신의 존재를 의미 있게 만든다. 지구에 왜 태어났는지 묻자 종족 보존을 위해서라고 답한다. 그는 '보존적' 코드를 사용하여 이 세상에 태어난 이유가 후손을 생산하기 위한 것이라고 답한다.

"엄마 아빠 이혼했다는 꼬리표를 다는 것도 싫었고"

여경숙에게 삶의 위기가 있었냐고 물었다. 가치론적 질문은 대개 위기 상황에 처했을 때 나온다.[3] 그는 가장의 책임을 다하지 않고 가족들을 고생시키는 아버지를 증오하며 살부의 감정을 느꼈을 때가 위기였다고 기억한다. 그런 아버지를 떠나기 위해 결혼했지만 아버지와 비슷한 남자를 만난다.

삶의 가치가 무엇인지 묻자 '돈의 언어'를 사용한다.

"나는 사글세부터 시작해서 빨리 돈을 모아가 빨리 벗어나야지 싶었고 남의집살이 안 해야지 싶었고. 오래 걸렸지. (내 집 마련이) 10년 넘게 걸렸으니까. 돈 때문에 많이 싸웠지. ...... 그 성질에 처가살이 못할 낀데 지는 우얄 낀데 돈 없는데 마이 늦게 집에 오고 그랬다."

좋은 삶이 무엇이냐는 질문에도 '돈의 언어'로 대답한다. 남한테 손 벌리지 않고, 대출 같은 것이 없으면 행복할 것 같다. 어렸을 적부터 집에 한이 맺혔다. 스무 번이나 이사를 하면서 결혼하기 전에 부모님 집을 사드리자고 언니와 약속했다. 결혼 후에도 집을 마련하기 위해 동분서주했다. 이혼을 할까도 생각했지만, 애한테 몹쓸 짓인 것 같아 그만두었다. 부모가 이혼했다는 꼬리표를 달아주는 것이 싫었다. 자신의 삶보다 '가족 공동체를 먼저 고려하는' 코드를 사용한다.

"(남편과) 심하게 마이 싸우고 했는데 헤어질라꼬도 생각 해보고 근데 애한테 몹쓸 짓이잖아. 결혼하기 전에 엄마 아빠 이혼했다는 꼬리표를 다는 것도 싫었고 참았지 뭐. 버티고 참 고. …… 엄청 좀 성격이 꼬시매(곱슬머리)에 옥니(안으로 옥게 난 이)에 막내, 보통 어른들이 싫어하는 거잖아. 성질 더럽다 카 잖아."

아이에게 매일 싸우는 모습만 보였다며 울먹인다. 삶의 의미가 뭐냐고 묻자 사는 동안 열심히 일을 했다며 직업인으 로서의 만족감을 말한다.

직업은 돈을 벌어 삶을 영위할 수 있게 해준다. 그는 경제 적인 성공과 안정에 삶의 의미를 둔다. 남편은 경제적으로 무 능하고 폭력적이다. 그런 남편을 대신해 돈은 딸을 보호해주 는 원동력으로 작동한다. 직업은 가족의 행복을 추구할 수 있 도록 해주는 것이기에 자신의 삶에 만족감을 나타낸다.

06
"노후라든지 자식의 미래도 미흡하고"

남연철에게 좋은 삶이란 항상 기쁘게 생각하고 주어진 일에 최선을 다하는 것이다. 삶의 가치가 뭐냐고 묻자 바로 '봉사'라고 답한다. 누군가가 자신의 봉사에 대해 고맙게 생각 하고 알아주면 보람을 느낀다. 삶의 의미가 뭔지 묻자 '가슴이 답답해진다'고 한다. 특별한 게 없어서 자신이 죽고 나면 남은 사람들이 이름을 기억해줄 일이 없을 것 같다.

그는 생존의 가치를 추구하는 필연성에만 매달리지 않는다. 죽어서 자신을 기억해주는 불멸의 삶을 원한다. 후손에게 기억되기를 바라는 '보존적' 코드를 사용한다. 만약에 삶의 보고서를 쓴다면 어떤 내용을 담을 것인지 물었다.

"이 정도 살면 잘살았제 캐야 되는데 자랑할 게 없어."

잘사는 게 어떤 건지 물었다. 삶의 가치를 봉사라고 했지만 잘사는 게 어떤 거냐는 질문에는 가족주의 언어로 답한다.

"(웃음) 잘 모르겠는데 경제적으로도 그렇고. 좀 더 지금 우리 나이 되면 여유를 가지고 좀 여유가 있어야 되는데. 노후라든가 이런 게 안정이 돼야 되는데 노후에 대한 불안감도 있고. 자식에 대한 불안감도 있고. …… 자식의 미래에 미흡했다. 교육에 대한 불안감도 있고. 그래서 내가 좀 몬 살았구나 하는 생각을 많이 하지."

자식에 대한 불안감, 노후에 대한 불안감이 있기 때문에 잘살지 못한 것 같다. 경제적, 교육적으로 제대로 된 미래를 설계하지 못한 책임감을 느낀다. 가족 공동체를 위해 마땅한 역할을 하지 못해 미안해한다. 봉사는 삶에서 미루어둔 과제 중의 하나가 아닐까? 생존의 영역에서 벗어나 타인에 대한 인정의 욕구를 실현하는 수단으로 작동하는지도 모른다. 삶의 의미를 묻는 말에 가슴이 답답한 이유가 결국 가족 때문이었다. 아이들이 어떤 삶을 살면 좋을지 물었다. '보존적' 코드로 평범함을 말한다.

"뭐~ 특별하게 나쁘게 나쁜 길로만 안 가고 글쎄 뭐~ 배려하면서 남을 위해서 봉사하면서 배려하면서 이렇게 평범하게 살아갈 수 있도록 했으면 좋겠어요. 나쁜 길로만 안 가면 지가 원하는 저 그 길로 갈 수 있도록⋯⋯"

07

"충실하지 않으면 남보다 떨어질 것 같고"

남민수는 자신의 삶이 남들과 다르다는 생각이 든다. 지나온 과정이 힘들었고, 열심히 살았다는 이야기를 반복한다. 삶에 대한 보고서를 쓴다면 무엇을 중점적으로 담을 것인지 물었다.

"참 어려븐 질문인데요. 보고서를 쓴다 카면은 나는 지구에 가서 주어진 환경에 잘 적응을 하면서 잘살았구나. 적응하면서 적응하는 과정이 힘들었지만 잘 적응해서 잘살았구나 그렇게 평가하겠죠."

보고서 내용이 긍정적이라고 하자 그렇다면서 웃는다. 삶의 의미가 뭐냐고 묻자 죽음의 세계가 궁금하다고 한다.

"나는 죽음의 세계가 궁금해요. 환생할 수 있는가? 죽으면 끝인가? 다른 것으로 태어나는가? 상상도 해봤는데 그건 알 수가 없지. 그런 거 생각하면 재미있게 살아야 되겠다, 반성을 많이 하게 되고 어떻게 살아야 될지 많이 생각하게 되는 계기가 되죠."

삶의 의미에 대한 질문을 하자 자신감이 극도로 떨어진다. 앞만 보고 달려왔다. 재미있는 삶을 보내지 못한 것에 대해 반성하고, 어떻게 살아야 할지도 고민이다. 삶의 가치가 뭐냐고 물었다. '보존적' 코드를 사용한다.

"충실하지 않으면 남보다 떨어질 것 같고, 사업도 마찬가지고 어떤 분야에 들어갔을 때 열심히 하다 보면 끝은 좋게 나타나니까. 결과가 좋으니까. 열심히 하다 보면 성공하고. …… 가족들이 있으니까 더 열심히 할 수 있는 거고. 거기에 가치를 둡니다."

전형적인 성실주의 스타일이다. 왜 그렇게 열심히 사느냐고 물었다. 별 망설임 없이 "가족들이 있으니까" 하는 대답을 한다. 그는 어린 시절 어머니가 여러 번 바뀌는 비정상적인 가족을 경험했다. 선생님이 가정방문을 오면 부끄러워 숨기고 싶었던 가족이었다. 과거로 돌아가고 싶지 않다. 지금이 행복하다. 자신의 노력으로 잘 지켜낸 가족이 있기 때문이다. 자녀들은 어떤 삶을 살면 좋을지 물었다.

"부모 입장에서는 자식들이 갤혼해가 살아감에 있어서 남 뒤떨어지지 않게 행복하게 사는 그기 최고 바램인데 …… 자기 취미 생활하면서 뭐 이렇게 여유롭게 여행도 하고. 뭐 이런 그냥 팽범하게 행복하게 살기를 바라는 거죠. 특별하게 그래 하는 거보다 그냥 아무 무탈하게 그렇게 뭐 재미있게 사는 게 무엇보다 바라는 거지."

자녀들은 재미없는 삶을 살았던 자신과 다르게 평범하게

살았으면 싶다. 그는 평범한 코드를 사용하여 좋은 삶을 정의한다.

08

"난 항상 그 동네는 안 좋은 걸로 기억합니다"

남현무에게 살면서 어떤 것에 가장 가치를 두는지 물었다. '선호의 언어'로 대답한다.

"삶의 가치라 캐야 되나? 그거는 모르겠는데 지금까지 했는지 모르겠는데 앞으로 사는 날까지는 즐겁게 살다 가고 싶다 그런 생각입니다. 큰 기대는 안 합니다. 재미있게 살다 가고 싶죠. 저는 재미있게 살고 싶은 마음뿐인데. 욕심이 없다고 볼 수 있는데 그런데 사람이 태어나가지고 자기 인생을 살아가는 데 부모가 관여해서는 안 되고 우리 애들한테도 너거 인생은 너거가 살아야 되고 아빠는 재미있게 사는 게 제일 좋더라 캅니더. 다른 거는 모르겠고……"

삶의 가치에 대해 대답을 하다가 자녀들의 이야기로 화제를 옮겨간다. 재미나게 사는 것이 좋다. 자신의 어린 시절은 불우했다. 미군들이 있는 우범 지역에서 자라면서 일반 사람들이 상상하기 힘든 나쁜 짓을 했다. 양공주였던 친구 누나 사건에 얽혀 패싸움을 하다가 감옥에 갈 뻔했다. 그때 삶의 위기를 겪는다. 아찔한 순간이었다. 결혼 후 그는 처가 도움으로 재래시장에서 장사하다가 잘나가는 가게를 접는다.

"웃기는 게 그때는 장사 엄청 잘되는데 때리치우고 나왔심더. 처음에 한 해 동안 돈 잘 벌리더라고. 돈도 마이 벌었어요. 내가 그래 안 캅디까? 한자리에서 평생 썩을 생각을 하이고마! 마~ 3년 동안 엄청 참고 했는데……"

주위 사람들의 만류에도 과감하게 재미없는 삶을 끝내고, 자유로운 건축 기능공 직업을 다시 택한다. 그는 자녀들 양육에서 자유방임적 태도를 취한다. 그런데 한 가지 터부가 있다.

"사람에게 살아가는 과정에서 내가 아무리 반듯하게 자라는 성향을 가지고 있어도 주변 환경이 그러면 어울리게 되고, 친구도 다 그런 친구 있으면 어울리고. 우리 애들 키울 때는 (미군부대) 근처도 안 갑디더. 난 항상 그 동네는 안 좋은 걸로 기억합니다."

어렸을 적 그 집은 어머니의 눈물로 감옥을 가게 될 위기를 모면한 공간이다. 자칫 잘못하면 범죄자라는 사회적 낙인이 찍힐 뻔했다. 그곳은 재미있는 삶을 살 수 없다. 상상하기 힘들 정도로 나쁜 짓을 많이 한 오염된 공간이라 아이들을 키우면서 접근 금지 구역으로 설정해놓았다. 그런 환경에서 살게 하고 싶지 않았다. 삶의 가치는 아이들이 재미난 삶을 살 수 있는 여건을 마련해주는 것이다.

09

"지방대 나오다 보니까 이게 문제야"

남두일에게 삶의 가치와 의미가 뭐냐고 물었다.

"말할 게 없다……(침묵) 어렵다. 뭐라 그럴까? 나는 가족 관계 제일 후회스러운 거 그런 거 있다. 앞으로는 내가 우애 될란가 모르겠지마는. 지금도 마음은 내 주위, 내 가정 무탈하게 웃고 즐기고. 죽을 때 뭘 잘했느냐 몬했느냐 카는 거는 지금까지 살아온 거 봐서는 내가 몬한 게 너무 많아. 지금까지는 제일 중요하고 나에게 가치 있는 건 가족이지, 가족."

가장으로서 가족에게 미안한 마음이 든다. 직업에 관한 물음을 던지자 가족 내에서 자신의 역할이 미미함을 말한다.

"나는 솔직히 승부욕도 있고 지금 직업이 좋은데 성취욕도 있고, 작품을 만들어내는 것도 좋은데 아~들 성장 과정에서 째맨할 때 뒤돌아보면 고정적인 월급 받아가지고 아~들하고 놀러도 다니고 이랬으면 하는 바램 후회. 그게 조금 잘 먹고 잘살았으면 괜찮은데 이 업이 굴곡이 있잖아. 굴곡이 있으니까 순탄하게 즐길 거 즐기고 돈 버는 게 제일 좋겠지."

잘 먹고 잘살 수 있게끔 가족의 행복을 추구하지만, 그 역할을 제대로 하지 못했다고 후회한다. 좋은 남편, 좋은 아내는 어떤 사람이냐고 묻자 자신을 빵점짜리 가장으로 점수를 매긴다. 그 이유를 '돈의 언어'로 설명한다.

"우리 집사람이 하는 말이 꾸준하이 갖다주면 제일 좋은

데 칸다. 살림 계획을 잘 몬 잡아. …… 내가 10년 전에 돈을 마이 벌이가 그래가 …… 그때 당시에 저축은행 돈하고 우리 돈하고 207억을 넣는데 풀리겠나? 안 풀리겠나? 계속 그카고 있었는데 안 풀리가지고 저축은행이 망하고 우리도 부도 아닌 부도가 돼뿟어."

가정의 경제를 현 상태로 보존하지 못하는 코드를 사용하며 자책한다. 삶의 위기가 있었냐고 묻자 평범하게 살았기 때문에 큰 위기는 모르고 자랐다고 한다. 그는 사업이 잘 풀리지 않는 것을 위기로 생각하지 않는다. 이런 그에게 가부장으로서 위기가 찾아온다. 아이들의 장래 문제가 뜻대로 되지 않는다.

"지방대 나오다 보니까 이게 문제야. 아빠 대학교 포기해야 되겠다 이런 말이 나오는 기라. 지방대 나오다 보니까 서울로 몬 가. 연봉 이천 몇 백만 원밖에 안 되고."

그는 종손으로서 문중 어른들의 사랑을 독차지하며 자랐다. 막상 가장이 되고 보니 불안정한 수입으로 가족들에게 미안한 마음이 크다. 아이들은 지방대라는 걸림돌에 걸려 허우적거린다. 그래도 마땅히 아버지로서 일러줄 말이 없다. 삶의 가치는 가족이 건강하게 잘 먹고 잘사는 것이다.

2장
규범: 성찰적 자신감

규범은 어떤 역할을 맡은 행위자가 특정 상황에 대해 주관적으로 해석하고, 상황을 판단할 수 있게 해주는 기준이며 옳음과 그름의 이항 코드로 이루어진다.[1] 또한 "규범은 '무대 전면frontstage'에서 이루어지는 배우와 배우, 배우와 관객 사이의 호혜적 교환"이다.[2] 대구경북 사람들은 좋은 삶을 어떠한 방식으로 추구하는가? 이 질문으로 자아를 실현하는 방식을 알 수 있다. 연구 참여자들의 서사 분석을 통해 나타난 좋은 삶을 안내하는 규범은 '성찰적 자신감'이다.

나는 처음에는 '성찰적 세대 유전'을 규범으로 설정했다. 그들은 줄곧 자녀들과 자신의 관계에서 '닮지 않는 삶', '관여하지 않는 삶'을 언급했다. 어찌 보면 부모와 자녀는 가장 친밀성이 깊은 관계다. 당연히 관심이 많고 적극적으로 개입하고 싶은 것이 인지상정이다. 그런데 한 걸음 물러서는 '겸손한' 코드를 사용한다. 아이들에 대한 높은 기대치도 없다. 보통의 부모처럼 판·검사나 의사가 되었으면 좋겠다는 희망이 있을 법한데 모두가 '평범함'을 외친다.

연구 참여자들은 자신들의 진로에서 삶을 이끌어줄 조언자가 없었다면서 아쉬움을 표했다. 그랬던 것과 달리 아이들의 미래에 간섭하지 않는다고 말한다. 그 이유를 어떻게 설명할 것인가? 문화자본은 지식, 교양, 기능, 취미, 감성 등을 들수 있는데, 이것을 화폐나 재산처럼 사회적 경쟁에서 도구로 사용할 수 있다고 보는 개념이다.[3] "체화된 문화자본은 사실상 계급 재생산의 핵심 고리다."[4] 이들은 급변하는 세계화의 흐름에 맞춰 자식들에게 유용한 행위 전략이 무엇인지 잘 파악하지 못한다. 세대 유전은 계급의 문제와 무관할 수 없다.[5] 무엇보다 아이들에게 조언해줄 문화자본이 부족하고 그 한계로 인해 적극적으로 개입하려고 하지 않는다.[6] 자신이 어머니의 삶을 닮아가는 것을 보고 소스라치게 놀라고, 자녀가 자신의 삶을 닮아가는 모습은 더욱더 견딜 수 없다. 자녀들은 자신과 다른 탄탄하고 예쁜 꽃길을 가야 한다.

나는 언어의 내면에 담긴 뜻을 곰곰이 분석했다. "이제 죽어도 여한이 없다. 이제부터의 삶은 덤이다", "대한민국 국민으로서, 가족의 일원으로서 후한 평가를 내릴 것이다", "엄마 같은 엄마가 될 수 있을까?", "지금 생각하면", "지금이 행복해", "삶의 목적을 이루었지"라는 언어가 함축하는 의미는

옳음	그름
가족 집단 경계를 유지하는	가족 집단 경계를 해체하는
겸손한, 소통적, 장기적 안목의	오만한, 독선적, 근시안적인
자율적인, 진솔한, 성실한	꼭두각시의, 기만적, 불성실한

'성찰적 자신감'이다. 열심히 산 덕분에 가족의 경계를 깨뜨리지 않고 유지할 수 있었다. 힘든 삶이었지만 본인들은 다 이겨 냈다는 "성찰적 자신감의 에토스가 지배"한다.[7]

〈표 9〉는 연구 참여자들의 서사를 통해 분석한 규범 차원의 이항 코드다. 크게 세 가지로 분류한다.

첫 번째 코드는 대부분의 연구 참여자에게서 나타나는 코드다. 자녀들의 삶에 관여하지 않겠다는 자율적인 언어를 사용한다. 이 코드는 다양한 시각의 해석이 필요하다. 위에서 언급한 것처럼 부모들이 스스로 문화자본의 결핍을 인정하며 자녀들에게 자율적인 삶을 권하는 언어다. 또 다른 관점에서 바라보면 그냥 알아서 하라고 내버려두는 방임적이라는 해석이 가능한 코드다. '자율적인', '사람이 좋은', '의리 있는', '진실한', '배려하는', '성실한' 코드는 옳은 규범이다. 나는 이러한 코드를 '자율적인', '진솔한', '성실한' 코드로 분류했다. 이에 반하는 대항 코드는 '꼭두각시의', '기만적', '불성실한' 코드이며 그른 규범이다.

두 번째 코드 역시 대부분의 연구 참여자가 활용하는 코드다. '희생하는', '인내하는', '순종하는', '절약하는', '포용하는', '헌신하는', '장기적 안목의', '소통하는' 코드는 옳은 규범이다. '장기적 안목' 코드는 여재선, 남연철, 남민수, 남현무가 사용하는 코드다. 나는 연구 참여자의 서사를 분석하여 '겸손한', '소통적', '장기적 안목의' 코드로 분류했다. 이에 맞서는 이항 코드는 '이기적인', '오만한', '독단적', '편협한', '근시안적인' 코드로 그른 규범이다. 이 코드를 '오만한', '독선적', '편협한', '근시안적인' 코드로 분류했다.

세 번째 코드는 '가족 집단 경계를 유지하는' 규범을 활용한다. 가족 집단 경계를 유지하는 것은 옳은 규범이며, '가족 집단 경계를 해체하는' 것은 그르다는 규범을 활용한다. 이 코드는 모든 여성 연구 참여자들의 서사에서 두드러진다. 자신이 속한 문화구조에 순종함으로써 가족 간의 불화를 조장하지 않아야 한다. 가족 집단의 경계를 유지하기 위해서는 '겸손하고', '소통하고', '장기적 안목의', '자율적'이고 '진솔한' 규범을 적용한다. 이에 대항하는 코드는 '오만'하고 '독선적'이고, '편협'하고, '근시안적인' 코드이며 가족 집단 경계를 해치는 규범이다.

다음은 연구 참여자들의 이야기를 통해 일상의 삶에서 어떻게 구체적으로 작동하는지 보여주고자 한다.

01

"딸이 이혼하면 엄마가 얼마나 속상하겠노?"

여미순은 어린 시절의 자신을 바보 같은 '순종적 자아'로 묘사한다. 그는 4녀 중 셋째로 태어나 위에서 치이고 밑에서 치였다. 중학교에 다니면서 교복 한 번, 가방 한 번, 체육복 한 번 새것을 사본 적이 없었다. 모두 언니 것을 물려받았다. 그렇게 사는 것이 당연한 줄 알았다. 어머니가 돈이 없다고 걱정해서 수학여행도 접었다. 중학교 3년 동안 언니 교복을 다려주고, 머리를 매일 땋아주었다. 언니는 고등학교를 진학하면서 따로 자취생활을 했다.

"부엌에 불 때는 거 소깝(땔감) 있잖아. 집에서 하루 종일 걸려가 엄마는 (손수레) 끌고 나는 뒤에 밀고, 그거 오르막 있잖아. 지는 공부한다고 자취하는 데 가만 들어앉아 있고. 개코로 무슨 공부한다고. 지 무슨 공부한다고. 지는 부끄러워서 몬 하고, 부끄러워서 리어카 밀고 몬하고, 나는 하는 기라. 내 안 가면 엄마 혼자 힘드니까. 집에서 그까지 째맨한 게 밀면 그 얼마나 밀겠노."

이기적인 언니 때문에 어쩔 수 없이 그가 희생했다고 분노한다. 중학교 졸업 후, 공장에 다니다가 삶이 시들해져 결혼을 선택했다. 남편과 성격이 너무 달랐다. 싸우면 여자만 손해다. 가게를 운영하는 남편은 화가 나면 일을 하지 않고 밖으로 나가버렸다. 어머니 체면 때문에 이혼할 수도 없었다.

"딸이 이혼하면 엄마가 얼마나 속상하겠노? 엄마 신경 쓰고, 나는 아직까지 엄마한테 얘기 한 번 안 했어. 엄마가 내 마음고생한 거 모른다. 한 번도 안 했다."

어머니를 신경 쓰지 않게 하려면 가정을 유지해야 했다. 객관적인 기준이 없으면 옳고 그름의 느낌들이 도덕적 안내자가 된다.[8] 그는 가족 공동체의 '경계를 유지하는', '배려하는', '순종하는', '인내하는', '희생하는' 코드를 사용하여 삶을 헤쳐나갔다. 아이들이 어떤 삶을 살면 좋을지 묻자 먼저 자신의 삶을 말한다.

"그래도 옛날에 졸업하자마자 삼촌 집에 살아가 일하는 게 좋은 일은 아니잖아. 힘드는 일도 아니지만 …… 그래도 편안하게 공무원으로 공부를 열심히 해서 요새 아~들 하기 좋은 말로 공무원으로 살아봤으면 좋겠어. 내 직업 있고, 공직에 있는 애들 있잖아. 나도 공부했으면 저렇게 살 수 있을 건데 하는 부러움이 있어."

공장 일을 하면서 돈맛을 너무 일찍 알아버린 탓에 고등학교에 가지 않은 그때가 삶에서 최고로 후회되는 순간이다. 아이들이 아무래도 자신을 닮은 것 같다. 아이들이 원하면 무엇이든지 다 해줄 자신감이 있다. 그런데 제각기 일자리를 찾아 떠나버렸다. 아이들은 열심히 일만 좇고 살아온 자신과 다른 삶을 살기를 바란다. 그런데 평생 일만 했기 때문에 다른 모습을 보여준 적이 없다. 그나마 모든 어려움을 이겨내고 삶의 목적을 이루어서 행복하다. 성찰적 자신감을 보인다.

맏며느리의 도리

여은정은 한국적 문화구조에 번번이 주저앉았다. 학창 시절에 동생들을 위해 대학을 포기한 적도 있었다. 결혼 후에는 맞벌이를 하면서 힘이 들었다.

"지금 같으면 몬하겠지. 그때는 젊어서 했겠지. 임신해가지고 낳을 때까지 했기 때문에 고달픈 삶을 살았다고 봐야지. 편안한 삶을 살았다고는 할 수 없지. …… 지금 생각해보면 어떻게 살았나 싶다."

육아의 힘든 과정도 이겨냈다. 직장생활에서는 성취감이 극도에 다다랐다. 집단 토론에서 일등을 하면서 인정받았다. 그때 구조조정의 물결이 밀려왔다. 굳건히 버티겠다고 다짐했다. 공교롭게도 시어머니가 위중해 당장 간호할 사람이 필요했다. 시집 식구들의 압력에 회사를 그만두었다. 선택의 귀로에서 반기를 들지 않고 며느리의 임무를 다하기로 마음먹었다. 가족 간의 불화를 조장하지 않아야 한다는 규범이 작동했다. '가족 공동체의 경계를 유지하는' 코드를 사용한다.

"시누들은 맏며느리가 당연하게 해야 된다는 분위기였고. 우리 애들도 어렸는데 자식 된 도리로 모른 체할 수가 없으니까."

그는 서사 중에 "지금 생각하면"이라는 표현을 많이 사용했다. 힘든 삶이었지만 모든 것을 이겨낸 성찰적 자신감을 나타내는 다른 방식이다.

어떤 모임에 주로 참여하고 있느냐고 물었다. 교회 모임, 아이들 유치원 모임, 옛 직장 모임, 고등학교 모임이 있다. 모임에서 오늘 인터뷰한 이런 주제로 다른 사람들과 토론해본 적이 있느냐고 물었다.

"이런 걸 대화하려면 서로 얘기가 돼야 되는데 너무 독단적으로 생각하고 조금만 다르게 생각해도 저거 빨갱이야 그러고. 흑백논리로 말을 하고 이런 대화가 안 되지. 우리나라는 좀 그래. 주부를 디스하는 것이 아니라(웃음). 뭐 넓혀가지고 사회나 이런 데 책임 …… 이런 거 생각을 안 했는데 이런 대화를 할 만한 사람도 없고, 기회도 없고, 자칫 잘못하면 정치 얘기를 하면 반응이 강하게 나오고, 대화를 할 줄 모르고 의견 충돌이 일어나고 싸움이 일어나는 경우가 많더라고."

상호작용하는 타자가 누구냐에 따라 언어가 달라진다. 그의 주변에는 가족주의 문화에 젖은 타자들이 수두룩하다. 시민단체, 정치, 민주주의 등 이러한 주제를 논할 만한 상대가 없다. 자칫 잘못했다가는 빨갱이로 몰리게 된다. 별 탈 없이 잘 지내는 사람들과 이런 문제로 갈등을 일으키고 싶지 않다. 좋은 게 좋은 거라고 따라가면 된다. 그는 자신의 삶을 희생적, 순종적으로 서사한다. 타자들과의 상호작용에서 '독선적' 코드를 사용하여 편협하고, 독단적 대화로 흐르는 것을 원하지 않는다.

"엄마 같은 엄마가 될 수 있을까?"

여정란의 아버지는 직물공장 관리직에 근무할 때 여공들이 줄줄 따를 정도로 인기가 좋았다. 복잡한 여자관계로 어머니는 몇 번이나 도망가려고 마음먹다가도 5남매를 두고 차마 떠나지 못했다. 어머니는 권총이 있다면 뒤에서 쏴 죽이고 싶을 정도로 아버지를 증오했다. 아버지를 보면서 인과응보를 생각한다.

"육십 넘어서는 아부지가 춤바람이 나가지고. 아부지가 인생을 그렇게 사셨으니까 말년에 인과응보라는 생각이 드는데. 그런데 막상 보면 너무 힘없이 앉아 계시니까 안됐다. 틀니 터~억 빼가 그저 먹을 거만 기다리는 모습 보면 참 안됐다. 나는 그렇게 생각한다. 인생을 어떻게 사느냐에 따라가꼬 노후에 자식들로부터 배우자로부터 어떤 대접을 받느냐 그게 되게 크다고 본다. 젊었을 때 인생을 잘살아야 된다고 본다. 한 번씩 실수를 할 수도 있지만, 되풀이한다든지 이런 거는 안 해야 된다고 생각한다. 그래서 젊었을 때 잘살아야지. 자식들한테 부끄러운 짓하는 이런 거는 안 된다고 생각한다."

그는 지향 가족의 삶을 '희생하는', '인내하는', '순종하는' 코드를 사용해 설명한다. 아버지의 삶을 보면서 '부끄럽지 않은 부모' 규범을 설정한다. 젊었을 때 인생을 어떻게 사느냐에 따라 자식이나 배우자로부터 받는 대접이 달라진다. 딸아이는 무척 예민했다. 우울증과 거식증을 앓아 위험한 상황에 빠진 적도 있었다. 그로 인해 신앙심은 더욱더 깊어졌다. 가부장적인 남편과 성격이 예민한 딸과의 갈등 속에서 눈물로 기도하며 보낸 세월이었다. 결혼을 앞둔 딸은 엄마가 없었더라면 자신은 이미 이 세상 사람이 아닐 거라고 말했다.

"(우리 딸은) 나중에 딸을 낳으면 엄마 같은 엄마가 될 수 있을까? 이런 소리 많이 하거든. 니도 충분히 될 수 있을 거다. 니도 부모가 되면 그렇게 된다고 하니까 지금은 지는 상상이 안 간데. '나는 엄마처럼 못할 것 같아'고 해. 엄마처럼 끝까지 지를 안 놓고 못할 것 같데."

"엄마 같은 엄마가 될 수 있을까?"라고 질문을 하는 딸을 보며 자신의 존재를 부각시킨다. 그는 '가족 집단의 경계를 유지하는' 코드를 사용하여 성찰적 자신감을 보인다.

04

"지금부터 사는 거는 덤이다"

여재선은 강인한 어머니를 보고 자랐다. 어머니는 알코올 중독자인 아버지를 대신해서 집안을 책임지고 이끌어갔다. 자신의 팔자가 박복한 어머니를 닮았다. 그러다가 마음을 바꾸었다. 남에게 뭔가를 해줄 수 있을 때가 좋은 거라고 달리 판단하기 시작했다. 그랬더니 세상이 달라 보였다.

"언젠가부터 우리 동생들이 나한테 수고했다고 카고 고

생했다 카네. 내가 할 수 있는 건 해줄 수 있어서 좋고. ……
난 오늘 죽어도 괜찮다. 지금부터 사는 거는 덤이다. 대단하
다. 할 일을 다했다. 내일 죽는다고 해도 받아들일 것이고. 칠
십을 넘어서면 그 이후의 삶은 내게 주어지는 대로(울먹임) 그
래가지고 그런 거지 뭐. 큰 가치관이 뭐 있겠노. 얼마나 큰 목
표가 있어가지고 그건 아니잖아."

어려운 과정을 헤쳐 오늘에 이른 자신이 더 소중하다. 남
의 덕으로 잘 먹고 잘사는 거는 대단한 것이 아니다.

"나는 인덕이 있어. 가만히 있어도 너 대단하다고 칭찬해
주잖아. 우리 시댁 식구들은 그런다. 저거(남편)는 가정을 유지
할 수 없는 사람이다. 마누라 하나 잘 만나가 저래 가정을 이
루고 산다 칸다. 우리 신랑에 대해 증오심이 있는데 그것이 조
금씩 희미해져간다."

자신의 삶에 강한 성찰적 자신감을 보인다. 삶은 위기의
연속이었다. 그런데 그걸 다 넘어섰다. 자신의 삶을 오뚝이에
비유한다. "돌이켜 생각해보면 모든 것이 그런대로 잘되었다.
열심히 산 덕분이다. 이 모든 것을 남의 도움 안 받고 다 내 노
력으로 이루었다. 결코 남을 탓하거나 후회하지 않는다." 칠
전팔기의 정신으로 삶의 위기를 넘긴 그 힘은 어디에서 나온
것일까?

"내가 고등학교를 졸업하고 스물다섯 살 서른 살까지도
양반 상놈에 대해서 엄청나게 많이 생각했지."

그는 남편의 바람기와 무능함 때문에 몇 번이나 이혼을

결심했다. 하지만 여러 가지 이유를 대며 행동으로 옮기지 않았다. 처음에는 자신의 이름으로 보증을 선 것이 있어서였다. 그다음은 딸의 결혼 문제가 걸려서였다. 딸이 결혼한 지금은 남자는 바람을 피울 수 있다는 논리를 적용한다. 모든 문제의 근원은 남자를 이해하지 못하는 안목이 좁은 자신 탓이라며 '근시안적' 코드를 사용한다. 이러한 서사의 배경은 바로 유교적 언어에서 비롯된다. 그 힘이 지쳐 쓰러진 자신을 오뚝이처럼 일으켜 세운 원동력이 되었다. 삼강오륜의 덕목에 따라 친정 부모와 형제의 짐, 남편의 짐, 자녀의 짐까지 모두 짊어졌다. 이혼한 여자는 품행이 조신하지 않다. 이혼한 가정에서 자란 자녀에 대한 사회적 인식은 곱지 않다. 그는 '가족 공동체의 경계를 유지하는' 규범을 철저히 따른다. '희생하는', '인내하는', '장기적 안목' 코드를 사용한다.

05
"엄마처럼 살지 말고"

여경숙의 부모님은 싸우는 날이 많았다. 아버지는 술을 마시고 가정을 돌보지 않았다. '가족 집단의 경계를 해체하는' 가부장이었다. 남편 역시 아버지와 닮은 사람이었다.

"우리 신랑이 그런 거 있더라고. 지 벌어가 지 다 쓰는 거, 명품 좋아하고. 결혼할 때 돈도 없으면서 백화점에 가서 예복 다 샀다. …… 쥐뿔도 없으면서 휴~ 신랑을 점수 매긴다면 30

점(웃음). 아부지는 빵점인데 아이쿠! 비슷하겠다."

그는 남편에 대해 '이기적', '기만적' 코드를 사용한다. 이혼을 하고 싶지만 그러지도 못한다.

"내가 먼저 이혼하자는 말하다가 죽을 것 같아서. 합의이혼도 안 되고. 이혼하자 카면 묵고살 만하단 말인가, 이카면서 술 먹고 오면 찍자(싸움) 붙겠지. 웬만하면 싸우더라도 그냥. …… 그래서 되는대로 살자. 슬쩍 무시하면서 지는 게 이기는 거고. …… 내가 엄마 팔자를 닮고 내 팔자를 딸이 닮는다(한숨). …… 아부지 술 취해서 싸우고 했을 때 죽이고 싶은 충동이 있었는데 우리 딸도 그런 게 있었단다."

남편은 온전한 경제적 지원을 해주지 못하면서도 가부장이라는 권한을 사용하여 폭력을 행사한다. 그는 독불장군이라는 언어를 사용하여 남편을 증오한다. 자신이 그랬듯 그의 딸도 살부의 감정을 느낀다.

"(딸은) 엄마처럼 살지 말고. 지 할 말 다 하고 살고. 난 몬하고 살거든. 지는 이제 사위하고 연애할 때 헤어져서 외로워서 강아지를 샀어. 그래가 다시 만났는데 야를 성당에서 만났어. 사람은 참 좋다. …… 부드럽고 잘해준다."

그는 '돈의 언어'를 사용하여 좋은 삶을 정의했다. 하지만 돈보다도 더 중요한 것이 있다. 사위는 경제적으로 빈곤하다. 하지만 소통할 줄 알고 딸의 이야기를 잘 들어주는 부드러운 사람이다. 강아지하고만 잘 노는 무능한 남편과는 다르다. 딸은 남편에게 핍박받으며 살아온 어머니와 자신의 팔자를 닮으면 안 된다. 딸의 이야기를 하면서 참았던 눈물을 몇 번이나 쏟아낸다.

그러면서 열심히 살아왔고 다른 사람에게 도움을 줬다고 말한다. 지금까지 남편으로 인해 힘들었던 과정도 하나의 숙제라며 담담히 받아들인다. 그는 '인내하는', '희생하는', '순종하는', '부드러운', '성실한', '소통하는' 코드를 사용하여 자신의 삶을 이야기한다. 지향 가족에서 시작해서 자신이 일군 생식 가족에 이르기까지 숱한 과정들을 이겨내고 오늘에 이른 성찰적 자신감을 나타낸다.

06
참고 기다리면 해결된다

남연철은 국가의 대통령은 강력한 리더십으로 결단력 있는 정치를 해야 한다고 말한다. 그렇다면 그는 가부장으로서 아이들의 삶에 적극적으로 관여하는가? 아이들은 어떤 직업을 가지고 살았으면 좋을지 물었다.

"내 아이는 각자 개성이 있고. 이래라저래라 간섭을 하고 싶지는 않아요. 어떤 직업을 갖든 간에 본인이 원하는 대로 최선을 다하고 만족을 하면 난 그걸로서 만족합니다. 부모가 돼가 욕심을 부려가 높은 지위나 금전적으로 욕심을 부리면 거기에 대해 압박을 받게 되고, 부모에게 실망을 주었다는 죄책감에 부모와 멀어지고, 아이들의 의사를 존중하고 싶고 딱 꼬집어서 말하기 그렇네요."

강력한 가부장적 대통령을 원하는 것과 달리 가정에서는 아이들에게 한 걸음 물러서 있는 '겸손한' 코드를 사용한다. 부모가 기대를 하면 압박감을 느낀다. 만약 실망을 주게 되면 자녀가 성찰적 겸연쩍음[10]에 빠져 부모와 멀어질 수도 있다. 참고 기다리면 결국은 다 좋은 방향으로 해결된다. 아버지가 정해준 가훈처럼 인지위덕의 규범을 실천하는 '장기적 안목' 코드를 사용한다. 그는 지나온 삶을 말할 때에도 '장기적 안목' 코드를 사용한다. 고등학교를 졸업하고 괜찮은 회사에 다녔다. 하지만 학벌 때문에 자존심이 상했다. 대학 진학을 위해 과감하게 회사를 그만두었다.

"돈만 번다고 생각했으면 아마 훨씬 지금 생각해도 그 일을 해서 돈을 많이 벌었으리라 생각합니다. 그런데 제가 이렇게 지금 사회생활하면서 아마 내 마음에 스스로 그건 아마 훨씬 더 가치가 있지 않나 생각합니다."

그는 현재의 경제적 요건보다 사회적으로 인정받을 수 있는 문화자본을 택했다. 그것이 훨씬 더 가치 있는 일이다.

"지금이 제일 좋아요. 제일 행복해요. 돌아가고 싶은 생각이 없어요. …… 40대 후반이 되니까 차라리 이때가 더 행복하다는 생각이 들었어요. 어느 정도 왜냐하면 뭐하까, 뭐하까, 갈등의 연속보다는 더 이상 갈등을 안 하고 자리를 잡았다는 생각에."

지금의 삶이 행복하다. 그는 가부장 역할에 성찰적 자신감을 보인다. 갈등의 연속이었던 40대 이전보다 안정적인 삶을 유지할 수 있는 현실에 만족한다.

07
"좋은 점수를 받겠죠"

남민수는 부모에게서 상속받은 자본이 아무것도 없다. 초등학교 2학년 때 어머니가 돌아가시고 방목 상태로 자랐다. 문화자본, 사회자본, 상징자본, 경제자본 없이 벌거벗은 채로 세상과 맞섰다. 그는 지금이 행복하다. 다시 젊은 시절로 돌아간다면 어떤 직업에 종사하고 싶은지 물었다.

"그~ 나이 들어가꼬 좀 재미있게 지금보다 더 재미있게 풍요롭게. …… 자기만 열심히 하면 상대방이 그거를 마음을 알아주니까 뭐 자기가 열심히 하면 결과는 그거는 무조건 따라오니까."

그는 '장기적 안목' 코드를 사용한다. 지금의 행복보다 미래의 풍요로운 삶을 위해 열심히 일한다. 자신의 삶을 돌아보면 어떤지 물었다.

"국가에 순종했고, 정부에 하는 일이라든가 모든 게 물론 지금 일부 비판하는 사람들도 엄청 많지만 나는 그쪽은 아니고 순종하는 쪽이었다. 큰 불평 없이 그냥 뭐 불평, 불만 없이. …… 나는 좋은 국민이다. …… 아버지로서는 잘했다고 생각하는데 또 자녀들 입장에서는 그 임무는 잘했다고 평가하지

않을까? …… 대한민국 국민으로서, 가족의 일원으로서 좋은
점수를 받겠죠. 그렇게 생각합니다. 주어진 환경에서 최선을
다했고 열심히 살았으니까."

좋은 삶을 위해 '순종적' 코드를 사용한다. 자신은 가족을
위해 주어진 환경에서 최선을 다해 달려온 좋은 아버지라고
평가한다. 성찰적 자신감을 보인다.

08
"초등학교 3학년 때까지
받아쓰기 빵점 맞았다 카니까"

남현무는 친구와의 관계에서는 서로 위해야 한다며 '의
리 있는' 코드를 사용한다. 그는 줄곧 재미있는 삶을 말한다.
아이들의 직업에 대해 조언한 적이 있냐고 묻자 없다고 한다.
아이들은 비록 공부는 잘 못하지만 건강하고 재미난 삶을 살
기를 바란다며 아이들의 삶에서 뒤로 슬쩍 물러선다.

"나는 우리 애들은 아직까지 태어나서 공부하란 소리는
한 번도 안 했어요. 이날 이때까지. 우리 아~들 초등학교 3학
년 때까지 받아쓰기 빵점 맞았다 카니까. 그러이 주변에서 더
난린 기라. 그래 놔도가 우야노 카면서. …… 학원에서 전화
오고 했는데 우리는 아~들이 싫다 카면 절대 안 된다 캐라 캤
지. 다음에 학원 보낼 때 캤지 부모한테 전화하면 절대 안 됩
니더. 아한테 물어보라 캤지."

자녀들의 진로에 일절 관여하지 않는다는 '자율적인' 코드를 사용한다. 한 번도 공부하라고 다그친 적이 없으며 따로 조언하지 않는다. 자신의 노후는 누구에게도 기대지 않고 스스로 해결하려고 한다.

"친구들 정년에 짤리고 구조조정에 짤리고 이런 거 보면 요즘 특히 내 직업이 좋다는 생각을 많이 하죠. 우리 친구들 짤리고 나서 갈 데가 없더라고요. 아직까지 젊은데. …… 건강 잘 챙기가 칠십까지 그때 가가 한 이틀 놀고 하루 일하고 이래 하면 되지 뭐 그래도 내 용돈 벌이마 되지 뭐. 퇴직금이라고 보면 되지 뭐(웃음). 제가 또 일하는 그쪽으로 가면 인간관계를 그래 나쁘게 쌓아놓지를 안 해가지고 내보다 더 뛰어난 젊은 친구도 많은데 우애든 간에 저것들하고 사이가 원만하니까 내가 늘 카지. 너거들한테 잘해주는 이유가 딴 거 없다. 나이 들어가꼬 니한테 가면 지금 내가 해준 만큼 보답해야 된다 카미 농담 비슷하이 카죠 뭐."

그는 '장기적 안목' 코드를 활용한다. 50대 중반인 그는 자신의 직종에서 현재 기득권층에 있다. 젊은 인력들과 친분을 돈독히 하여 사회자본을 잘 다져놓음으로써 노후에 대한 기반을 마련할 계획이다. 미래에 기대고 싶은 대상은 자녀들이 아니다. 직업과 관련된 직종에 있는 사회적 연결망에 의지하려고 한다. 지금 매우 만족한다. 성찰적 자신감이다.

"나는 나중에 촌에 간다"

남두일의 아들은 아르바이트하면서 세상의 부조리에 대해 의문을 제기했다. 어른들 세상에는 그런 게 있다고 설명하는 것 외에 더 할 말이 없었다. 아이들은 공부가 딸려 공무원은 안 될 것 같다. 자율적으로 놔두는 수밖에 없다. 아이들이 노후에 어떻게 해주기를 원하는지 물었다.

"나는 전혀 거기에 대한 게 없다. 아예 나는 아~들한테 이야기했다. 너거는 학교까지 끝이고 너거는 너거 알아서 해라 그거 강조했다. 나는 나중에 촌에 간다. 촌에 땅 쪼매 있다. 노후는 스스로 알아서 해야지. 내가 아프다든지 그러면 요양병원 가고. 내가 꼼짝도 몬하는 거 같으면 어쩔 수 없지만 나는 바라는 거 없어. 애들 진로나 결혼이나 나는 자율적으로 놔둔다. 그걸 이래저래 이야기해봐도 내하고 생각이 다르니까 내가 칸다고 되나. 너무 관여 안 하는 편이다. 프리하게 놔두지."

그는 '자율적인' 코드를 사용한다. 아이들에게 해줄 만큼 했다며 성찰적 자신감을 보인다. 아이들을 위한 최선의 선택은 그들의 삶에 관여하지 않는 것이다. 만약 여기서 부모가 적극적으로 개입하면 관계가 악화될 수 있다. 청년 실업수당에 대한 복지 정책을 묻자 목소리가 커진다.

"청년 실업수당 와 주노? 와 주노? 멀쩡하이 해가 돈 와 주노? 나는 그거 반대. 돈을 얼마 조야 풍족한공? 지가 벌어야 될 꺼 아이가? 멀쩡하이 해가 대학교 4년제 나와가 어렵게 공부해가 아무 데나 취직 안 할라 카고 밥 묵고 살도록 가야 될 꺼 아이가."

밥벌이를 하지 못하는 것은 성실하지 않기 때문이다. 대학을 졸업하면 스스로 행위를 할 수 있어야 한다. 멀쩡한 젊은이들에게 국가가 왜 지원을 하는가? 그것은 개인의 능력에 달렸다.

3장

목표: 습속의 왕국

대구경북 사람들은 수단 목적 도식을 활용해서 일상의 삶을 조직하는가? 좋은 삶을 위해 합리적인 행위를 하고 있는가? 목표는 성·속의 가치나 옳음과 그름의 규범 관점에서 벗어나 효율성이나 비효율성과 관련된다.[1] 좋은 삶에 대한 갈망은 누구나 가지고 있다. 수단 목적 범주를 활용하여 목표를 달성하기 위해 자신의 판단하에 합리적 계산을 할 줄 아는 행위자가 되어야 한다.[2]

연구 참여자들은 일상의 삶에서 평범함을 실천하며 나서거나 튀지 않으려고 한다. 상식의 세계에서 지금 있는 그대로를 보존하려는 성향이 강하다. 그것이 좋은 삶이다. 좋은 삶을 위한 효율적인 수단 목적은 습속의 왕국에 머무는 것이다. 습속은 합리적인 수단 목적을 필요로 하지 않는다. 〈표 10〉은 목

〈표 10〉 목표 차원의 이항 코드

효율	비효율
가족주의제도를 사용하는, 보편적인 이해관계의	가족주의제도에 반하는, 특수한 이해관계의
법치의, 규칙적, 전문적, 능력 있는	법치에 반하는, 몰규칙적, 비전문적, 무능력한
상식적, 이성적, 일상적	몰상식, 광기의, 비일상적

표 차원의 이항 코드다. 크게 세 가지로 분류했다.

첫 번째, 목표를 달성하기 위해 '상식적', '이성적', '일상적' 코드를 사용한다. 대부분의 연구 참여자는 이 코드를 활용한다. 좋은 삶을 위한 일반적인 행위 전략으로 상식적인 문화 자원을 이용한다. 결혼이라는 습속도 그 예에 속한다. 자본주의는 동기부여를 해서 이윤을 남겨야 하는 것이 상식이다. 그런데 정부가 상식적으로 알고 있는 정책을 행하지 않아 비효율적이다. 국가가 경영이나 복지제도에 관여하고 자꾸 개입한다. 미친 것 같다는 '광기의' 코드를 사용한다. 여미순, 여재선, 여경숙, 남민수는 삶의 목적을 이루기 위한 수단 목적으로 '일상적'인 코드를 활용하여 365일 일에 파묻혀 사는 것이 효율적이라고 말한다. 남연철은 배우자의 조건에서 효율적인 수단 목적으로 '일상적'인 자신의 삶을 이해하는 코드를 활용한다. 목적을 달성하기 위한 효율적인 수단 목적은 '상식적', '이성적', '일상적' 코드이며 비효율적인 수단 목적은 '몰상식', '광기의', '비일상적' 코드다.

두 번째, 법이 규정한 대로 따르는 것이 효율적이고, 그 반대의 경우 비효율적이라는 이항 코드를 사용한다. '법치에 반하는' 코드는 여정란, 여재선, 여경숙, 남연철, 남두일이 사용한다. 정부, 시민단체, 국회, 언론은 법대로 순리대로 하지 않고 '법치에 반하는' 행위를 하고 있다. 그들 단체가 부당한 권력을 행사하고 있다. 남성 연구 참여자들은 주로 조직 문화의 규칙에 복종해야 효율적이라고 말한다. 또한 대개의 연구 참여자는 '능력 있는' 전문가 코드가 효율적인 수단 목적이라고 생각한다. 시민단체나 시민운동은 일반인이 아닌 특별한 사람에게 맡기고, 정치는 정치인에게 맡겨야 한다. 장기적인 독재도 능력이 있기 때문에 가능하다. '법치의', '규칙적', '전문적', '능력 있는' 코드는 효율적이다. 이에 대항하는 '법치에 반하는', '몰규칙적', '비전문적', '무능력한' 코드는 비효율적이다.

세 번째, 대부분의 연구 참여자는 수단 목적으로 가족주의제도가 가장 효율적이라고 말한다. 가족주의제도를 활용하여 습속에 따라 행위한다. 습속은 현재의 문제적 상황을 해결하도록 도와주고 행위를 조직하는 일방적인 방식이다.[3] 여미순, 여은정은 배우자를 선택하는 과정에서 가족주의제도를 활용한다. 가족이라는 연결망이 상대방에 대한 정확한 정보 없이 신뢰할 수 있는 요인으로 작동한다. 맞벌이하면서 친정이나 시집에 육아를 의존하는 가족주의제도를 활용한다. 여정란, 여경숙, 남민수, 남두일은 복지 정책에 대해 노력하지 않는 특수한 이해관계의 사람이 혜택을 보는 것은 비효율적이라고 말한다. 정부의 과도한 복지 정책이 사회주의화로 흐르는 것 같다. 자본주의가 추구하는 '보편적인 이해관계'에 어긋난다고 말한다. 효율적인 것은 '가족주의제도를 사용하는', '보편적인 이해관계의' 코드다. 이에 반하는 비효율적인 것은 '가족주의제도에 반하는', '특수한 이해관계의' 코드다.

다음은 목표 차원의 효율성과 비효율성이 일상의 삶에서 어떻게 사용되는지 서사를 통해 세밀하게 보여주고자 한다.

01
"삶이 재미있으면 말라꼬 시집 일찍 갔겠노"

여미순은 삶이 재미없어 결혼을 선택했다. 공장 일은 죽어도 하기 싫었다. 경리로 취직하고 싶어도 졸업장이 없는 산업체 고등학교에 다녔기 때문에 자격이 되지 않았다.

"그래가 이래저래 다니다가 우리 엄마가 우연히 어디 가가 뭐 하다마는 '니는 야야, 마 시집이나 가거라' 이래 됐어. 시집 일찍 갔는 이유가 그거야. 만났는 사람이 이 사람이야. 데이트도 몬해보고 연애도 한번 몬해보고 아무것도 모르고, 좋은 것도 없고. 결론은 일하기 싫어서 시집갔다고 해야 되나. …… 삶이 재미있으면 말라꼬 시집 일찍 갔겠노. …… 시누하고 우리 엄마가 잘 아는 사이라. 우리 동생 있는데 착하다, 우

리 딸내미도 착하다 캐가. 우리 신랑도 멋도 모르고, 나도 멋
도 모르고, 한 달 만에 해뿟다니까. 결혼 전에 남자를 만나보
기를 했나. 우리 아부지는 엄격해가지고 아홉 시만 넘으면 난
리 났다."

좋은 삶을 위한 효율적인 수단 목적으로 결혼이라는 문
화 자원을 이용한다. 친정어머니와 시누이라는 가족주의제도
를 활용하여 만난 지 한 달 만에 결혼한다. 결혼 후, 가게를 하
면서 일에 파묻혀 사는 것이 일상이었다. 처음에는 친정어머
니가 아들이 돌이 될 때까지 돌봤다. 그다음에는 중학교, 고등
학교에 다니는 두 딸이 어린 동생을 키웠다. 가족 모두가 힘을
합쳤다. 그는 '가족주의제도를 활용하는' 게 효율적이라는 코
드를 사용한다.

"그렇게 원하는 아들 낳는데 실컷 끌어안고 있지도 몬하
고 일하러 가야 된다. 그렇게 아들 낳고 싶어 카다가 아들 낳
는데 엄마가 돌까지 키워주고 우리 딸내미 둘이가 그걸 키웠
는 기라. 낮에는 내가 같이 있고 저녁에는 저거가 있고."

남편은 취미생활도 일을 목적으로 한다.

"우리가 평생을 일을 하고 살았잖아. 아~들이 본 기 그기
라. 평생 우리가 일하는 모습만 봤잖아. 저거도 사람은 무조건
일을 해야 된다는 게 머리에 박힌 것 같아. 하루도 놀면 큰
일 나는 것 같아."

자녀들도 사람은 무조건 일을 해야 하는 것으로 알고 있
다. 하루라도 놀면 큰일 나는 줄 안다. 그는 일상적 코드를 활

용한다. 365일 일 속에 파묻혔다. 그에게는 결혼도 일도 습속의 하나다. 사람들은 눈앞에 닥친 상황들을 헤쳐나가려면 자신에게 유용한 것을 선택하여 행위를 조직한다. 습속은 합리적인 수단 목적 범주를 활용하지 않아도 된다. 사실 특정 행위 전략은 이미 잘 짜인 상태로 습속화되어 있다.[4] 여미순은 좋은 삶을 위해 습속에 따라 상식적으로 결혼을 선택한다. 일은 일상적인 삶을 실천하는 방식의 하나다.

02
노처녀 딱지

여은정이 남편을 선택하게 된 동기는 두 가지였다. 같은 기독교인이라는 신뢰와 회사 동료의 친오빠라는 사실이 크게 영향을 미쳤다.

"같이 근무하는 직원이 친구처럼 지냈는데 …… 그 당시에는 저거 오빠 이야기해도 그렇나 카면서 그랬는데. 자기 오빠가 결혼을 안 하고 있었는 기라. 저거 오빠야 한번 만나보라고. 그래서 나는 편하게 생각했지. 아는 사람 소개라 속지도 않을 거고. 그래서 편안하게 나갔지."

좋은 삶을 함께 실천해나가는 동반자를 선택하는 것은 인생에서 매우 중요한 문제다. 그는 효율적인 수단 목적으로 가족주의제도를 활용한다. 결혼 상대자로 따지면 남편은 부적절한 조건을 갖췄다. 늙수그레하고 볼품없는 아저씨 같은 첫인상인 데다가 경제적으로 수입도 많지 않았다. 그리고 시누이가 4명이나 있었다. 한국사회에서 시누이는 주로 악역을 담당한다. 여동생이라는 가족 연결망은 외면적으로 드러나는 모든 조건을 무시할 정도의 강력한 신뢰로 작동한다.

"아는 직원의 친오빠니까 신뢰하고, 종교 문제도 있고. 그 두 가지 마음이 컸지. …… 내가 주변에 아는 사람 있어도 내 가족을 소개시켜주기는 쉽지 않잖아."

1980년대 당시 스물일곱 살이면 노처녀에 속했다. 노처녀 딱지를 떼기 위해 결혼이라는 습속을 이용했다. 결혼 후, 육아와 직장생활을 병행하면서 고된 삶을 이어나갔다. 아이 양육을 도맡을 사람이 필요했다. 친정어머니는 건강이 좋지 않았다. 처음에 얼마간 친정어머니에게 맡겼지만 도저히 불가능했다. 시누이 옆집으로 이사를 갔다. 아침에 출근하면서 아이를 시누이에게 데려다주고 퇴근하면서 데리고 오는 생활을 반복했다.

"그런데 시매시(시매부)가 포항으로 발령이 나서. (아이가) 두 살인가? 세 살인가? 그래서 어린이집에 다녔는데 덜컥 둘째를 임신했어. 할 수 없이 친정 쪽으로 이사를 왔지. 작은애를 엄마가 보다가 도저히 건강이 안 돼서 그 옆에 애기 봐주는 아주머니한테 출근하면서 맡기고 그렇게 했지. 그때는 그런 생활의 연속이니까."

그는 시누이와 친정어머니의 도움을 받으며 가족주의제도를 활용하여 직장생활과 육아 문제를 해결했다.

"남편 퇴직금을 대출받아서라도
딸을 빨리 결혼시켜야지"

여정란은 고부 갈등이 시발점이 되어 몇 년 전부터 남편과의 관계에 위기를 맞고 있다.

"〈왕가네 식구들〉 재방송을 우연히 보게 됐는데 그 집 가훈이 역지사지인데 입장 바꿔 생각하면 모든 일에 있어가지고 답이 나온대. 그 생각을 많이 할려고 노력하는데, 좋은 남편, 좋은 아내는 역지사지 입장에서 생각해보면 답이 나올 것같네. 그런데 그렇게 되기는 쉬운 건 아니지. 좋은 남편, 좋은 아내, 좋은 딸, 좋은 아들은 역지사지지. 내가 우리 신랑 입장에서 보면 그렇네. 내라도 마누라 보기 싫을 것 같기도 하다. 자기 엄마는 천륜이잖아. 얼마나 애잔하겠어. 저거 엄마는 얼마나 그렇겠노? 요즘 효도는 셀프 효도라 카잖아. 우리는 아직 그런 세대는 아니잖아. 우리 신랑처럼 가부장적인 사람은 친정보다 시댁에 좀 더 내가 뭐 하기를 바랄 것 같아. 너무너무 가부장적이라."

그는 텔레비전 드라마 이야기를 하면서 가부장적인 남편을 이해하려고 애쓴다. 인터뷰 도중에 남편을 수차례 비난한 것에 비하면 의외의 반응이다. 위기 상황에 정면으로 맞서기보다 '보편적인 이해관계'라는 코드를 활용한다. 어머니를 생각하는 남편의 마음은 천륜이다. 남편 처지에서 보면 아내가 미울 것 같다. 딸은 부모의 불화를 보면서 비혼을 결심한다. 신경이 예민한 딸로 인해 마음고생이 많다. 정말 다행스럽게도 딸이 결혼하고 싶은 남자가 생겼다.

"집이 가난해서 그게 좀 그랬는데 머스마(예비 사위) 하나만 괜찮으면. 둘이 맞벌이하면 괜찮을 것 같애. 흔쾌히 허락했지 뭐. 지 듣는 데는 칭찬 마이 하고 가(예비 사위) 좋은 것만 이야기했지. 왜냐하면 안 좋은 이야기하면 지도 고민하고 갈등할 것 같고."

딸의 행복을 위해 무엇이 더 효율적인 수단 목적인가를 고민한다. 마음이 변해 결혼이 뒤틀어지면 큰일이다. 딸에게 예비 사위의 장점을 칭찬하고 단점은 일절 함구한다. 혼수품을 장만할 여력은 없지만 남편 퇴직금을 대출받아서라도 빨리 결혼시키고 싶다. 그에게 결혼은 상식이다. 자신도 상식적으로 결혼을 선택했다. "상식이 지배하는 일상의 세계는 의심을 유보하는 자연적 태도가 지배한다."[5] 결혼이라는 습속을 따라가면 딸이 행복할 것 같다. 정부의 복지 정책에 대해 묻자 자녀들이 세금 부담을 많이 해야 한다며 강하게 불만을 표시한다.

"나도 아직 기성세대라서 그런가. 문재인 정부 마음에 안 들어. 있는 사람들 거를 골고루 나눠주자는 거잖아. 미쳤나 봐. 사회주의 비슷해. 좋은 정책인데 세금 얼마나 많이 내야 되고 노인들 많이 먹여 살려야 되고. 아들, 딸 생각해서 그런가? 자본주의는 그냥 자본주의였으면 좋겠어. 자본주의는 열심히 일한 사람 마이 벌고 자꾸 뭐 다 거둬가꼬 몬사는 사람 다 주고. 차라리 완전 몬사는 게 좋다 카는 말이 나오잖아. 어정뻥뻥 사는 것보다. 그래서 그게 마음에 안 든다. 나도 없으면서."

경영은 동기부여를 해서 이윤을 많이 남겨야 하는 것이 상식이다. 그런데 정부가 자꾸 개입한다. 이건 상식에 어긋난다. 제대로 된 자본주의가 아니다. 사업은 돈을 벌기 위한 것이 목표다. 국가에 세금을 바치기 위한 것이 아니다. 최저임금 제도도 국가가 개입할 사항이 아니다. 조용하게 인터뷰에 응하던 그는 진보 세력에 대한 의견을 피력하다가 불만 섞인 목소리를 낸다. 열심히 일하고 있는 아들, 딸에게 세금 불똥이 튈까봐 걱정이다. 복지 정책도 마찬가지다. 그리스처럼 부도 날까봐 겁이 난다. 그는 '법치에 반하는' 코드를 사용한다. 부자의 재산을 빼앗아 가난한 사람들에게 골고루 나눠주는 정책은 공산주의 사회다. 국가가 왜 가난을 책임지는가? 법대로 성실하게 살아가는 선량한 사람이 피해를 봐서는 안 된다. 예전에는 개인에게 그냥 맡겨두었다. 누구나 다 아는 상식을 위반한다.

04
유일한 탈출구는 결혼

여재선은 고등학교를 졸업하고 딸을 밖에 내놓으면 '깨

진다'는 이유로 아버지에 의해 집에 감금당했다. 그는 좋은 삶을 위해 습속을 수단 목적으로 활용했다. 가부장적 아버지에게서 벗어나는 유일한 탈출구로 결혼을 선택했다. 남편이 바람을 피웠다. 지방 소도시에서 살다 8개월 된 딸만 데리고 무작정 남편에게서 탈출해서 대구로 왔다. 당장 생계를 해결해야 할 처지에 놓였다.

"공장에도 가본 적 없지. 내가 일을 해본 적이 없으니까. 사회에서 일을 해본 적이 없으니까. 이것도 자신 없고, 저것도 자신 없고. 그래 있다가 야쿠르트를 누가 해보라고 했는데 부끄럽더라고. 싫더라고. 내가 ○○여고 나왔는데."

기술직 시험을 쳤다. 20명 모집에 170명이 왔다. 합격했다. 곧이어 10급 공무원이 되었다. 남편에게 의존적이던 경제에서 탈출했다. 그는 인생에서 세 번 탈출을 시도했다. 결혼을 수단으로 고향 집에서의 탈출, 남편에게서 해방되기 위해 지방 소도시에서의 탈출, 경제적 빈곤에서 벗어나기 위한 탈출이었다. 남편은 월급 몇 푼 되지도 않는 직장을 다닌다며 무시했다. 주부는 전업이고, 직업은 부업이라며 비협조적이었다.

"이게 전문직이잖아. 처음에 들어갈 때 초봉이 10급이니까 얼마겠어? 40만 원, 50만 원, 그 당시에 그랬어. 8급 7급 올라가고. 내가 나올 때는 7급이었지. 39살에 들어가서 정년퇴직했으니까. 내가 21년 10개월 근무했으니까 연금도 있고. 아(딸) 대학도 내가 다 시키고. 딸내미 결혼시키고."

그는 '전문적' 코드를 사용하여 자부심을 보인다. 경제 성장에 대해 이야기를 나누다가 박정희 이야기로 흘러간다.

"솔직하게 말해가, 박정희는 산업혁명을 일으켜서 이렇게 경제 성장을 하기까지 그 사람 영향이 대단하잖아."

박정희는 국민에게 밥을 주기 위해 노력한 '능력 있는' 정치인이라는 코드를 사용한다.

05
"동생이 결혼하면 전세라도 안 얻어주겠나 그런 마음에"

여경숙은 결혼하기 전, 집이 없어 이사를 20번 했을 정도로 가난에 시달렸다. 남자를 사귀었는데, 그 형제들이 경제적으로 괜찮은 편이라 생활이 좀 넉넉할 것 같았다. 직장생활은 하기 싫고 일을 하지 않으려니까 부모님에게 눈치가 보였다. 좋은 삶을 위해 결혼을 수단 목적으로 활용했다.

"신랑이 좋다 카니까 나는 솔직히 신랑이 그다지 좋은 감정은 없었는데. 왜 그러잖아, 신랑이 나를 좋아하면 더 좋다고. …… 우리 신랑이 둘째 시숙 밑에 일을 했거든. 그래가 동생이 결혼하면 전세라도 안 얻어주겠나 그런 마음에 결혼을 했었는데, 시집에서는 아무것도 없었어."

금반지를 팔아 유산을 시킬 정도로 궁핍한 생활에 시달렸다. 남편은 강아지하고만 잘 노는 무능력한 사람이다. 독선적인 남편과 이혼을 하고 싶어도 참았다. 욱하는 성격 때문에 죽임을 당할 것 같아서였다. 남편에게 기대지 않고 경제적인 독립을 하기 위해 정신없이 뛰었다. 성실하게 열심히 산 그는 청년 실업수당 정책에 대해 묻자 배고파봐야 정신을 차린다며 반대 의견을 표시한다.

"돈 주는 거는 잘못됐지. 내가 생각할 때는 어차피 실업자 생활하다 보면 깨우쳐서 더 열심히 할 수 있는 계기를 줘야 되는데. …… 복지 정책에 불만이다. 돈이 마이 새고 있는데 받아야 될 사람이 안 받고 안 받아야 될 사람이 받고."

피땀 흘려 낸 세금이 줄줄 새고 있다. 고등학교 나온 사람이나 대학교 나온 사람, 성실한 사람과 게으른 사람은 달라야 한다는 게 상식이다. '보편적인 이해관계' 코드에 어긋난다. 국가가 개입하는 것에 반대한다. 너무 퍼줄 필요 없는데 걱정이다. 공산화되는 것 같다.

박정희를 거론하며 장기 집권이 가능한 것도 능력이라고 한다. 독재에 대해 긍정적으로 평가한다. 독재도 잘했기 때문에 가능하다. 가부장은 경제적 부를 성공시킬 '능력이 있어야' 한다는 코드를 사용한다.

06
"남자라면 가정의 경제를 책임질 수 있는 능력이 있어야"

남연철은 20대에 형님 공장에서 일하면서 경제적 위기를 경험했다. IMF가 터지면서 멀쩡하던 공장이 부도가 났다. 형님 대신 혼자 공장을 운영하면서 남들과는 차별화된 방법을 고민했다. 예전에 아버지가 동네 사람들의 농기구를 고쳐주었던 기억을 꺼낸다. 아버지는 군대에서 익힌 기술을 사용하여 마을 사람들에게 칭송을 들었다. 그는 기술의 힘을 일찌감치 깨달았다. 경쟁 사회에서 원하는 것을 얻기 위해서는 세상의 변화에 민감하게 대처할 줄 알아야 한다.

자신을 100퍼센트 '보수주의자'라고 했던 그는 전자제품에 대해서는 엄청난 진보주의자였다. 그 이유는 경제 성장이라는 목표가 있기 때문이었다. 아버지는 일제강점기와 한국전쟁 때 두 차례나 징집되어 죽을 고비를 넘겼다. 그 후유증으로 온전한 생산 활동이 불가능했다. 생계는 오로지 어머니의 몫이었다. 그런 어머니를 보면서 눈물이 났다. 좋은 남편, 좋은 아내의 역할이 뭔지 물었을 때 남자는 가정의 경제를 책임져야 한다고 말한다. 가부장으로서 중압감을 느낀다. 능력이 있어야 남들보다 앞서갈 수 있다.

"그 회사가 째맨해도 다른 사람들이 빨리 인정을 하고 발전하게 된 그것도 남들이 안 하는 캐드를 우린 도입을 해서 도면을 막 보관하고 하니까 남들보다 빠른 거야. 남들은 줄자 이걸로 도면 그린 거 하고, 우리는 전부 막 컴퓨터로 다 그려서 넣어놓으니까 조금만 수정을 해버리면은 적용하기도 빠르고 그래서 아마 많이 다른 데보다 빨리 성장을 했던 것 같기도 해요. 내 살면서 아! 남들 안 하는 걸 좀 빨리 하니까 편하다는 걸 느꼈었어요."

　기술의 발전은 성장이라는 의미와 핵심이 맞닿는다. 빠르게 변하는 시대적 상황에 적응하지 못하면 도태될 수 있다. 잘나가는 사람이 되기 위해서는 상황의 변화를 세심하게 관찰하고, 새로 나온 전자제품을 잘 갖추어 그 사용법을 알아야 한다.[6] 그는 다른 사람보다 능력 있는 차별화된 효율성을 수단 목적으로 활용한다. 결혼할 나이가 되었다. 대학교 후배들과 사귀면서 자신과 함께할 동반자로서 조건에 적합한지 탐색했다. 그는 고등학교를 갓 졸업하고 자신의 공장에 입사한 경리를 배우자로 선택했다.

　"나는 사장 격이고 자기는 경리 격인데 나에 대해서 모든 걸 너무 잘 아는 거예요. 이 사람이면 나를 이해를 해주겠다. 특히 제가 그때 당시에는 제가 콤플렉스가 회사 일 자체가 기계를 제작하는 일이다 보니까 대학교야 뭐 깨끗한 가운 입고 하는 거지만. 어차피 내가 그런 거 하다 보니까 그쪽으로 빠지게 되잖아요. 모든 일을. 큰 회사가 아니다 보니까 직접 일을 해야 되고 마 시커멓게 일을 하잖아요. 그때는 대학교 후배들도 내 좋아하는 여학생들이 많이 있었어요. 내가 워낙 시커머이 일하고 있으니까, 나를 좋아하겠나. 앞으로 내가 이런 걸 공장을 하고 계속해나갈려면 시커먼 작업복을 빨아줄 수 있는 사람, 기름 묻은 작업복을 빨아줄 수 있는 사람, 과연 대학교 후배들이 저 친구들 이 친구들 쭉~ 봤어요. 내 이 시커먼 작업복을 빨아줄 수 있는 사람이 과연 누굴까? 집사람밖에 없더라고요(웃음). 그래서 집사람을 택했어요(웃음)."

배우자의 조건은 일상적인 삶을 이해해주는 사람이어야 한다. 그는 좋은 삶을 위한 수단 목적으로 '일상적인' 코드를 사용한다.

07

"조직 문화는 따라야죠.
사단장 말 한마디면 척척척"

남민수에게 일이란 어떻게든 먹고살아야 하는 일상적 생활 방식이었다. 일찍부터 사회생활을 하면서 남들도 다 하는데 하는 오기로 참고 버텼다.

"열심히 했어요. 재미있다고 생각해본 적은 없고 그냥 뭐 생활이니까. 묵고살아야 되니까. 하루, 하루 사는 방식의 하나로 살았죠."

그래서인가, 청년 실업수당에 대해 부정적인 반응을 보인다. 내가 낸 세금으로 청년 실업수당을 지급하는 것은 보편적인 이해관계에 어긋난다. 왜 노력하지 않는 사람이 혜택을 보는가? 50~60대는 국가와 호혜적인 관계를 맺지 못했다.[7] 의무는 많고 권리는 없지만 그것을 당연하게 여겼다. 국가가 개인에게 '특수한 이해관계'의 코드를 활용하면 안 된다. 자신은 가난에서 벗어나기 위해 피땀 흘려 노력해서 여기까지 왔다. 젊은이들도 열심히 노력하면 충분히 좋은 직장을 가질 수 있다. 그건 개인의 능력에 달렸다. 사회 이슈가 된 박찬주 대장의 공관병 갑질 사건에 대해서도 개인의 인성 문제라고 핏대를 올린다.

"그 문화가 쭉 이어져 흘러왔으니까 사단장 말 한마디라 카면 척척척척 다 통하는 사회니까 그 조직 문화, 조직 문화라 카는 거는 군에서는 대단한 거죠. 별거 아닌 것 같은데 좋게 받아들이면 아주 좋게, 나쁘게 이것도 하라 카더라 저것도 하라 카더라 생각하다 보면 한도 끝도 없죠."

그는 '규칙적' 코드를 사용하여 조직 문화의 중요성을 강조한다. 거기에 반대하면 부정적인 인성을 갖춘 사람이다. 박정희에 대한 평가도 마찬가지다. 어려운 시대에 잘살게 해준 대통령이다. 박정희를 나쁘게 평가하는 사람은 부정적인 인성을 가졌다. 대를 위한 소의 희생은 어쩔 수 없다. 그의 삶에서 큰 힘이 된 것은 조직 문화다. 군대생활, 사회생활을 하면서 '나뿐만이 아니다'라는 힘이 효율적으로 작용한다. 자신만 힘들면 견딜 수 없다. 인정받지 못했다는 사실에 불행해진다. 군대생활을 하면서 명문대 출신들도 '어리바리하다'는 사실을 알고 위로를 받는다. 양화점에 근무할 때 작업대 위에서 잠을 자는 열악한 근무조건도 고통스럽지 않다. 혼자만 그런 것이 아니다. 조직 문화에 복종하는 삶은 성찰이 필요 없다. 습속대로 따라가면 된다.

08

"저거는 형제들 우르르 나오고,
나는 셰퍼드 개 델꼬 나갔죠"

남현무는 어린 시절부터 힘의 논리를 경험했다. 미군과 패싸움을 하면서 삶의 위기를 경험한 적도 있었다. 동네에서 친구들과 시비가 붙으면 형제들이 총출동했다. 2남 1녀인 그는 항상 숫자에서 밀렸다. 상대를 이길 수 있는 효율적인 수단 목적을 이용한다.

"우리는 2남 1년데 그 당시에는 좀 적은 편이라 어릴 때 형제간 많은 집이 억수로 부럽더라고요. 시비를 붙어도 옛날에는 형제간 많으면 무조건 이긴다 아입니꺼. 막 싸워도 저거 형 동생 우~ 나오면 갈 데가 없어요(웃음). 그래가 그때 저는 아부지 졸라가 개를 키웠는데 큰 개 셰퍼드, 개도 훈련된 개. 저거는 형제간들 마이 끌고 나오면 나는 개 끌고 나가고. 개가 웍웍 카면서 이빨 드러내고 크게 짖는 개를 델꼬 나갔죠."

태권도를 배웠다. 특전사를 지원할 때 태권도 유단자라는 스펙이 있었기 때문에 붙을 수 있었다. 좋은 나라는 어떤 나라인지를 묻자 국력이 강해야 한다고 말한다.

"우리나라가 국방이고 뭐고 튼튼해져가 일본이나 중국이 함부로 몬 칼 정도로 돼야 되는데, 그런 거는 대화보다 국방의 힘이 길러져야 군사적인 균형이 이루어져야 서로가 서로를 존중하고 그렇죠. 그런 의미에서 북한이 핵 개발 하는 거를 그렇게 반대 안 합니더. 우리나라 쪽으로만 안 쏘면 돼요(웃음). 북한은 지금 절실하잖아요. 핵 말고는 아무것도 내놓을 카드가 없잖아요."

'능력 있는' 코드를 사용해서 좋은 나라를 정의한다. 자유로운 삶을 추구하는 그이기에 색다른 대답을 예상했다. 역대 대통령 중에서 주로 어느 당을 지지했는지 묻자 박정희를 언급하며 어느 누구보다 잘했다며 '능력 있는' 코드를 활용한다.

그는 힘의 논리를 지향하여 비록 독재의 굴레가 있지만 우호적인 입장을 취한다. 힘이 있어야 효율적이다. 직업에서도 '능력 있는', '전문적' 코드를 활용한다.

"내 만지는 능력이 상품이니까. …… 일에 대해서 내가 좋아서 하는 거니까 보람 있다고 봐야죠. 일을 하고 나면 만들고 반듯반듯하이 나오면 기분도 좋고. …… 내가 어디 가가 일로써 머리 수그리고 들어가고 이런 거 없어요. 자기들이 다 필요해서 부르죠. 거기에 만족합니다. 일을 잘한다는 건 아니고 살면서 계속 그랬어요. 내 손재주로 묵고사는데 머리 수그릴 필요가 뭐가 있노. 요거만 인정받으면 되지. 자기들 필요하면 부르면 되는 거고 그래 사는 게 제일 마음에 편해요."

공관병 갑질 사건에 대해서 묻자 군대에 있어본 사람들은 다 경험했다면서 웃는다.

"(웃음) 저도 군대생활할 때 대대장 집에 잔치하면 사병들 델꼬 가가 일 시키고 우리는 일하고 나서 밥 한 그릇 묵고 오고. 우리는 그때 괜찮았는데. …… 그때는 대대장이니까 명령

떨어지면 무조건 가야 된다고 생각했는데. …… 군은 명령체 곈데 전쟁이 나가 돌격 앞으로 캤는데, 거 안 갈랍니다, 거 가면 총 맞아 죽을 것 같아서 안 나가고 그러면 안 되잖아요. 지휘관이 명령을 내리면 그걸 평소에 훈련하면서 만들어져야 되는데 지금 군대생활처럼 '왜 그런 거 해야 됩니까?' 카면 곤란하다는 거죠."

합리적인가, 아닌가를 따지지 않는다. 습속에 따라 조직 문화에 복종하는 것을 당연하게 여긴다. 좋은 삶을 위해 '능력 있는', '규칙적', '전문적' 코드를 활용한다.

09
"정치는 정치하는 사람이 하는 거지"

남두일은 돈의 권력에 대해 분노한다. 고향 친구 관계에서도 돈과 돈이 연관된다. 그는 유사 가족 집단에 기대어 세상살이에 찌든 스트레스를 해소하려고 한다. 그런데 친밀성이 가장 두터운 집단에서조차도 자본주의가 스며들었음을 한탄한다. 모든 것이 돈에 의해 좌우되는 세상이다. 시민단체에 대해 질문을 하자 노조 촛불집회 사람들은 100퍼센트 골수분자이고 앞에서 주동하는 사람들은 연봉이 엄청나게 많다며 목소리가 커진다.

시민단체에 대해서도 불만이 많다. 촛불집회 이야기가 끝나자 바로 환경단체 이야기로 넘어가며 그 구성원들을 양아치에 비유한다. 국회의원과 언론에 대해서도 상당히 부정적이다. 사리사욕 챙기고, 사람 죽이는 것도 마음대로 한다. 시민단체나 국회의원들은 법치에 반하는 행동을 한다.

시민단체, 국회, 언론은 깨끗하지 못한 돈의 권력이 작동한다. 복지 정책에 대해서도 상당히 부정적이다. 공무원이 탁상 행정을 펼친다고 비난한다. 신체 건강한 몸으로 열심히 일하지 않는 청년들을 탓한다.

그는 누가 뭐라고 해도 박정희를 존경한다.

"물론 부정적으로 생각하면 독재라 카는데 장기 집권했다 카는데, 그때 그 사람 입장에서는 오래 안 할 수 없었는 기 국회의원도 그렇고 우리나라 사람들 대가리가 앉아가 아무것도 몰라가 우리가 뭐 아나? ······ 정치는 정치하는 사람이 하는 거지. 대가리들 저거끼리 독재 한다 캐샀지."

그는 법대로 순리대로 하면 된다는 '법치의' 코드를 사용한다. 공무원은 탁상 행정을 펼치는 무능력한 존재다. 독재와 장기 집권에 대해서 '능력 있는' 전문가 코드를 활용한다.

10
코드의 유사성

나는 이와 같이 가치, 규범, 목표 차원의 이항 코드를 분석했다. 분석하는 과정에서 최종렬의 〈사회적 공연으로서의 2008 촛불집회〉[8]와 백종숙의 〈사회적 공연으로서의 지역운동〉[9]에서 축출된 코드를 무시하고 덮어두었다. 선행연구를 참고하면 혹시라도 마음의 습속을 탐구하는 데 방해가 될지도 모른다는 우려감이 있었다. 가치, 규범, 목표의 하위코드를 생성하고 나서 그들이 돌출해낸 코드와 비교해봤다. 믿기지 않는 결과가 나왔다. 가치 차원에서 '생산적', '보존적', '자유로운', '(가족) 공동체를 먼저 고려하는' 코드를 사용했다. 규범 차원에서 '자율적인', '진솔한', '성실한', '겸손한', '소통적', '장기적 안목의', '(가족) 집단의 경계를 유지하는' 코드를 사용했다. 목표 차원에서 '상식적', '이성적', '일상적', '법치의', '규칙적', '전문적', '능력 있는', '(가족주의)제도를 활용하는', '보편적인 이해관계의' 코드를 사용했다. 이러한 코드는 두 선행연구 결과와 너무나 유사했다.

왜 사회적 공연social performance과 마음의 습속 코드가 유사한가? 그 배후에는 체화된 문화구조가 작동한다는 것을 발견했다. 개인들은 문제적 상황을 해소하기 위해 공적으로 가용한 문화 자원을 이용하여 자신의 행위를 유의미하게 구성한다. "아예 코드를 공유하지 않는 사람들끼리는 유의미한 상호작용 자체가 불가능하다."[10] 그러나 "코드를 공유한다고 해서 동일한 행위가 나오는 것은 아니다. 오히려 코드를 공유하기 때문에 행위가 다르게 나타나는 것이라 할 수" 있다.[11] 코드는 유사한 결과가 나왔지만 행위자는 각각 다른 방식으로 '가족의 행복'이라는 가치 코드, '성찰적 자신감'의 규범 코드, '습속의 왕국'이라는 목표 코드를 활용하여 행위 전략을 펼쳐나간다.

에필로그

01
보수주의적 가족주의

나는 연구 참여자들의 이야기를 의미의 망에 걸러 분석하여 대구경북의 마음의 습속을 탐구했다. 이들의 서사에서 가족적 자아가 친밀성, 시장, 시민사회, 지역 공동체, 정치, 종교 영역에 침투하고 있다는 것을 살펴보았다. 하버마스 이론에 따르면 체계와 생활세계는 각각 체계의 복잡성과 생활세계의 합리성으로 분화된다. 하지만 대구경북은 체계는 분화되었지만 생활세계는 여전히 미분화된 상태에 머물고 있다. 그림자 언어, 공부 언어, 연대 언어, 기억 언어, 무조건주의 언어의 가족주의 서사가 매우 강하게 작동한다는 것을 구체적 예시를 통해 보여주었다. 나는 이들의 서사를 해석학적으로 구성하여 가치, 규범, 목표 차원의 세 가지 연구 질문에 대한 대답을 다음과 같이 제시한다.

첫째, 대구경북의 50~60대는 좋은 삶을 어떻게 규정하는가? 이것은 가치를 알기 위한 질문이다. 이들의 가치는 '가족의 행복'이다. 연구 참여자들은 이야기를 다른 방향으로 뻗어가다가도 가족주의 언어로 되돌아온다. 결혼하고 자녀를 출산하고 현재의 기반을 보존하면서 평범하게 살기를 원하는 '생산적', '보존적' 코드를 사용한다. 자녀들의 삶에 대해서는 '미래 지향적인' 희망 코드를 사용한다. 가부장제와 사회제도에 구속되지 않고 자신들만의 재미난 삶을 추구하는 '자유로운' 코드를 사용한다. 가치지향이 가장 두드러지는 코드는 자신보다 '가족 공동체를 먼저 고려하는' 코드다. 이 코드는 일상의 삶을 지배하는 성스러운 코드다. 이에 대항하는 속된 코드는 '자신을 먼저 고려하는' 코드다.

둘째, 좋은 삶을 안내하는 규범은 무엇인가? 이 질문을 통해 대구경북 사람들은 자신이 생각하는 좋은 삶을 어떻게 추구해가는지 알아보고자 했다. 좋은 삶을 안내하는 규범은 '성찰적 자신감'이다. 이들은 성실하게 살아가면 결국 가족의 행복을 이룰 수 있다는 신념을 지닌다. 그런데 자녀들과의 관계에서 '관여하지 않는 삶', '닮지 않는 삶'을 언급하며 한 걸음 뒤로 물러서려고 한다. 어찌 보면 부모와 자녀는 가장 친밀성이 깊은 관계이기도 하다. 당연히 적극적으로 개입하고 싶은 감정을 가진다. 그러나 아이들에 대한 높은 기대치가 없다. 보통의 부모들은 소위 잘나가는 판·검사나 의사가 되었으면 좋겠다는 희망이 있기 마련인데 줄곧 '평범함'을 외친다. 그 이유는 무엇보다 아이들에게 물려줄 문화자본이 절대적으로 부족하기 때문이다. 이들은 스스로 그 한계를 깨닫고 적극적으로 개입하려고 하지 않는다. 자신이 어머니의 삶을 닮아가는 것을 보면서 소스라치게 놀라고, 자녀가 자신의 삶을 닮아가는 모습은 더욱더 견딜 수 없다. 자녀들은 자신과 다른 탄탄하고 예쁜 꽃길을 가야 한다.

연구 참여자들은 말한다. "힘든 삶이었지만 다 이겨냈다", "이제 죽어도 여한이 없다, 이제부터의 삶은 덤이다", "대한민국 국민으로서, 가족의 일원으로서 나에게 후한 평가를 내릴 것이다", "엄마 같은 엄마가 될 수 있을까?", "지금 생각하면", "지금이 행복해", "삶의 목적을 이루었지"라는 언어가 함축하는 것은 '성찰적 자신감'이다. 그들은 과거로 돌아가는 것을 거부한다. 열심히 산 덕분에 가족 집단 경계를 유지할 수 있었다. 좋은 삶을 안내하는 규범으로 '자율적인', '진솔한', '성실한', '겸손한', '소통적', '장기적 안목의' 코드를 활용한다.

셋째, 좋은 삶을 추구하기 위해 일상의 삶에서 무엇을 어떻게 행하고 있는가? 이것은 목표를 알기 위한 질문으로 효율성·비효율성과 관련된다. 가족의 행복을 실현하기 위한 효율적인 수단 목적으로 습속을 이용한다. 즉, '습속의 왕국'이다. 삶의 목적을 이루기 위해 수단 목적 범주를 통해 합리적인 행위를 하지 않는다. 지난 시절은 '성장주의' 구호를 외치며 오로지 앞만 보고 달려왔다. 경제적인 부분에 대해서는 촉각을 곤두세우지만 삶을 뒤돌아보는 성찰이 부족했다.[1] 일상의 삶에서 문제적 상황이 발생하면 습속을 따른다. 낭만적인 사랑은 일반적인 상황을 해결해주는 레퍼토리로 작동한다. 삶이 힘들거나 재미없어서, 아버지로부터 벗어나기 위해서, 노처녀나 비혼을 바라보는 사회적 인식에서 자유롭기 위해서, 사업 동반자로서의 필요조건에 의해 배우자를 선택한다.

가부장적 문화구조는 남성과 여성의 길을 정해놓았다. 여성에게는 현모양처의 삶을 강조하고, 남성에게는 가정의 경제를 책임져야 한다는 습속은 합리적 선택에 의한 수단 목적 도식 범주를 따르지 않아도 된다. 항상 일만 하다 보니까, 상식적인 수준에서, 정치는 정치인에게 맡기면 되고, 경제는 경제인에게 맡기면 되고, 평범한 일상을 반복하는 것이기에 수단 목적 도식에 따라 실행할 필요가 없다. 목표를 달성하기 위한 효율적인 수단 목적은 무엇보다 주변과의 관계가 중요하다.[2] 문제적 상황이 닥칠 때마다 가족과 유사 가족이라는 문화 자원을 활용하여 해결한다. 목표를 달성하기 위한 수단 목적으로 '상식적', '이성적', '일상적', '법치의', '규칙적', '전문적', '능력 있는', '보편적인 이해관계의', '가족주의제도를 사용하는' 것이 효율적이라는 코드를 사용한다.

대구경북 사람들의 공적 상징체계는 '보수주의적 가족주의'다. 보수주의적 가족주의가 의심을 유보한 채 습속으로 배태되어 있다. 이는 전국 어느 지역에서나 유사하게 나타날 수 있는 공적 상징체계이기도 하다. 하지만 내가 만난 연구 참여자 10명 중 8명이 보수주의적 성향을 강하게 나타내고 있고, 그들이 쓰는 언어도 매우 견고하다. 이러한 독특한 마음의 습속은 박정희 토템이라는 배경표상에서 비롯된다. 공동체를 중시하는 문화구조와 경제 발전을 염원하는 성장 서사가 어우러져 나타난 결과로 볼 수 있다. 1961년 5·16쿠데타 이후 경제 성장 제일주의는 현세적 물질주의를 자명한 가치로 만들었다.[3] 대구경북 사람들은 왕조시대의 상징적 존재인 왕과 유사한 인물을 자신들이 탄생시켰다는 자부심이 강하다. 지역 공동체에서 충성과 의리로 뭉쳐 박정희 토템을 추종하면 호혜성의 원칙에 따라 자신들에게 선물이 주어질 것이라 기대한다. 박정희를 가족의 행복을 위해 물질적 풍요를 안겨주는 성스러운 토템으로 상징화한다.

박정희 시대 사람다움의 기준은 도덕적 가치를 지키고 인간의 존엄성을 가진 품위 있는 인간이 아니었다. '개같이 벌어 정승같이 쓴다'는 언어가 증명하듯 물질적으로 풍요롭고 호화로운 삶을 사람다움의 기준으로 설정했다. 수단과 방법을 가리지 않고 돈을 벌어 잘 먹고 잘사는 것이 하나의 삶의 목표였다. '~가 밥 먹여주냐?', '금강산도 식후경'이라는 언어는 먹고사는 일과 물질주의적 가치관을 중요시했다는 점을 잘 보여준다.[4] 성공 신화를 달성하기 위해 '대大'를 위한 '소小'의 희생은 어쩔 수 없다는 공동체주의 마음의 습속이 지배했다. 이러한 문화구조는 박정희의 개인에 대한 판단을 흐리게 만들었다. '우리가 남이가'라는 연대 언어를 활용하여 무조건적인 지지를 보내고, 기억 언어를 소환하여 국가를 위기에서 구해낸 영웅으로 부상시켜 신화적 존재로 자리매김하게 했다. 이러한 요인으로 인해 대구경북은 다른 지역과 구별되는 독특한 '문화적 섬'의 지형을 이루었다.

02
가치론적 질문

가족주의 언어로는 좁은 지역적 세계에 머물 수밖에 없다. 지역적 특수한 언어에서 탈피하여 보편적 언어로 확장하려면 문화화용 능력을 키워야 한다. 최종렬은 지방대생을 연구하면서 "미적 체험에 대한 강렬한 열망!" 리포베츠키의 '나르시시즘적 개인주의' 열망이 있다는 것을 발견한다.[5] 이것은 "좁은 나를 벗어나와 새로운 것으로 나아가게 하는 에로스의 힘"[6]이라고 말한다.

인간이 동물과 다른 점은 상징의 세계에서 살아간다는 것이다.[7] 주어진 세계에 머물며 의심하지 않고 습속대로 살아가면 '마치 ~인 것 같은' 가정법[as~if]의 세계를 경험할 수 없다. 꿈을 꿀 수 있는 이상이 존재하지 않는다. 대구경북 사람들은 당장 눈앞에 보이는 직설법[as it is]의 세계를 가치 기준으로 설정한다. "사람은 무엇보다도 이야기로 살아간다. 무한 성장을 추구하는 경영 이야기와 모든 책임을 개인에게 돌리는 심리 이야기로는 장기적인 전망을 공유하는 공동체를 만들 수도 존속시킬 수도 없다."[8] '나는 무엇을 좋아하는가?', '언제 가슴이 뛰는가?', '좋은 삶은 무엇인가?' 하는 삶의 의미에 대해 강력한 가치론적 질문을 던져야 한다. 그럴 때 우리는 각각의 영역으로 상호 침투하는 문화화용 능력을 키울 수 있다. 지역적 특수한 언어가 아닌 보편적 언어를 구사하려면 공적 상징체계를 새롭게 구축해야만 한다.

03
문화적, 정서적 요인

내가 속해 있는 문화 집단을 탐구하면서 '나는 어떻게 살아왔는가? 나는 누구인가? 앞으로 어떻게 살아야 하는가?' 하는 물음을 던졌다. 연구 참여자들의 서사를 들으면서 시간을 거슬러 올라가는 착각에 빠져들기도 했다. 지난 세월 속에 있는 흩어진 기억의 파편들을 하나씩 끌어 모아 삶의 이야기 집을 짓는 기분이 들었다. 에이블먼은 빈센트 크라판지노를 빌려 "절대로 두 사람만의 대화는 있을 수 없다. 두 사람은 대화를 나누는 동시에 그 자리에 없지만 (중요한) 다른 대화자와 각기 또 다른 대화를 나누며, 대화의 내용이 바뀔 때마다 대화자도 바뀐다"고 말했다.[9]

나는 인터뷰를 하는 과정에서 수많은 타자와 마주 앉아 대화를 나누며 과거와 현재, 미래를 넘나들었다. 예전에 어머니의 삶을 들으면서 호랑이 담배 피우던 옛날 옛적 이야기로 느낀 적이 있었다. 아득한 그 이야기들은 지금은 하나의 역사가 되고 문화가 되었다. 나와 같은 시대, 동일한 문화 집단에서 살아온 그들의 서사에서 흑백사진 속에 있는 그때 그 시절의 모습이 떠올랐다. 내가 지나온 삶들이 어느덧 세월 속에 섞여 이야기 꾸러미를 만들고 있었고, 앞으로 어떻게 살아야 할 것인지를 전망해보기도 했다. 어느 개인의 삶은 자신도 모르는 사이에 새로운 역사와 문화를 창조하는 유의미한 존재가 되어가고 있었다.

이 글에 등장하는 연구 참여자들의 서사는 나의 삶과 무관하지 않았다. 서사의 주인공이 나인 듯, 그들인 듯 지그재그로 교차하며 사회학을 공부하기 이전의 내 모습을 적나라하게 드러냈다. 나는 박근혜 탄핵 촛불집회를 겪으면서 정서적 요인이 크게 작동한다는 것을 경험했다. 이정미 헌법재판소 재판관이 "대통령 박근혜를 파면한다"는 선고를 내리는 순간 찌릿한 아픔이 온몸으로 전해졌다. 어렸을 적 고향 풍경이 떠오르고 박정희-박근혜에게 무조건적 지지를 보내던 부모님 얼굴이 겹쳐 보였다. 이 선고가 옳은가, 그른가 하는 인지적 차원보다 가족주의 서사의 연대 언어, 기억 언어, 무조건주의 언어가 작동하면서 문화적, 정서적 요인이 먼저 나를 파고들었다. 급기야 나는 삶의 한 곳에 간직한 향수가 와해되는 것 같은 허탈감이 몰려왔다. 박정희 토템이 내 마음의 습속에 굳건하게 자리 잡고 있다는 것을 인식하는 순간이었다.

04
미학적 공론장의 집합의례

나는 씨족 공동체 마을에서 자라면서 삼종지도의 윤리가 나의 운명을 좌지우지한다는 문화구조에 익숙해 있었다. 가부장제에 순응하며 가족주의 언어를 실천하는 삶을 덕목으로 삼았다. 공동체를 중시하는 문화 집단에서 개인주의 자아를 형성하는 것은 일종의 도발에 가까웠다. 각각의 영역에서 상호 주관적인 세계를 구축하지 못하고 가족적 자아에 머무는 현상은 비단 연구 참여자들만의 이야기가 아니었다. 마치 거울로 반사되는 자아를 보는 듯 가슴이 먹먹해졌다.

가족주의 코드는 가부장의 권력에 도전할 만한 문화화용 능력을 갖추지 못한 것일까? 나는 주어진 삶에 질문을 던지지 않고 세월의 흐름에 순응하며 따라왔다. 그렇다고 지난 삶이 위태롭지는 않았다. 가족 내에서 사랑을 주고받으며 자아를 형성했다. 사회학의 학문세계에 진입하면서부터 궁금증이 일고 갑갑증이 발병했다. 알려는 의지가 생기고 나서부터 나타나는 증상이었다. 학문 공동체의 언어는 습속으로 배태되어 무감각했던 나의 오감을 자극했다. 가족 집단에서만 유용한 '성찰적 자신감'은 친밀성 영역을 벗어난 세계에서는 무의미하다는 것을 절감했다. 학문세계에서는 '마치 ~인 것 같은'의 미학적 공론장을 집합적으로 체험하게 해주어서 역동적인 감정들이 깨어나 삶의 의미에 대해 질문하게 만든다.

10명의 연구 참여자는 가족과 유사 가족으로 구성된 문화 집단에서만 통용되는 특수한 언어를 사용했다. 여은정과 남계식은 다양한 영역으로 상호 침투하기 위해 꿈틀거리다 다시 가족적 자아로 돌아가버려 아쉬움을 더했다. 그들은 가족과 유사 가족 안에 갇혀 가족주의 언어 또는 지역주의 언어를 쓰면서 가족 밖 너머의 현실을 알려고 하지 않았다. 그들만의 세계에 갇혀 고립된 '문화적 섬'에서 살고 있었다.

　　최종렬은 그가 체험한 대구경북의 청년들이 착한 성품을 지녔고 관계 지향적이라고 언급했다.[10] 내가 만난 문화 집단 사람들 또한 그 누구보다도 인간적인 냄새가 물씬 풍겼다. 하지만 이들을 성찰 대상에 놓는 순간 걷잡을 수 없는 혼란이 일어났다. 나는 인터뷰를 하면서 수많은 번민에 사로잡혔다. 나 홀로 동떨어진 자아를 형성하고 있다는 사실에 고립감을 느꼈다. 그렇다고 내가 사회학의 학문세계에서 온전한 자아를 형성하는 것도 아니었다. 사회학적 사고에 반기를 들고 싶을 때도 많았다. 특히 학문세계에서 접한 친밀성의 언어는 나의 지나간 삶을 유린하는 것 같은 분노가 느껴지기도 했다. 지금까지 살아온 삶의 방식을 부정당하는 것에 대한 반론이랄까? 문화 집단에서의 기억체계가 훼손당하는 것 같은 불안감에 휩싸였다. 객관적 자아로서의 나는 가부장적 제도의 불합리성을 신랄하게 꼬집었지만, 막상 주관적 감정이 개입하면 아버지에 대한 부정은 비윤리적이라는 모순에 빠졌다.

　　이제 글을 마무리할 시간이다. 마음의 습속을 탐구하고

나를 성찰의 대상에 놓는 순간, 나는 이미 가족적 자아를 벗어나 더 넓은 세계로 확장하고 있다고 자부한다. "사회학은 말한다. 모든 힘은 인간이 서로 인간으로 만나 상호작용하는 과정에서 나온다고."[11] 나는 학문세계에서 지속적인 집합의례를 통해 집합흥분을 하는 과정에서 '마치 ~인 것 같은' 미학적 폴리스로 진입했다. 내가 몸담고 있는 문화 집단에 대해 '낯설게하기' 과정은 마침내 이 글을 쓰도록 이끌었다. 최종렬은 《복학왕의 사회학》에서 사회학의 언어를 타고 올라가야 좀 더 넓은 세계로 나아가는 자아를 확장할 수 있다며 미학적 폴리스를 언급한다.[12] "여기서 정작 필요한 것은, 일상사에 대한 합리적인 의사결정이 아니라 '마치 ~인 것 같은' 영역으로 진입해 사회와 도덕에 대해 논의하는 것이다."[13] 나는 그것이 무슨 의미가 있을지를 의심하고 반박했다. 그런데 바로 내가 미학적 폴리스의 세계를 경험하지 않았는가?

문화는 한 번 형성되면 고정 불변적인 것이 아니라 현재 진행 중인 과정에도 상호작용하는 동안 꾸준히 생겨나고 만들어진다.[14] 사회학적 집합의식은 당연시 여겼던 습속을 낯설게 하면서 의문을 제기한다. 나는 친밀성 영역 밖의 타자와 대화하면서 자아가 변화하고 있음을 감지했다. 이러한 글을 통해 '대구경북의 마음의 습속'을 탐구하는 데 도움을 준 연구참여자들과 서사에 출현하는 등장인물들이 한 번쯤 자아에 대해 질문해보는 계기가 되기를 바란다. 친밀성 영역이 개인의 삶을 구속하는 공간이 아니라 좋은 삶을 위해 내딛는 디딤

돌로서 역할을 수행할 수 있기를 기대한다. 보수주의적 가족주의 언어로는 기존의 벽을 넘을 수 없다. 공적 상징체계를 새롭게 구축해서 문화화용 능력을 확장하면 보편적인 언어를 활용하는 것이 가능해진다. 그럴 때쯤이면 나의 문화 집단 사람들이 지역 간의 경계를 뛰어넘어 새로운 이야기를 창출하게 될 것이다.

이론적틀

01

마음의 습속

벨라 연구팀은 "미국인으로서 우리는 어떻게 살아야 하는가? 우리는 누구인가?"라는 질문을 던진다.[1] 미국인들은 항상 무엇이 되기를 원했다. 그들은 선하게 행동함으로써 열린 사회에서 자존과 정체성을 성취할 수 있다고 믿었다. 그러나 주위에서 일어나고 있는 일들을 살펴보면서 도처에 건강한 사회와 미래에 대한 우려가 많다는 것을 발견했다. 《미국인의 사고와 관습》을 탐구했던 벨라 연구팀이 했던 질문을 나는 대구경북 사람들을 향해 물었다. 한국사회에 자리 잡고 있는 대구경북의 위치는 '문화적 섬'의 지형에 속한다. 전국적으로 'TK 정서'에 대한 비난이 쏟아지면서 집합적 정체성이 속되다고 아우성이다. 왜 이런 현상이 일어나고 있는가? 대구경북 사람들의 마음이 뭐길래 이런 당혹스러운 대가를 치러야만 하는가?

　"마음은 고정된 상태로 얻어지고 전달되고 양도될 수 있는 객체, 물건, 사물, 상태, 실체가 아니다. 마음은 불변하는 심층 구조가 아니다."[2] 마음은 사람을 행위하게끔 이끌지만 종종 자신의 의지와 상관없이 다가와 당혹스럽기도 하다. 하지만 그 또한 동기의 밑거름은 사회적으로 구성된다. 마음은 이성뿐 아니라 감정과 감성을 포괄하면서도, 특유의 문화적 맥락과 의미를 내포하여 습속으로 자리매김한다. 마음이란 결국 개인의 것이 아니라 우리의 것이고, 사회의 것이며 공유하는 매체다. 또한 문화적으로 광범위하게 공유되는 삶의 바탕 위에 존재하는 것이기에 예측 불가능한 것이 아니다. 마음의 문제는 줄곧 개인의 문제로 치부해온 환경에 놓여 있었다. 하지만 마음은 사회의 문화적 차원으로 다루어져야 한다.[3]

　　마음은 끝없이 변화하고 내부와 외부가 뒤섞이며 전개된다.[4] "자아는 태어나자마자 이미 존재하는 것이 아니라, 사회적 경험과 활동 과정 속에서 다른 개인들과 이루어가는 관계의 결과로 특정 개인 안에서 발달"[5]한다. 마음의 습속은 의식적인 노력을 기울이지 않아도 자연스럽게 행위를 할 수 있는 힘이 있다. 그것은 짧은 기간에 만들어지는 것이 아니라, 여러 대에 걸쳐 서서히 형성되는 지배적 가치관으로서 사회화 과정에서 내면화되는 사고 양식이며, 한 개인이 이 세상에 오기 이전부터 이미 존재 해왔다.[6] "사회의 가치 신념에 규정된 의무를 준수하고 관습과 규칙을 익힌 습속으로써 내면적인 기질이 형성"되어 그 원동력으로 당면한 과제들을 헤쳐나간다. 어떠한 행위를 할 때 마음의 습속은 신호 지시등과 같은 역할을 한다.

토크빌은 미국의 민주 정치가 유지하도록 기여하는 요건들을 크게 세 가지로 구분한다.[8] 자연의 섭리에 의해 전쟁이나 침략이 없는 독특하면서도 넓은 영토, 다수의 횡포를 제한하는 국민의 지적 수준과 그 나라의 성격에 지극히 합당한 법률, 국민들의 생활태도와 습관이 그것이다. 그중에서도 '마음의 습속'이 미국의 민주주의가 성공한 중요한 원인이었다고 밝힌다. 그들에게는 귀족도 천민도 없었고, 출생이나 직업상의 편견도 없었다. 민주주의를 사회의 조건으로 간주하기 때문에 별 어려움 없이 뿌리를 내릴 수 있었다. 그는 미국에서 머물렀을 때의 경험을 이렇게 말한다.

"내가 미국에 머무르는 동안 가장 강력하게 나의 관심을 사로잡은 것은 사람들 사이의 조건의 일반적 평등이다. 나는 이 두드러진 사실이 사회의 전 과정에 끼친 엄청난 영향을 쉽게 발견했다. 그것은 여론에 특정한 방향을 주며, 법률에 독특한 취지를 부여한다. 그것은 통치자에게는 유념할 사항을 주며 피치자들에게는 독특한 습관을 준다."[9]

마음의 습속은 사회의 '제도적' 차원이 아니라 '문화적·상징적' 차원이 인지적·정서적·도덕적 총체로 국민의 윤리적·지적 전체 조건을 함유한다. 행복한 삶을 위해 습속이 영향력을 발휘하며 훌륭한 자연환경과 법률이 있다고 해도 나쁜 습속이 있으면 그 나라의 제도가 유지될 수 없다. 반면에 좋은 습속은 열악한 자연환경과 법률을 어느 정도 유리하게 전환할 힘이 있다. 그 중요성은 모두가 인식하고 있는 공통적인 진실이다.[10]

초기의 미국 이민자들은 자손들에게 물려줄 유산으로 공화정의 성공에 기여할 수 있는 습속, 생활태도, 관념을 무엇보다 중요하게 생각했다. 그 유산이 오늘날 민주주의를 발전시키는 기제가 되었다.[11] 토크빌은《미국의 민주주의》에서 습속이 핵심적인 사항이며 탐구해야 할 종착점이라고 강조한다. 만약 자신이 민주 제도에 영향을 미친 습속의 중요성을 깨닫지 못했다면 자신의 연구는 실패했을 것이라고 말할 정도로 습속의 중요성을 되짚는다.[12]

벨라 연구팀은 마음의 습속을 연구하면서 심리학적·사회학적인 차원에 초점을 맞추지 않았다.[13] 의미 있는 삶을 위해 어떠한 재원을 활용하며, 자신과 자신이 속한 사회에 대해 어떠한 사고를 하는지, 그들의 사고와 행동이 가지는 연관성을 문화적인 차원에서 파악하려고 했다. 특정 사회에서 민주주의라는 가치에 만족하며 살아가는 동시대 사람들과 달리 미국의 역사가 대단하다고 하더라도 얼룩진 인간의 역사이기에 비판의 대상이 된다고 보았으며, 마음의 문을 열어두고 미국이라는 한정된 세계 그 너머로 나아가려는 시도를 했다. 이는 경계 허물기와 경계 넘나들기를 감행하고, 이를 통해 경계 그 너머의 어떤 세계를 바라보려는 의도였다.[14]

"많은 문화연구가들은 사람들이 그들의 행위를 설명하는 '언어' 또는 '어휘'에 초점을 맞춘다. 언어들은 습속이며, 쉽게 접근 가능한 단어와 어구로 기술한다."[15] 우리의 의지대로 자유롭게 구사한다고 느껴지는 언어는 사실은 신념체계, 가치, 이념, 습속 등 뿌리 깊은 문화의 힘에 강요당한다. "언어는 조직화된 반응을 의미하고 그 가치, 즉 이들 반응이 가지는 함의는 공동체 속에서 보여지는 것이며, 그 사회로부터 조직화된 반응이 개인 자신의 본성"[16] 속에서 받아들여진다.

벨라 연구팀은 언어를 어떻게 표현하는지 관심을 둔다.[17] 미국인들은 개인주의 언어를 기본적으로 사용하며 자존성과 독립성을 중요한 가치로 삼는다. 개인주의가 경쟁 사회에서 성공으로 보상받는다고 여겨지고 그 자체로 가치 있는 덕목으로 평가한다. 그러나 미국의 개인주의 언어에서 구조적인 문제가 있음을 지적하고 개인주의만으로 상호 의존 관계의 중요성을 깨닫기는 쉽지 않다고 판단한다. 이러한 해결책을 마련하기 위해 미국인들은 '성경주의적 민주공화사상Biblical Republicanism'에 관심을 기울인다. 성경주의 공화적 언어는 대의명분을 형성해서 공통의 도의적 목적, 시민들의 복지와 행복을 책임지는 것을 목적으로 한다. 성경에 토대를 둔 습속은 미국인들 대부분이 사용하는 제2언어이며 이를 통해 삶의 가치에 관심을 기울인다. 이 두 가지 사상, 즉 '민주주의'와 '성경주의' 언어는 사회적 차원에서 인간 중시라는 연결고리를 가진다. 개인이라는 것은 타자와의 관계 회피가 아니라 성인으로서 중요한 몫을 담당하는 것이고, 진정한 자유는 좀 더 넓은 세계에 대해 공통의 책임을 인식하는 것이다. 미국인이 개인주의를 지향하는 습속에서 벗어나기 위해서는 의지만으로는 불가능하고, 어떤 의미를 형성하는 이야기와 상징이 복원되어야 한다고 보았다.

마음은 인지적·정서적·도덕적 코드의 복합체이며 가치·규범·목표 차원의 성·속 코드이다. 인간은 단순히 체계, 형태, 상부구조에 의해 행위를 하지 않으며 역사적으로 누적되어온 공적 자산을 활용한다.[18] 참이냐 거짓이냐를 따지는 인지적 차원뿐만 아니라 집합의례를 통해 집합흥분을 하고 그 경험을 핵으로 집합의식인 상징체계를 구성하면서 정서적이고 도덕적인 복합적 요소들이 작동한다.[19]

습속을 연구하는 중요한 이유는 사회현상, 사회원리, 사회의 장기적 발전력에 대한 통찰력을 주고, 사회적 상상력의 초기 움직임 등을 구분할 수 있기 때문이다. 어떤 행위는 자동으로 결정되는 것이 아니라 사회적으로 설정된 의미구조들에 의해 상징화되어야 유의미하다.[20] 자신이 지향하는 가치를 선택하는 동기는 어떤 판단 기준이 있다. "가치value는 외부의 영향이라는 마지막 흔적을 없애버리고 순수한 그리고 끝없는 자유에 도달하기 위해 개인이 선택하는, 이성적으로 변호의 여지가 없는 것으로 드러났다."[21]

이런 논의는 어떤 문화 집단의 마음의 습속을 알기 위해서는 나름의 의미를 형성하는 상징성을 탐구하는 과정이 무엇보다 중요하다는 것을 암시한다. 문화사회학은 사회를 규제하는 무의식적인 문화구조를 밝히는 학문이다.[22] 나는 이 부분에서 하나의 소명의식을 느낀다. 사람들은 일상의 삶을 습속에 따라 당연한 것처럼 여기고 살아간다. 하지만 어떤 것도 당연한 것은 없다. 당연한 것으로 인식하는 현상은 문화구조가 이끄는 대로 살아가기를 강요하는 것에서부터 시작된다.

대구경북은 전국적으로 특수한 집단으로 인식되고 있다. 부르디외의 표현을 빌리면 대구경북의 정체성을 구성하는 독특한 아비투스가 있으며,[23] 그것이 필연적으로 육화되어 의미를 부여하고 실천하는 성향으로 전환된다. "아비투스는 몸으로도 표현되지만 정신과 의식 속에 지속되는 특정한 성향과 규칙의 다발이다. 한 집단의 아비투스를 알면 그 집단 구성원이 특정 상황에서 행동하는 방식을 예측하고 이해할 수 있다."[24]

문화구조는 고정된 실체가 아니라 다양하게 활용할 수 있는 공적 상징체계다. 인간은 타자를 전제로 행위하고 있으며, 반드시 공적으로 가용한 상징체계를 통해서 타자와 상호작용한다.[25] 한국 사람들의 마음의 습속은 기본적으로 유교의 맥락에서 찾아볼 수 있다. 유교는 인간의 마음속에 사적 욕망을 철저히 억제하고, 공동의 이익을 위하여 헌신하는 공적 윤리를 궁극적 목표로 삼는다.[26] 그렇다면 대구경북 사람들의 마음의 습속은 무엇일까? 대구경북이라는 한정된 세계 그 너머로 나아가려면 먼저 자신들에게 가용한 공적 상징체계가 무엇인지 파악해야 한다.

서사적 인터뷰는 연구 참여자가 스스로 삶을 구성하여 이야기할 수 있도록 마련한 공론장이다.[27] 인간은 자기 혼자만 유용한 언어를 구사하지 않는다. 반드시 공적으로 가용한 상징체계를 활용하여 이야기함으로써 상호 주관적인 세계를 구축한다. 연구 참여자뿐만 아니라 연구자에게도 유의미한 이야기를 구성하려면 행위자는 문화구조의 언어를 사용해야 한다. 즉, 공적 상징체계를 활용하여 서사할 수밖에 없다. 마음의 습속을 탐구하기 위해서는 대구경북 사람들이 직접 만들어내는 이야기에 귀를 기울이는 것이 무엇보다 중요하다. 이에 대한 연구는 내면을 들여다보는 통찰력을 키워주고 앞으로 사회가 어떠한 방향으로 나아갈 수 있을지 감지하는 능력을 얻을 수 있다. '우리는 어떻게 살아왔는가?', '우리는 누구인가?', '우리는 어떻게 살아야 하는가?' 하는 과제는 삶의 의미를 파악하는 중요한 근거가 된다. 이러한 물음은 대구경북을 새롭게 하고, 윤리적 위기를 극복하기 위한 하나의 과정이라고 할 수 있다.

아렌트는 '인간 행위'의 새로운 시작을 '탄생'이라는 은유로 활용한다.[28] 인간 행위는 탄생성이라는 인간 조건과 밀접한 관계가 있으며 탄생에 내재하는 새로운 시작은 새로 오는 자가 어떤 것을 새롭게 시작할 행위 능력의 가능성이 있는가에 주목한다. "세계는 인간의 탄생으로 끝없이 변화해가는 열린 지평이다."[29] 마음의 습속에 대한 연구는 특정한 사회가 왜 현

재 상태로 유지되고 있는지 알 수 있고, 새로운 사회적 상상력의 방향을 발견하는 데 도움을 준다.[30]

물론 나의 연구가 대단한 능력을 발휘한다고 호언장담하지 않는다. 하지만 대구경북의 마음의 습속을 탐구하는 작은 발걸음이 또 다른 가능성의 세계를 찾는 작은 단초가 되기를 기대한다.

02
뒤르케임주의 문화사회학

대구경북 사람들이 구사하는 언어를 이해하려면 뒤르케임주의 문화사회학적 접근이 유용하다. 문화사회학자는 기존의 관념적이고 추상적인 탐구를 넘어 구체적이고 경험적인 연구를 통해 사회적 삶의 의미를 분석한다. 인간의 행위가 아무리 도구적이고 성찰적이고 강제성이 동반된다고 할지라도 감정과 의미의 지평에서 벗어날 수 없다. 문화는 사회구조로부터 상대적 자율성을 확보하여 물질적이거나 도구적인 요소만큼 행위와 제도를 형성한다.[31]

지금까지 사회학은 '사회'를 탐구하는 학문으로, 인문학은 '문화'를 탐구하는 학문이라는 이분법적 사고가 지배적이었다.[32] 문화에 대한 관심은 의미의 문제를 밝히는 것이 핵심이다.[33] 현대사회는 사회세계를 '사회구조'와 '사회제도'를 중시하여 과학적 질서로 규정함으로써 '의미'의 문제를 제거했다. 현대사회의 공리주의 질서는 경제적 효율성에 가려 도덕적 정당화에 치명적인 약점을 지닌다. 최근 사회학은 의미의 문제를 다시 불러들여 심각하게 조명하기 시작한다. 탈현대사회는 의미가 사회세계로 다시 돌아오고 있음을 증명한다. 세계화로 인해 양극화 현상이 발생하면서 사회적 연대를 해치게 됨에 따라 유의미하고 윤리적인 삶, 좋은 삶에 대한 근원적인 질문을 던지면서 의미의 문제가 전면에 등장한다. 현실에 대해 기존의 사회학으로는 설명할 수 없는 필연적 요구에 의해 문화적 전환에 기댄다.[34]

사회학의 문화적 전환은 사회학의 외부에서 인문학적 학문을 빌려오는 소극적인 행위가 아니라 고전 사회학자들이 붙들고 씨름했던 의미의 문제를 현실에 맞게 되살리는 적극적인 행위다.[35] 문화의 최근 개념은 문화를 결속하는 속성, 구조화된 속성, 구조화하는 속성을 가진 것으로 보는 뒤르케임의 문제의식에 의지하고 있다.[36] 또한 고전 사회학자인 베버는 "문화생활을 다루는 학문 영역에서 왜 객관적으로 타당한 진리가 존재하는가" 하는 질문을 던진다.[37] 인간은 상징체계를 통해 유의미한 질서를 구성할 수 있다. 문화사회학은 문화를 상징체계로 정의하며 인간의 행위를 안내하는 나침반으로 본다. 삶이 존재하는 한 인간의 행위를 이끄는 상징체계는 항상 존재할 수밖에 없다. 고대에는 주술이, 중세에는 세계종교가, 현대사회에는 과학이, 그리고 탈현대사회에는 미학이 인간의 행위를 안내한다는 점이 차이가 날 뿐이다.[38]

문화사회학은 인간의 행위에 대해 외면적 접근에 만족하지 않고 내면 깊숙한 곳까지 스며들어 문화가 설명력을 지닌 독립 변수임을 보여준다. 사회현상이 도구적·물질적·제도적이어도 근본적으로는 문화에 배태되어 있다.[39] 인간은 거미처럼 자신이 뿜어낸 의미의 그물 가운데에 있는 존재이며, 이것을 의미의 망이라 부른다. 의미의 망은 공적 코드들에 둘러싸여 있으며 두꺼운 기술thick description을 필요로 한다. 한 예로 눈꺼풀을 수축하는 행위를 얕은 기술로 바라본다면 윙크인지 단순한 눈의 경련인지 구분하지 못하지만 공적 코드를 사용하면 두 개의 동작은 확연한 차이가 난다. 하나의 행위는 그 문화의 일부가 되며 그럴 경우 단순한 동작이 아니라 공적인 의미를 지닌다. 두꺼운 기술은 한 현상을 이미 존재하는 공적 코드와 관련지어 이해하기 때문에 실증주의적 방법으로는 파악할 수 없다.[40]

지금까지 텍스트를 통해 전해지는 문헌들은 주로 일상을 살아가는 평범한 사람들이 아닌 특별한 사람들의 이야기로 구성되었다. 주변인들이 내뿜는 이야기는 객관적 글쓰기의 우월주의에 가려져 단순한 가십거리 정도로 취급받았다. 인간은 지구상에서 유일하게 이야기를 꾸려나가는 능력을 보유한 동물이다. 사람은 공동체 속에서 살아가기에 개인의 서사일지라도 공유하는 공동의 기억이 있기 마련이다. 과거를 이야기한다는 것은 의식적이든 무의식적이든 기억 속에 있는 정보를 취사선택하는 행위이며, 그것이 그럴 만한 가치가 있기 때문이다.[41] 이러한 인간의 경험이 누적되어 문화의 지층이 형성된다.

기억에 의해 추출된 사실들을 일정 시간과 문맥에 맞춰 재배열하면 그것이 세계나 역사가 된다.[42] 대구경북 사람들의 이야기는 단순한 개인의 서사로 끝나는 것이 아니라 사회적으로 설정된 일련의 의미구조들로 이루어졌다. 의미는 현상적인 것에서부터 여러 공적 코드들에 의해 그 의미가 문화적으로 구성되는 다층적인 것까지 두껍게 포진되어 있다.[43] 문화가 공적 의미를 창출한다는 것은 물질적인 사회적 사실만큼 객관적인 구조로 작동하고 있다는 것을 방증한다.[44]

프롤로그

1   최종희, 〈통〉, 《출가》, 대구일보, 2012, 57~62쪽, 58쪽.

2   홍철·김규원·석민·이상용·박경·박민규, 《진짜 대구를 말해줘》, 홍익포럼, 2006, 43쪽

3   정순우, 〈기억과 현실 사이, 균열된 자의식〉, 《대경포럼》 53, 2005, 7~15쪽, 9쪽.

4   최용호, 〈대구경북의 정체성: 올바름에 대한 믿음과 자기혁신〉, 같은 책, 4~5쪽, 4쪽.

5   이승협, 〈19대 총선을 통해 본 대구·경북의 지역주의와 권력의 물질성〉, 《지역사회학》 14(1), 2012, 209~235쪽.

6   노진철·박은희, 〈시민적 성찰과정과 대구지역 시민사회의 형성: 낙동강 페놀오염 사건을 중심으로〉, 《환경사회학연구》 7, 2004, 8~42쪽.

7   장윤수, 〈대구경북인의 자기의식과 기질〉, 《대경포럼》 53, 2005, 16~27쪽, 26쪽.

8   낸시 에이블먼, 《사회이동과 계급, 그 멜로드라마: 미국 인류학자가 만난 한국 여성들 이야기》, 강신표·박찬희 옮김, 일조각, 2014, 53쪽.

9   최종렬, 〈사회학, 서사를 어떻게 할 것인가?〉, 《베버와 바나나: 이야기가 있는 사회학》, 마음의거울, 2015, 23~67쪽, 59쪽.

10 최종렬, 〈'복학왕'의 사회학: 지방대생의 이야기에 대한 서사 분석〉, 《한국사회학》 51(1), 2017, 243~293쪽, 281~283쪽.

11 홍덕률, 〈대구·경북의 지역주의적 정치행동〉, 《황해문화》 44, 2004, 40~60쪽, 56쪽.

12 로버트 벨라·리차드 매드슨·윌리엄 설리반·앤 스위들러·스티븐

팁튼,《미국인의 사고와 관습》, 김명숙·김정숙·이재협 옮김, 나남, 2001. 이하 벨라 연구팀이라 칭한다.

13 Georg Simmel, "The Problem of Sociology", eds. Donald N. Levine, *On Individuality and Social Forms*, The University of Chicago Press, 1971, pp.23~35, p.23.

14 조지 허버트 미드,《정신·자아·사회: 사회적 행동주의자가 분석하는 개인과 사회》, 나영은 옮김, 한길사, 2010, 248~252쪽

15 김인택, 〈의사소통 과정에서 '침묵' 행위의 사회문화론적 해석〉, 《코키토》, 2011, 451~483쪽.

16 정수복,《응답하는 사회학: 인문학적 사회학의 귀환》, 문학과지성사, 2015, 47쪽.

17 정수복,《한국인의 문화적 문법: 당연의 세계 낯설게 보기》, 생각의나무, 2012, 471쪽.

18 같은 책, 491쪽.

19 같은 책, 52쪽.

20 같은 책, 470쪽.

21 홍철·김규원·석민·이상용·박경·박민규,《진짜 대구를 말해줘》, 38쪽

22 이재하, 〈지표공간의 특성〉,《대구경북의 이해》, 양서원, 2014, 121~160쪽, 122쪽.

23 김태일, 〈대구경북학이란 무엇인가〉, 같은 책, 15~34쪽, 22쪽.

24 김규원, 〈대구경북의 정체성〉, 같은 책, 42쪽.

25 이철우, 〈대구·경북 지역 발전과 2012년 양대 선거: 대구경북 지역의 대안적 발전 방안〉,《사회과학 담론과 정책》 5(1), 2012, 23~42쪽.

26 김규원, 〈대구경북의 정체성〉, 앞의 책, 41쪽.

27 김태일, 〈대구경북학이란 무엇인가〉, 앞의 책, 15~34쪽, 22쪽.

28 정수복,《한국인의 문화적 문법: 당연의 세계 낯설게 보기》, 108쪽.

29 낸시 에이블먼,《사회이동과 계급, 그 멜로드라마: 미국 인류학자가 만난 한국 여성들 이야기》, 40쪽.

30 최종렬, 〈사회학, 서사를 어떻게 할 것인가?〉, 앞의 책.

31   바니 글레이저·안젤름 스트라우스,《근거 이론의 발견: 질적 여구
      전략》, 이병식·박상욱·김사훈 옮김, 학지사, 2011; Glazer, Barney
      G.·Anselm L. Strauss, *The Discovery of Grounded Theory:
      Strategies for Qualitative Research*, Aldine, 1967, p.95.

32   김혜경,〈자료 수집 방법〉,《문화사회학의 관점으로 본 질적
      연구방법론》, 휴머니스트, 2018, 203~230쪽, 215쪽.

33   바니 글레이저·안젤름 스트라우스,《근거 이론의 발견: 질적 여구
      전략》, 95쪽.

34   김혜경,〈자료 수집 방법〉, 앞의 책, 215쪽.

35   《스카이데일리》, 2018.9.10.

36   로버트 벨라·리차드 매드슨·윌리엄 설리반·앤 스위들러·스티븐
      팁튼,《미국인의 사고와 관습》, 47~56쪽.

37   Andrea Fontana and James Frey, "Interviewing: The Art of
      Science", eds. Norman K. Denzin and Yvonna S. Lincoln,
      Handbook of Qualitative Research, Sage, 1994, pp. 361~376,
      p.367.

38   어빙 고프먼,《상호작용 의례: 대면 행동에 관한 에세이》, 진수미
      옮김, 아카넷, 2014, 23쪽.

39   최종렬,《복학왕의 사회학》, 오월의봄, 2018, 39쪽.

40   문화는 공적 자산이고, 상징체계이므로 어느 한 곳에 숨겨두고
      개인이 독점해서 사용할 수 없다. 또한 문화는 자율성을 지니기에
      행위자는 이를 다양하게 활용할 수 있다. 문화화용론은 공적
      상징체계가 특정의 의미를 주조하는 문화구조이지만 동시에 그
      쓰임에 따라 얼마든지 다른 의미가 만들어질 수 있다. 문화화용론은
      행위자가 자신과 자신을 둘러싼 세계를 인지적으로 분류하고,
      도덕적으로 가치평가하며, 정서적으로 느끼기 위해 그에게 가용한
      공적 상징체계를 활용하여 말과 행위를 구성하는 방식에 초점을
      맞춘다. 최종렬,《복학왕의 사회학》, 421~423쪽.

41   낸시 에이블먼,《사회이동과 계급, 그 멜로드라마: 미국 인류학자가
      만난 한국 여성들 이야기》, 420쪽.

42   같은 책, 407~408쪽

43   최종렬, 〈'복학왕'의 사회학: 지방대생의 이야기에 대한 서사 분석〉,
     앞의 책, 261쪽.

44   같은 책.

45   찰스 테일러, 《자아의 원천들: 현대적 정체성의 형성》,
     권기돈·하주영 옮김, 새물결, 2015, 81쪽.

46   최종렬, 《복학왕의 사회학》, 384쪽.

<hr>

1부

1장. 친밀성 이야기

1   로버트 벨라·리차드 매드슨·윌리엄 설리반·앤 스위들러·스티븐
     팁튼, 《미국인의 사고와 관습》, 165쪽.

2   비비아나 젤라이저, 《친밀성의 거래》, 숙명여자대학교
     아시아연구소 옮김, 에코리브르, 2009, 33쪽.

3   같은 책, 288쪽.

4   비비아나 젤라이저, 《친밀성의 거래》, 319쪽.

5   에바 일루즈, 《낭만적 유토피아 소비하기》, 박형신·권오헌 옮김,
     이학사, 2017, 27쪽.

6   최종렬, 《복학왕의 사회학》, 424쪽.

7   같은 책, 423쪽.

8   앤소니 기든스, 《현대사회의 성·사랑·에로티시즘》, 배은경·황정미
     옮김, 새물결, 2003, 91쪽.

9   정수복, 《한국인의 문화적 문법: 당연의 세계 낯설게 하기》, 471쪽.

10   최종렬, 《복학왕의 사회학》, 84쪽.

11   앤소니 기든스, 《현대사회의 성·사랑·에로티시즘》, 79쪽; 에바
     일루즈, 《낭만적 유토피아 소비하기》, 61쪽.

12   최종렬, 《지구화의 이방인들》, 마음의거울, 2013, 91쪽.

13   로버트 벨라·리차드 매드슨·윌리엄 설리반·앤 스위들러·스티븐
     팁튼, 《미국인의 사고와 관습》, 159쪽.

14   최종렬,《복학왕의 사회학》, 297쪽.

15   Ann Swidler, "Culture in Action: Symbols and Strategies," *American Sociological Review* 51(2), 1986, pp.273~286.

16   앤소니 기든스,《현대사회의 성·사랑·에로티시즘》, 82쪽.

17   같은 책, 82쪽.

18   어빙 고프먼,《자아연출의 사회학》, 진수미·조미현 옮김, 현암사, 2016, 107쪽.

19   에바 일루즈,《낭만적 유토피아 소비하기》, 23쪽.

20   앤소니 기든스,《현대사회의 성·사랑·에로티시즘》, 80쪽.

21   최종렬,《복학왕의 사회학》, 297쪽.

22   구명숙, 〈나혜석의 시를 통해 본 여성 의식 연구〉,《여성문학연구》7, 2002, 165~191쪽.

23   최종렬·이예슬, 〈이자스민과 사회적 공연: 사회통합 장르로서의 멜로드라마〉,《문화와 사회》18, 2015, 433~491쪽, 472쪽.

24   같은 책, 440쪽.

25   이숙인, 〈[특집: 가족/가정] 가족에 관한 유교적 상상〉,《현상과 인식》25(3), 2002, 30~48, 33~34쪽.

26   최종렬·이예슬, 〈이자스민과 사회적 공연: 사회통합 장르로서의 멜로드라마〉, 앞의 책, 448쪽.

27   이숙인,《동아시아 고대의 여성사상》, 여이연, 2006, 255~275쪽.

28   이숙인, 〈[특집: 가족/가정] 가족에 관한 유교적 상상〉, 앞의 책, 41쪽.

29   조옥라·장상·이효재·이문웅, 〈가부장제에 관한 이론적 고찰〉,《한국여성학》2, 1986, 9~49쪽.

30   이숙인,《동아시아 고대의 여성사상》, 167쪽.

31   비비아나 젤라이저,《친밀성의 거래》, 372쪽.

32   지향 가족은 개인이 태어난 가족으로서 대개 특정의 가치와 규범을 통해 개인의 삶의 방향을 잡아준다. 모든 개인은 자신의 지향 가족을 선택할 수 없기에 운명적인 성격을 지닌다. 최종렬, 《복학왕의 사회학》, 443쪽.

33   생식 가족은 개인이 결혼이나 입양을 통해 구성한 가족이다.

지향 가족에 비해 생식 가족은 자발적 선택이 강조된다. 최종렬,
《복학왕의 사회학》. 443쪽.

34 정순둘·이현희, 〈가족 특성과 노후 준비의 관계: 베이비붐 세대와
예비 노인세대의 비교〉,《노인복지연구》 12, 2012, 209~231쪽, 3쪽.

35 박근수·김태일, 〈베이비부머의 노후 준비가 부모 부양 의식에
미치는 영향〉,《한국콘텐츠학회논문지》 16(2), 2016, 467~479쪽,
468쪽.

36 최종렬,《복학왕의 사회학》, 382쪽.

37 같은 책, 387쪽.

38 같은 책, 384쪽.

2장. 시장 이야기

1 로버트 벨라·리차드 매드슨·윌리엄 설리반·앤 스위들러·스티븐
팁튼,《미국인의 사고와 관습》, 293쪽.

2 같은 책, 148쪽.

3 칼 폴라니,《초기 제국에 있어서의 교역과 시장》, 이종욱 옮김,
민음사, 1994, 208쪽.

4 같은책, 327쪽; 칼 폴라니,《거대한 전환》, 홍기빈 옮김, 길, 2017,
238~244쪽.

5 Joel M. Podolny, "A Status-Based Model of Market
Competition," *American Journal of Sociology* 98(4), 1993,
pp.829~872, p.830.

6 왕혜숙·양현아, 〈한국의 장기이식법의 가족주의적 기반〉,《법과
사회》 52(8), 2016, 143~180쪽, 145쪽.

7 로버트 벨라·리차드 매드슨·윌리엄 설리반·앤 스위들러·스티븐
팁튼,《미국인의 사고와 관습》, 148쪽.

8 마크 그라노베터,《일자리 구하기: 일자리 접촉과 직업경력 연구》,
유홍준·정태인 옮김, 아카넷, 2012, 74쪽.

9 같은 책, 74쪽.

10 Neil Fligstein, "Markets as Politics: A Political-Cultural
Approach to Market Institutions," *American sociological Review*

61(4), 1996, pp.656~673, p.660.

11 정수진, 〈소비자본주의 시대의 농촌 관광과 민속 연구〉,
    《한국민속학》 54, 2011, 311~342쪽, 315쪽.

12 강내희, 〈소비자본주의와 텍스트의 정치〉, 《문화과학》 59, 2009,
    53~78쪽, 59쪽.

13 Joel M. Podolny, "A Status-Based Model of Market
    Competition,", Ibid, p.832.

14 최종렬, 《복학왕의 사회학》, 356쪽.

15 Neil Fligstein, "Markets as Politics: A Political-Cultural
    Approach to Market Institutions,", Ibid, p.658.

16 마크 그라노베터, 《일자리 구하기: 일자리 접촉과 직업경력 연구》,
    80쪽.

17 정수진, 〈소비자본주의 시대의 농촌관광과 민속 연구〉, 앞의 책,
    314쪽.

18 칼 폴라니, 《초기 제국에 있어서의 교역과 시장》.

19 마크 그라노베터, 《일자리 구하기: 일자리 접촉과 직업경력 연구》,
    84쪽.

20 로버트 벨라·리차드 매드슨·윌리엄 설리반·앤 스위들러·스티븐
    팁튼, 《미국인의 사고와 관습》, 148쪽.

21 최종렬, 《복학왕의 사회학》, 357쪽.

22 같은 책, 282쪽

23 피에르 부르디외, 《구별짓기: 문화와 취향의 사회학 상, 하》, 최종철
    옮김. 새물결, 2006, 47쪽.

3장. 시민사회 이야기

1   로버트 벨라·리차드 매드슨·윌리엄 설리반·앤 스위들러·스티븐
    팁튼, 《미국인의 사고와 관습》, 298쪽.

2   Jeffry C. Alexander, *The CivilSphere*, Oxford University press,
    2006, p.5.

3   Ibid., pp.3~4.

4   최종렬, 〈"이게 나라냐?": 박근혜 게이트와 시민 영역〉, 《문화와

사회》 23, 2017, 101~153쪽, 144~145쪽.

5   Jeffry C. Alexander, *The CivilSphere*, p.3.

6   미셸 푸코,《감시와 처벌》, 오생근 옮김. 나남, 2016, 267~268쪽.

7   최종렬, 〈"이게 나라냐?": 박근혜 게이트와 시민 영역〉, 앞의 책,
     101~153쪽, 105쪽.

8   Jeffry C. Alexander, *The CivilSphere*, p.7.

9   최종렬, 〈"이게 나라냐?": 박근혜 게이트와 시민 영역〉, 앞의 책,
     106쪽.

10 Jeffry C. Alexander, *The CivilSphere*, pp.3~4.

11 최종렬, 〈"이게 나라냐?": 박근혜 게이트와 시민 영역〉, 앞의 책,
     107쪽.

12 같은 책, 145쪽.

13 김성해, 〈대구경북의 언론의 이해〉,《대구경북의 이해》, 양서원,
     2014, 299~328, 301쪽.

14 최종렬, 〈"이게 나라냐?": 박근혜 게이트와 시민 영역〉, 앞의 책,
     107쪽.

15 같은 책, 106~107쪽.

16 같은책, 108쪽.

17 로버트 벨라·리차드 매드슨·윌리엄 설리반·앤 스위들러·스티븐
     팁튼,《미국인의 사고와 관습》, 307쪽.

18 같은 책, 370쪽.

19 박영신, 〈[특집: 시민 사회의 과제와 전망] 잊혀진 이야기: 시민
     사회와 시민 종교〉,《현상과 인식》 24(1·2), 2000, 63~85, 69쪽.

20 정수복,《시민의식과 시민참여》, 아르케, 2002, 16~17쪽.

4장. 지역 공동체 이야기

1   남수연, 〈불확실성시대 지역 공동체 개발에 대한 지역 공동체
     리질리언스적 접근〉,《한국지역개발학회지》 30(3), 2018, 39~64쪽,
     42쪽.

2   로버트 벨라·리차드 매드슨·윌리엄 설리반·앤 스위들러·스티븐
     팁튼,《미국인의 사고와 관습》, 264쪽.

3 정수복,《한국인의 문화적 문법: 당연의 세계 낯설게 보기》, 99쪽.

4 최종렬,《복학왕의 사회학》.

5 마크 그라노베터,《일자리 구하기: 일자리 접촉과 직업경력 연구》, 339쪽.

6 같은 책, 344쪽.

7 최종렬,《다문화주의의 사용》, 한국문화사, 2016, 45쪽.

5장. 정치 이야기

1 로버트 벨라·리차드 매드슨·윌리엄 설리반·앤 스위들러·스티븐 팁튼,《미국인의 사고와 관습》, 411쪽.

2 게오르크 빌헬름 프리드리히 헤겔,《법철학》, 임석진 옮김, 한길사, 2008, 462쪽.

3 막스 베버,《막스 베버 종교사회학 선집》, 전성우 옮김, 나남, 2008, 77쪽.

4 로버트 벨라·리차드 매드슨·윌리엄 설리반·앤 스위들러·스티븐 팁튼,《미국인의 사고와 관습》, 344쪽.

5 같은 책, 441쪽.

6 조르주 바타이유,《저주의 몫》, 조한경 옮김, 문학동네, 2004, 223쪽.

7 최종렬,《복학왕의 사회학》, 394쪽.

8 로버트 벨라·리차드 매드슨·윌리엄 설리반·앤 스위들러·스티븐 팁튼,《미국인의 사고와 관습》, 440~441쪽.

6장. 종교 이야기

1 최종렬,〈질적 연구 패러다임〉,《문화사회학의 관점으로 본 질적 연구방법론》, 17~42쪽, 21~22쪽.

2 한나 아렌트,《인간의 조건》, 이진우·태정호 옮김, 한길사, 2015, 68쪽.

3 최종렬,〈질적 연구 패러다임〉, 앞의 책, 23~24쪽.

4 최종렬,〈사회학, 서사를 어떻게 할 것인가?〉, 앞의 책, 245쪽.

5 로버트 벨라·리차드 매드슨·윌리엄 설리반·앤 스위들러·스티븐

팁튼,《미국인의 사고와 관습》, 376~377쪽.

6   같은 책, 113쪽.

7   최종렬, 〈사회학, 서사를 어떻게 할 것인가?〉, 앞의 책, 242쪽.

8   막스 베버,《막스베버 종교사회학 선집》, 153쪽.

9   최종렬, 〈사회학, 서사를 어떻게 할 것인가?〉, 앞의 책, 244쪽.

10 클리퍼드 기어츠,《문화의 해석》, 문옥표 옮김, 까치, 1998, 131쪽.

11 에바 일루즈,《감정자본주의》, 김정아 옮김, 돌베개, 2017, 55~57쪽.

12 같은 책, 78쪽.

13 클리퍼드 기어츠,《문화의 해석》, 11쪽.

14 같은 책, 114쪽.

15 에밀 뒤르케임,《종교생활의 원초적 형태》, 노치준·민혜숙 옮김,
    민영사, 1992, 443~444쪽.

16 악셀 호네트,《인정투쟁: 사회적 갈등의 도덕적 형식론》,
    문성훈·이현재 옮김, 사월의책, 2017, 15쪽.

17 최종렬,《복학왕의 사회학》, 355쪽.

2부

1장. 그림자 언어

1   낸시 에이블먼,《사회이동과 계급, 그 멜로드라마: 미국 인류학자가
    만난 한국 여성들 이야기》, 41쪽.

2   노에 게이치,《이야기의 철학》, 김영주 옮김, 한국출판마케팅연구소,
    2009, 107쪽.

3   홍덕률, 〈대구·경북의 지역주의적 정치행동〉, 앞의 책, 51쪽.

4   최종렬,《복학왕의 사회학》.

5   게오르크 빌헬름 프리드리히 헤겔,《법철학》, 463쪽.

6   최종렬,《복학왕의 사회학》, 396쪽.

7   홍덕률, 〈대구·경북의 지역주의적 정치행동〉, 앞의 책, 51쪽.

8   정수복,《한국인의 문화적 문법: 당연의 세계 낯설게 보기》, 48쪽.

9   최종렬, 《복학왕의 사회학》, 288쪽.

2장. 공부 언어

1   노에 게이치, 《이야기의 철학》, 113쪽.

2   최종렬, 《복학왕의 사회학》, 281쪽.

3   피에르 부르디외, 《구별짓기: 문화와 취향의 사회학 상, 하》, 509쪽.

4   같은 책, 703쪽.

5   최종렬, 《복학왕의 사회학》, 356쪽.

6   낸시 에이블먼, 《사회이동과 계급, 그 멜로드라마: 미국 인류학자가
    만난 한국 여성들 이야기》, 223쪽

7   피에르 부르디외·장 클로드 파세롱, 《재생산》, 이상호 옮김, 동문선,
    2003, 22쪽.

8   설규주·한진수·구정화·차조일·김찬기, 《한국사회 이해》,
    한국이민재단, 2016, 55쪽.

9   낸시 에이블먼, 《사회이동과 계급, 그 멜로드라마: 미국 인류학자가
    만난 한국 여성들 이야기》, 168쪽.

10 최종렬, 《사회학의 문화적 전환: 과학에서 미학으로, 되살아난 고전
    사회학》, 살림, 2009, 102쪽.

11 낸시 에이블먼, 《사회이동과 계급, 그 멜로드라마: 미국 인류학자가
    만난 한국 여성들 이야기》, 385~389쪽.

3장. 연대 언어

1   설규주·한진수·구정화·차조일·김찬기, 《한국사회 이해》, 20쪽.

2   정수복, 《한국인의 문화적 문법: 당연의 세계 낯설게 보기》, 477쪽.

3   위르겐 하버마스, 《의사소통행위이론 1, 2》, 장춘익 옮김, 나남,
    2006, 177쪽.

4   최종렬, 《다문화주의의 사용》, 184쪽.

5   같은 책, 56쪽.

6   정수복, 《한국인의 문화적 문법: 당연의 세계 낯설게 보기》, 473쪽.

7   정순우, 〈기억과 현실 사이, 균열된 자의식〉, 앞의 책, 7~15쪽, 11쪽.

8   에밀 뒤르케임, 《종교생활의 원초적 형태》, 301쪽.

9   위르겐 하버마스, 《의사소통행위이론 1, 2》, 420쪽.

10   같은 책, 420쪽.

11   같은 책, 421쪽.

12   위르겐 하버마스, 《의사소통행위이론 1, 2》, 224쪽.

13   같은 책, 351쪽.

14   최종렬, 《다문화주의의 사용》, 48쪽.

15   장윤수, 〈대구경북인의 자기의식과 기질〉, 앞의 책, 21쪽.

16   정수복, 《한국인의 문화적 문법: 당연의 세계 낯설게 보기》, 99쪽.

17   로버트 벨라·리차드 매드슨·윌리엄 설리반·앤 스위들러·스티븐
     팁튼, 《미국인의 사고와 관습》, 331쪽.

18   장윤수, 〈대구경북인의 자기의식과 기질〉, 앞의 책, 23쪽.

19   같은 책, 510쪽.

20   박정호, 〈태고사회의 증여와 현대사회의 증여〉, 《사회와이론》 5,
     2018, 61~100쪽, 70쪽.

21   최종렬, 《다문화주의의 사용》, 48쪽.

22   위르겐 하버마스, 《의사소통행위이론 1, 2》, 257쪽.

23   같은 책, 506쪽.

24   최종렬, 《복학왕의 사회학》, 387쪽.

25   최종렬 엮음, 《뒤르케임주의 문화사회학: 이론과 방법론》, 이학사,
     2007, 453쪽.

4장. 기억 언어

1   최종렬 엮음, 《뒤르케임주의 문화사회학: 이론과 방법론》, 44쪽.

2   배리 슈워츠, 〈문화체계로서의 기억: 제2차 세계대전 속의
     에이브러햄 링컨〉, 같은 책, 183쪽.

3   홍성민, 〈감정구조와 대중정치학: 박정희 향수에 대한 문화이론적
     접근〉, 《정치사상연구》 21(1), 2015, 9~34쪽, 21쪽.

4   신형기, 〈식민지 시대 계몽(개척)소설을 통해 본 새마을운동
     이야기: 1970년대 새마을운동 지도자의 수기를 대상으로〉,
     《사이間SAI》 15, 국제한국문학문화학회, 2013, 171-212쪽, 209쪽.

5   홍성민, 〈감정구조와 대중정치학: 박정희 향수에 대한 문화이론적

접근〉, 앞의 책, 20쪽.

6   윤충로, 〈박정희 이후 새마을운동의 정치적 재구성과 사회적
    재생산〉,《경제와 사회》113, 2017, 205~233쪽, 206쪽에서 재인용.

7   홍성민, 〈감정구조와 대중정치학: 박정희 향수에 대한 문화이론적
    접근〉, 앞의 책, 10쪽.

8   홍덕률, 〈대구·경북의 지역주의적 정치행동〉, 앞의 책, 43쪽.

9   박종성·강대진,《신화의 세계》, 한국방송통신대학교출판부, 2006,
    179쪽.

10 최종렬, 〈"이게 나라냐?": 박근혜 게이트와 시민 영역〉, 앞의 책,
    119쪽.

11 이승협, 〈19대 총선을 통해 본 대구·경북의 지역주의와 권력의
    물질성〉,《지역사회학》14(1), 2012, 209~235쪽, 216~217쪽.

12 홍성민, 〈감정구조와 대중정치학: 박정희 향수에 대한 문화이론적
    접근〉, 앞의 책, 28쪽.

13 클리퍼드 기어츠,《문화의 해석》, 113쪽.

14 같은 책, 118쪽.

15 홍성민, 〈감정구조와 대중정치학: 박정희 향수에 대한 문화이론적
    접근〉, 앞의 책, 28쪽.

16 배리 슈워츠, 〈문화체계로서의 기억: 제2차 세계대전 속의
    에이브러햄 링컨〉, 앞의 책, 179쪽.

17 같은 책, 183쪽.

18 최장집·이정우·최영기·장하준·임동원·도정일·김우창,《우리는
    무엇을 할 것인가》, 프레시안북, 2008, 75~97쪽.

19 배리 슈워츠, 〈문화체계로서의 기억: 제2차 세계대전 속의
    에이브러햄 링컨〉, 앞의 책, 215쪽.

20 홍성민, 〈감정구조와 대중정치학: 박정희 향수에 대한 문화이론적
    접근〉, 앞의 책.

21 최종렬, 〈"이게 나라냐?": 박근혜 게이트와 시민 영역〉, 앞의 책.

22 이승협, 〈19대 총선을 통해 본 대구·경북의 지역주의와 권력의
    물질성〉, 앞의 책, 231쪽.

5장. 무조건주의 언어

1   에밀 뒤르케임, 《종교생활의 원초적 형태》, 235~236쪽.

2   같은책, 304쪽.

3   홍성민, 〈감정구조와 대중정치학: 박정희 향수에 대한 문화이론적 접근〉, 앞의 책, 11쪽.

4   에밀 뒤르케임, 《종교생활의 원초적 형태》, 169쪽.

5   추링가는 호주의 전통 종교에서 신화적 존재이자 그 숭배 대상을 일컬으며, 모든 성스러운 사물들의 영역이다. 추링가는 세속적인 삶의 모든 소음들이 사라지는 신전 같은 곳에 보관된다. 에밀 뒤르케임, 《종교생활의 원초적 형태》, 197쪽.

6   같은 책, 300쪽.

7   최종렬 엮음, 《뒤르케임주의 문화사회학: 이론과 방법론》, 446쪽.

8   같은 책, 177~179쪽.

9   에밀 뒤르케임, 《종교생활의 원초적 형태》, 442쪽.

10   막스 베버, 《프로테스탄티즘의 윤리와 자본주의 정신》, 김덕영 옮김, 길, 2010, 194쪽.

11   막스 베버, 《막스 베버 종교사회학 선집》, 77쪽.

12   최종렬, 《복학왕의 사회학》, 396쪽.

13   김성해, 〈대구경북의 언론의 이해〉, 앞의 책, 313~323쪽.

14   막스 베버, 《막스 베버 종교사회학 선집》, 136쪽.

15   폴 디마지오, 〈경제현상의 문화적 양상〉, 《신경제사회학의 이해》, 공유식·김혁래·박길성·유홍준 옮김, 역사비평사, 1994, 169~193쪽, 178~179쪽.

16   박선웅, 〈문화, 의례와 정치변동: 한국의 민주적 전환〉, 《한국사회학》 32, 1998, 29~61쪽, 37쪽.

17   에밀 뒤르케임, 《종교생활의 원초적 형태》, 301쪽.

18   같은 책, 238쪽.

19   홍성민, 〈감정구조와 대중정치학: 박정희 향수에 대한 문화이론적 접근〉, 앞의 책, 11쪽에서 재인용.

20   에밀 뒤르케임, 《종교생활의 원초적 형태》, 300쪽.

21   안범희·엄윤재, 〈자아정체감 지위에 따른 무조건적 자기수용,

자기존중감, 자기효능감의 차이 분석〉,《공공사회연구》5(2), 2015, 96~124쪽, 101쪽에서 재인용.

22   김사라형선·조한익, 〈어머니의 완벽주의와 아동의 무조건적 자기수용 및 우울, 불안 간의 관계〉,《한국아동학회지》26(5), 2005, 151~163쪽, 153쪽.

23   추미례·이영순, 〈무조건적 자기수용 척도 타당화〉, 《한국심리학회지: 상담 및 심리치료》26(1), 2014, 27~43쪽, 38쪽에서 재인용.

24   같은 책, 38쪽.

25   최종렬, 〈"이게 나라냐?": 박근혜 게이트와 시민 영역〉, 앞의 책, 107쪽.

26   홍성민, 〈감정구조와 대중정치학: 박정희 향수에 대한 문화이론적 접근〉, 앞의 책, 20쪽.

27   최종렬, 〈"이게 나라냐?": 박근혜 게이트와 시민 영역〉, 앞의 책, 105쪽.

28   김지윤·이동귀, 〈대학생의 사회부과 완벽주의와 주관적 안녕감의 관계에서 무조건적 자기수용과 자기개념 명확성의 매개효과 검증〉, 《상담학연구》14(1), 2013, 63~82쪽, 66쪽.

29   전명임·이희경, 〈다차원적 완벽주의와 우울, 주관적 안녕감 간의 관계: 사회적 유대감의 매개효과〉,《인간이해》32(1), 2011, 67~83쪽.

30   에밀 뒤르케임,《종교생활의 원초적 형태》, 485쪽.

31   김수진, 〈전통의 창안과 여성의 국민화: 신사임당을 중심으로〉, 《사회와 역사》80, 2008, 215~255쪽, 240쪽.

32   정수복,《한국인의 문화적 문법: 당연의 세계 낯설게 보기》.

33   신지은, 〈한국문화사회학의 쟁점과 과제: 〈한국문화사회학회〉 연구를 중심으로〉,《문화와 사회》20, 2016, 115~171, 120쪽.

34   김홍중,《사회학적 파상력》, 문학동네, 2016, 203쪽.

35   같은 책, 203쪽.

36   막스 베버,《막스 베버 종교사회학 선집》, 75쪽.

37   김홍중,《사회학적 파상력》, 6쪽.

38 같은 책, 10쪽.

39 한강,《채식주의자》, 창비, 2007, 230쪽.

40 김홍중,《사회학적 파상력》, 10~11쪽.

41 이동진,〈대구경북의 지역발전과 학문수도의 조성〉,《대경포럼》53, 2005, 28~44쪽, 28쪽.

42 에밀 뒤르케임,《종교생활의 원초적 형태》, 206쪽.

43 김홍중,《사회학적 파상력》, 6~9쪽.

44 이승협,〈19대 총선을 통해 본 대구·경북의 지역주의와 권력의 물질성〉, 앞의 책, 227쪽.

45 최종렬,《사회학의 문화적 전환: 과학에서 미학으로, 되살아난 고전 사회학》, 90쪽.

46 마르셀 모스,《증여론》, 이상률 옮김, 한길사, 2002, 249쪽.

47 조르주 바타이유,《저주의 몫》, 112쪽.

48 같은 책, 61쪽.

49 같은책, 74쪽,

50 박정호,〈태고사회의 증여와 현대사회의 증여〉, 앞의 책, 69쪽.

51 이종찬,〈호모 파티엔스:『사회학적 파상력』/ 김홍중 지음/ 문학동네/ 2016〉,《황해문화》3, 2017, 332~338, 334쪽.

52 김홍중,《사회학적 파상력》, 6쪽.

53 홍성민,〈감정구조와 대중정치학: 박정희 향수에 대한 문화이론적 접근〉, 앞의 책, 9쪽.

54 에밀 뒤르케임,《종교생활의 원초적 형태》, 228쪽.

55 마르셀 모스,《증여론》, 76쪽.

56 같은 책, 249쪽.

57 조르주 바타이유,《저주의 몫》, 110~115쪽.

58 마르셀 모스,《증여론》, 249쪽.

59 조르주 바타이유,《저주의 몫》, 108쪽.

60 김홍중,《사회학적 파상력》, 10쪽.

61 리차드 셰크너,《민족연극학: 연극과 인류학 사이》, 김익두 옮김, 한국문화사, 2004, xiii쪽.

62 같은 책, 23쪽.

63 같은 책, 3쪽.

64 클리퍼드 기어츠, 《문화의 해석》, 24쪽.

65 같은 책, 70쪽.

66 최용호, 〈대구경북의 정체성: 올바름에 대한 믿음과 자기혁신〉, 앞의 책, 4~5쪽.

67 메리 더글라스, 《순수와 오염》, 유제분·이훈상 옮김, 현대미학사, 1997, 48쪽.

68 같은 책, 124쪽.

69 같은 책, 295쪽

70 홍덕률, 〈대구·경북의 지역주의적 정치행동〉, 앞의 책, 58쪽.

71 이소영, 〈2012년 양대 선거와 대구경북의 변화: 세대 균열을 중심으로〉, 《사회과학 담론과 정책》 5, 2012, 43~69쪽.

72 한강, 《채식주의자》, 230쪽.

73 위르겐 하버마스, 《의사소통행위이론 1, 2》, 177쪽.

74 조지 허버트 미드, 《정신·자아·사회: 사회적 행동주의자가 분석하는 개인과 사회》, 375쪽

3부

1장. 가치: 가족의 행복

1 최종렬, 〈사회적 공연으로서의 2008 촛불집회〉, 《한국학논집》 42, 2011, 227~270쪽, 239쪽.

2 최종렬, 〈'복학왕'의 사회학: 지방대생의 이야기에 대한 서사 분석〉, 앞의 책, 250쪽.

3 최종렬, 〈"이게 나라냐?": 박근혜 게이트와 시민 영역〉, 앞의 책, 267쪽.

2장. 규범: 성찰적 자신감

1   제프리 알렉산더, 《현대 사회이론의 흐름: 사회학도를 위한 스무 개의 강의록》, 이윤희 옮김, 민영사, 1993, 34쪽.

2   최종렬, 〈사회적 공연으로서의 2008 촛불집회〉, 앞의 책, 239쪽.

3   피에르 부르디외, 《구별짓기: 문화와 취향의 사회학 상, 하》, 13쪽.

4   최종렬, 《복학왕의 사회학》, 282쪽.

5   같은 책, 367쪽.

6   같은 책, 283쪽.

7   같은 책, 369쪽.

8   로버트 벨라·리차드 매드슨·윌리엄 설리반·앤 스위들러·스티븐 팁튼, 《미국인의 사고와 관습》, 163쪽.

9   최종렬, 《복학왕의 사회학》, 312쪽.

10 같은 책.

3장. 목표: 습속의 왕국

1   최종렬, 〈사회적 공연으로서의 2008 촛불집회〉, 앞의 책, 240쪽.

2   최종렬, 〈복학왕의 사회학: 지방대생의 이야기에 대한 서사 분석〉, 앞의 책, 276쪽.

3   같은 책, 279쪽.

4   같은 책, 279쪽.

5   최종렬, 《지구화의 이방인들》, 124쪽.

6   정수복, 《한국인의 문화적 문법: 당연의 세계 낯설게 보기》, 490~491쪽.

7   최종렬, 《복학왕의 사회학》, 374쪽.

8   최종렬, 〈사회적 공연으로서의 2008 촛불집회〉, 앞의 책.

9   백종숙, 〈사회적 공연으로서의 지역운동: 거창 '학교 앞 교도소 반대운동'을 중심으로〉, 계명대학교 박사학위 논문, 2018.

10 최종렬, 〈사회적 공연으로서의 2008 촛불집회〉, 앞의 책, 246쪽.

11 같은 책.

에필로그

1   정수복,《한국인의 문화적 문법: 당연의 세계 낯설게 보기》, 491쪽.

2   최종렬,《복학왕의 사회학》, 328쪽.

3   정수복,《한국인의 문화적 문법: 당연의 세계 낯설게 보기》, 112쪽.

4   같은 책, 113쪽.

5   최종렬,《복학왕의 사회학》, 285쪽.

6   같은 책, 285쪽.

7   최종렬,〈사회적 공연으로서의 2008 촛불집회〉, 앞의 책, 241쪽.

8   최종렬,《복학왕의 사회학》, 391쪽.

9   낸시 에이블먼,《사회이동과 계급, 그 멜로드라마: 미국 인류학자가
     만난 한국 여성들 이야기》, 121쪽

10   최종렬,〈복학왕의 사회학: 지방대생의 이야기에 대한 서사 분석〉,
     앞의 책.

11   최종렬,《복학왕의 사회학》, 388쪽.

12   같은 책.

13   같은 책, 434쪽.

14   마크 그라노베터,《일자리 구하기: 일자리 접촉과 직업경력 연구》,
     344쪽.

보론

1   로버트 벨라·리차드 매드슨·윌리엄 설리반·앤 스위들러·스티븐
     팁튼,《미국인의 사고와 관습》, 11쪽.

2   김홍중,〈마음의 사회학을 이론화하기: 기초개념들과 설명논리를
     중심으로〉,《한국사회학》48(4), 2014, 179~213쪽, 186쪽.

3   김홍중,《마음의 사회학》, 문학동네, 2009, 5쪽; 김찬호,《모멸감:
     굴욕과 존엄의 감정사회학》, 문학과지성사, 2014, 28쪽; 박소진,
     〈'마음'의 학문적 재발견: 개인과 집단의 마음, 그리고 한마음〉,
     《문화와사회》22, 2016, 59~ 97쪽, 63~73쪽.

4   김홍중,〈마음의 사회학을 이론화하기: 기초개념들과 설명논리를
     중심으로〉, 앞의 책, 195쪽.

5   조지 허버트 미드,《정신·자아·사회: 사회적 행동주의자가

분석하는 개인과 사회》, 223쪽.

6   송호근,《한국의 평등주의, 그 마음의 습관》, 삼성경제연구소, 2006,
     63쪽.

7   에밀 뒤르케임,《사회학적 방법의 규칙들》, 윤병철·박창호 옮김,
     2001, 58쪽

8   알렉시스 드 토크빌,《미국의 민주주의 Ⅰ》, 임효선·박지동 옮김,
     한길사, 2014, 370~404쪽.

9   같은 책, 410쪽.

10   같은 책, 405쪽.

11   같은 책, 372쪽.

12   같은 책, 405쪽.

13   로버트 벨라·리차드 매드슨·윌리엄 설리반·앤 스위들러·스티븐
     팁튼,《미국인의 사고와 관습》, 57쪽.

14   박영신, 〈로버트 벨라(1927~2013), 나의 선생을 기림〉,《현상과
     인식》 24(1·2), 2013, 169~181쪽, 174~177쪽.

15   Nina Eliasoph and Paul Lichterman, "Culture in Interaction",
     American Journal of sociology 108(4), 2003, pp.735~794, p.742.

16   조지 허버트 미드,《정신·자아·사회: 사회적 행동주의자가
     분석하는 개인과 사회》, 374쪽.

17   로버트 벨라·리차드 매드슨·윌리엄 설리반·앤 스위들러·스티븐
     팁튼,《미국인의 사고와 관습》.

18   최종렬, 〈복학왕의 사회학: 지방대생의 이야기에 대한 서사 분석〉,
     앞의 책, 250~258쪽.

19   최종렬,《사회학의 문화적 전환》, 89쪽.

20   같은 책, 11~15쪽, 26~27쪽, 46쪽, 55쪽, 445쪽.

21   같은 책, 168쪽.

22   제프리 알렉산더,《사회적 삶의 의미: 문화사회학》, 박선웅 옮김,
     한울, 25~26쪽.

23   피에르 부르디외,《구별짓기: 문화와 취향의 사회학》, 311쪽.

24   정수복,《한국인의 문화적 문법: 당연의 세계 낯설게 보기》,
     75~76쪽.

25 최종렬, 《다문화주의의 사용》, 48쪽.

26 차성환, 〈한국 신유교의 공적·사적 영역 개념과 한국인들의 마음의
    습속〉, 《한국사회역사학회》 5(1), 2002, 66~28쪽, 66쪽.

27 최종렬, 〈사회학, 서사를 어떻게 할 것인가?〉, 앞의 책, 53~57쪽.

28 한나 아렌트, 《인간의조건》, 57쪽.

29 김홍중, 《사회학적 파상력》, 27쪽.

30 유승무, 〈로버트 벨라의 종교사회학: 종교진화론과 동양사회론을
    중심으로〉, 《사회사상과 문화》 18(1), 2015, 89~117쪽, 109쪽.

31 제프리 알렉산더, 《사회적 삶의 의미: 문화사회학》, 39쪽.

32 최종렬, 《사회학의 문화적 전환: 과학에서 미학으로, 되살아난 고전
    사회학》, 6쪽.

33 같은 책, 20쪽.

34 같은 책, 76~77쪽.

35 신지은, 〈한국문화사회학의 쟁점과 과제: '한국문화사회학회'
    연구를 중심으로〉, 앞의 책, 115~171쪽, 127쪽.

36 Nina Eliasoph and Paul Lichterman, "Culture in Interaction",
    Ibid, pp.735~794, p.735.

37 막스 베버, 《막스 베버 사회과학 방법론 선집》, 전성우 옮김, 나남,
    2011, 8쪽.

38 최종렬, 《사회학의 문화적 전환: 과학에서 미학으로, 되살아난 고전
    사회학》, 160쪽.

39 같은 책, 77쪽; 최종렬 엮음, 《뒤르케임주의 문화사회학》, 16쪽.

40 클리퍼드 기어츠, 《문화의 해석》, 13~15쪽.

41 노에 게이치, 《이야기의 철학》, 23쪽.

42 같은 책, 24쪽.

43 최종렬 엮음, 《뒤르케임주의 문화사회학》, 17쪽.

44 제프리 알렉산더, 《사회적 삶의 의미: 문화사회학》, 59쪽.

국내 자료

강내희, 〈소비자본주의와 텍스트의 정치〉,《문화과학》59, 2009,
    53~78쪽.

어빙 고프먼,《상호작용 의례: 대면 행동에 관한 에세이》, 진수미 옮김,
    아카넷, 2014.

어빙 고프먼,《자아연출의 사회학》, 진수미·조미현 옮김, 현암사, 2016.

구명숙, 〈나혜석의 시를 통해본 여성의식 연구〉,《여성문학연구》7, 2002,
    165~191쪽.

마크 그라노베터,《일자리 구하기: 일자리 접촉과 직업경력 연구》,
    유홍준·정태인 옮김, 아카넷, 2012.

바니 글레이저·안젤름 스트라우스,《근거 이론의 발견: 질적 여구 전략》,
    이병식·박상욱·김사훈 옮김, 학지사, 2011.

앤소니 기든스,《현대사회의 성·사랑·에로티시즘》, 배은경·황정미 옮김,
    새물결, 2003.

클리퍼드 기어츠,《문화의 해석》, 문옥표 옮김, 까치, 1998.

김규원, 〈대구경북의 정체성〉,《대구경북의 이해》, 양서원, 2014,
    35~57쪽.

김사라형선·조한익, 〈어머니의 완벽주의와 아동의 무조건적 자기수용 및
    우울, 불안 간의 관계〉,《한국아동학회지》26(5), 2005, 151~163쪽.

김성해, 〈대구경북의 언론의 이해〉,《대구경북의 이해》, 양서원, 2014,
    299~328쪽

김수진, 〈전통의 창안과 여성의 국민화: 신사임당을 중심으로〉,《사회와
    역사》80, 2008, 215~255쪽.

김지윤·이동귀, 〈대학생의 사회부과 완벽주의와 주관적 안녕감의
    관계에서 무조건적 자기수용과 자기개념 명확성의 매개효과 검증〉,

《상담학연구》14(1), 2013, 63~82쪽.

김영화·김태일·김규원 외,《대구경북의 이해》, 양서원, 2014.

김인택,〈의사소통 과정에서 '침묵' 행위의 사회문화론적 해석〉,《코키토》,
   69쪽, 451~483쪽.

김찬호,《모멸감: 굴욕과 존엄의 감정사회학》, 문학과지성사, 2014.

김태일,〈대구경북학이란 무엇인가〉,《대구경북의 이해》, 양서원, 2014,
   15~34쪽.

김홍중,《마음의 사회학》, 문학동네, 2009.

김홍중,〈마음의 사회학을 이론화하기: 기초개념들과 설명논리를
   중심으로〉,《한국사회학》48(4), 2014, 179~213쪽.

김홍중,《사회학적 파상력》, 문학동네, 2016.

김혜경,〈자료 수집 방법〉,《문화사회학의 관점으로 본 질적 연구방법론》,
   휴머니스트, 2018, 203~230쪽.

남수연,〈불확실성시대 지역 공동체 개발에 대한 지역 공동체
   리질리언스적 접근〉,《한국지역개발학회지》30(3), 2018, 39~64쪽.

노에 게이치,《이야기의 철학》, 김영주 옮김, 한국출판마케팅연구소,
   2009.

노진철·박은희,〈시민적 성찰과정과 대구지역 시민사회의 형성: 낙동강
   페놀오염 사건을 중심으로〉,《환경사회학연구》7, 2004, 8~42쪽.

메리 더글라스,《순수와 오염》, 유제분·이훈상 옮김, 현대미학사, 1997.

에밀 뒤르케임,《종교생활의 원초적 형태》, 노치준·민혜숙 옮김, 민영사,
   1992.

에밀 뒤르케임,《사회학적 방법의 규칙들》, 윤병철·박창호 옮김, 새물결,
   2001.

폴 디마지오,〈경제현상의 문화적 양상〉,《신경제사회학의 이해》,
   공유식·김혁래·박길성·유홍준 옮김, 역사비평사, 1994, 169~193쪽.

마르셀 모스,《증여론》, 이상률 옮김, 한길사, 2002.

조지 허버트 미드,《정신·자아·사회: 사회적 행동주의자가 분석하는
   개인과 사회》, 나영은 옮김, 한길사, 2010.

조르주 바타이유,《저주의 몫》, 조한경 옮김, 문학동네, 2004.

박근수·김태일,〈베이비부머의 노후준비가 부모부양 의식에 미치는

영향〉,《한국콘텐츠학회논문지》16(2), 2016, 467~479쪽.

박선웅, 〈문화, 의례와 정치변동: 한국의 민주적 전환〉,《한국사회학》32, 1998, 29~61쪽.

박소진, 〈'마음'의 학문적 재발견: 개인과 집단의 마음, 그리고 한마음〉, 《문화와사회》22, 2016, 59~97쪽.

박영신, 〈[특집: 시민 사회의 과제와 전망] 잊혀진 이야기: 시민 사회와 시민 종교〉,《현상과 인식》24(1·2), 2000, 63~85쪽.

박영신, 〈로버트 벨라(1927~2013), 나의 선생을 기림〉,《현상과 인식》 24(1·2), 2013, 169~181쪽.

박정호, 〈태고사회의 증여와 현대사회의 증여〉,《사회와이론》5, 2018, 61~100쪽.

박종성·강대진,《신화의 세계》, 한국방송통신대학교출판부, 2006.

백종숙, 〈사회적 공연으로서의 지역운동: 거창 '학교 앞 교도소 반대운동'을 중심으로〉, 계명대학교 박사학위 논문, 2018.

막스 베버,《막스 베버 종교사회학 선집》, 전성우 옮김, 나남, 2008.

막스 베버,《프로테스탄티즘의 윤리와 자본주의 정신》, 김덕영 옮김, 길, 2010.

막스 베버,《막스 베버 사회과학 방법론 선집》, 전성우 옮김, 나남, 2011.

로버트 벨라·리차드 매드슨·윌리엄 설리반·앤 스위들러·스티븐 팁튼, 《미국인의 사고와 관습》, 김명숙·김정숙·이재협 옮김, 나남, 2001.

피에르 부르디외,《구별짓기: 문화와 취향의 사회학 상, 하》, 최종철 옮김. 새물결, 2006.

피에르 부르디외·장 클로드 파세롱,《재생산》, 이상호 옮김, 동문선, 2003.

설규주·한진수·구정화·차조일·김찬기,《한국사회 이해》, 한국이민재단, 2016.

리차드 셰크너,《민족연극학: 연극과 인류학 사이》, 김익두 옮김, 한국문화사, 2004.

송호근,《한국의 평등주의, 그 마음의 습관》, 삼성경제연구소, 2006.

배리 슈워츠, 〈문화체계로서의 기억: 제2차 세계대전 속의 에이브러햄 링컨〉, 최종렬 엮음,《뒤르케임주의 문화사회학》,

최종렬·박건·박종서·류제철·정수남 옮김, 이학사, 175~220쪽.

신지은, 〈한국문화사회학의 쟁점과 과제: 〈한국문화사회학회〉 연구를
중심으로〉, 《문화와 사회》 20, 2016, 115~171쪽.

신형기, 〈식민지 시대 계몽(개척)소설을 통해 본 새마을운동
이야기: 1970년대 새마을운동 지도자의 수기를 대상으로〉,
국제한국문학문화학회, 《사이間SAI》 15, 2013, 171-212쪽.

한나 아렌트, 《인간의 조건》, 이진우·태정호 옮김, 한길사, 2015.

안범희·엄윤재, 〈자아정체감 지위에 따른 무조건적 자기수용,
자기존중감, 자기효능감의 차이 분석〉, 《공공사회연구》 5(2), 2015,
96~124쪽.

제프리 알렉산더, 《현대 사회이론의 흐름: 사회학도를 위한 스무 개의
강의록》, 이윤희 옮김, 민영사, 1993.

제프리 알렉산더, 《사회적 삶의 의미: 문화사회학》, 박선웅 옮김, 한울,
2007.

낸시 에이블먼, 《사회이동과 계급, 그 멜로드라마: 미국 인류학자가 만난
한국 여성들 이야기》, 강신표·박찬희 옮김, 일조각, 2014.

왕혜숙·양현아, 〈한국의 장기이식법의 가족주의적 기반〉, 《법과 사회》
52(8), 2016, 143~180쪽.

유승무, 〈로버트 벨라의 종교사회학: 종교진화론과 동양사회론을
중심으로〉, 《사회사상과 문화》 18(1), 2015, 89~117쪽.

윤충로, 〈박정희 이후 새마을운동의 정치적 재구성과 사회적 재생산〉,
《경제와 사회》 113, 2017, 205~233쪽.

이동진, 〈대구경북의 지역발전과 학문수도의 조성〉, 《대경포럼》 53,
2005, 28~44쪽.

이소영, 〈2012년 양대 선거와 대구경북의 변화: 세대 균열을 중심으로〉,
《사회과학 담론과 정책》 5, 2012, 43~69쪽.

이숙인, 〈[특집: 가족/가정] 가족에 관한 유교적 상상〉, 《현상과 인식》
25(3), 2002, 30~48쪽,

이숙인, 《동아시아 고대의 여성사상》, 여이연, 2006.

이승협, 〈19대 총선을 통해 본 대구·경북의 지역주의와 권력의 물질성〉,
《지역사회학》 14(1), 2012, 209~235쪽.

이종찬, 〈호모 파티엔스:『사회학적 파상력』/ 김홍중 지음/ 문학동네/ 2016〉,《황해문화》3, 2017, 332~338쪽.

이재하, 〈지표공간의 특성〉,《대구경북의 이해》, 양서원, 2014, 121~160쪽.

이철우, 〈대구·경북 지역발전과 2012년 양대 선거: 대구경북 지역의 대안적 발전 방안〉,《사회과학 담론과 정책》5(1), 2012, 23~42쪽.

에바 일루즈,《낭만적 유토피아 소비하기》, 박형신·권오헌 옮김, 이학사, 2017.

에바 일루즈,《감정자본주의》, 김정아 옮김, 돌베개, 2017.

장윤수, 〈대구경북인의 자기의식과 기질〉,《대경포럼》53, 2005, 16~27쪽.

전명임·이희경, 〈다차원적 완벽주의와 우울, 주관적 안녕감 간의 관계: 사회적 유대감의 매개효과〉,《인간이해》32(1), 2011, 67~83쪽.

정수복,《시민의식과 시민참여》, 아르케, 2002.

정수복,《한국인의 문화적 문법: 당연의 세계 낯설게 보기》, 생각의나무, 2012.

정수복,《응답하는 사회학: 인문학적 사회학의 귀환》, 문학과지성사, 2015.

정수진, 〈소비자본주의 시대의 농촌관광과 민속 연구〉,《한국민속학》54, 2011, 311~342쪽.

정순둘·이현희, 〈가족특성과 노후준비의 관계: 베이비붐 세대와 예비노인세대의 비교〉,《노인복지연구》12, 2012, 209~231쪽.

정순우, 〈기억과 현실 사이, 균열된 자의식〉,《대경포럼》53, 2005, 7~15쪽.

비비아나 젤라이저,《친밀성의 거래》, 숙명여자대학교 아시아연구소 옮김, 에코리브르, 2009.

조옥라·장상·이효재·이문웅, 〈가부장제에 관한 이론적 고찰〉, 《한국여성학》2, 1986, 9~49쪽.

차성환, 〈한국 신유교의 공적·사적 영역 개념과 한국인들의 마음의 습속〉,《한국사회역사학회》5(1), 2002, 66~28쪽.

최용호, 〈대구경북의 정체성: 올바름에 대한 믿음과 자기혁신〉,

《대경포럼》 53, 2005, 4~5쪽.

최장집·이정우·최영기·장하준·임동원·도정일·김우창,《우리는 무엇을
할 것인가》, 프레시안북, 2008, 75~97쪽.

최종렬 엮음,《뒤르케임주의 문화사회학: 이론과 방법론》, 이학사, 2007.

최종렬,《사회학의 문화적 전환: 과학에서 미학으로, 되살아난 고전
사회학》, 살림, 2009.

최종렬, 〈사회적 공연으로서의 2008 촛불집회〉,《한국학논집》 42, 2011,
227~270쪽.

최종렬,《지구화의 이방인들》, 마음의거울, 2013.

최종렬, 〈사회학, 서사를 어떻게 할 것인가?〉,《베버와 바나나: 이야기가
있는 사회학》, 마음의거울, 2015, 23~67쪽.

최종렬,《다문화주의의 사용》, 한국문화사, 2016.

최종렬, 〈'복학왕'의 사회학: 지방대생의 이야기에 대한 서사 분석〉,
《한국사회학》 51(1), 2017a, 243~293쪽.

최종렬, 〈"이게 나라냐?": 박근혜 게이트와 시민 영역〉,《문화와 사회》 23,
2017, 101~153쪽.

최종렬, 〈질적 연구 패러다임〉,《문화사회학의 관점으로 본 질적
연구방법론》, 휴머니스트, 2018, 17~42쪽.

최종렬,《복학왕의 사회학》, 오월의봄, 2018.

최종렬·이예슬, 〈이자스민과 사회적 공연: 사회통합 장르로서의
멜로드라마〉,《문화와 사회》 18, 2015, 433~491쪽.

최종렬·최인영·김영은·이예슬,《베버와바나나: 이야기가 있는 사회학》,
마음의거울, 2015.

최종희, 〈통〉,《출가》, 대구일보, 2012, 57~62쪽.

추미례·이영순, 〈무조건적 자기수용 척도 타당화〉,《한국심리학회지:
상담 및 심리치료》 26(1), 2014, 27~43쪽.

찰스 테일러,《자아의 원천들: 현대적 정체성의 형성》, 권기돈·하주영
옮김, 새물결, 2015.

알렉시스 드 토크빌,《미국의 민주주의 Ⅰ》, 임효선·박지동 옮김, 한길사,
2014.

칼 폴라니,《초기 제국에 있어서의 교역과 시장》, 이종욱 옮김, 민음사,

1994.

칼 폴라니, 《거대한 전환》, 홍기빈 옮김, 길, 2017.

미셸 푸코, 《감시와 처벌》, 오생근 옮김. 나남, 2016.

위르겐 하버마스, 《의사소통행위이론 1, 2》, 장춘익 옮김, 나남, 2006.

한강, 《채식주의자》, 창비, 2007.

게오르크 빌헬름 프리드리히 헤겔, 《법철학》, 임석진 옮김, 한길사, 2008.

악셀 호네트, 《인정투쟁: 사회적 갈등의 도덕적 형식론》, 문성훈·이현재
옮김, 사월의 책, 2017.

홍덕률, 〈대구·경북의 지역주의적 정치행동〉, 《황해문화》 44, 2004,
40~60쪽.

홍성민, 〈감정구조와 대중정치학: 박정희 향수에 대한 문화이론적 접근〉,
《정치사상연구》 21(1), 2015, 9~34쪽.

홍철·김규원·석민·이상용·박경·박민규, 《진짜 대구를 말해줘》,
홍익포럼, 2006.

앨리 혹실드, 《가족은 잘 지내나요?》, 이계순 옮김, 이매진, 2016.

외국 자료

Jeffry C. Alexander, *The CivilSphere*, Oxford University press, 2006.

Nina Eliasoph and Paul Lichterman, "Culture in Interaction",
American Journal of sociology 108(4), 2003, pp.735~794.

Neil Fligstein, "Markets as Politics: A Political-Cultural Approach to
Market Institutions", *American sociological Review* 61(4), 1996,
pp.656~673.

Andrea Fontana and James Frey, "Interviewing: The Art of Science",
eds. Norman K. Denzin and Yvonna S. Lincoln, *Handbook of
Qualitative Researc*, Thousand Oaks, Sage, 1994, pp.361~376.

Barney G Glazer·Anselm L. Strauss, *The Discovery of Grounded
Theory: Strategies for Qualitative Research*, Aldine, 1967, p.95.

Joel M. Podolny, "A Status-Based Model of Market Competition,"
American Journal of Sociology 98(4), 1993, pp.829~872.

Georg Simmel, "The Problem of Sociology", eds. by Donald N.

Levine, *On Individuality and Social Forms*, The University of
    Chicago Press, 1971, pp.23~35.
Ann Swidler, "Culture in Action: Symbols and Strategies", *American
    Sociological Review* 51(2), 1986, pp.273~286.

기사

〈자유한국당은 어쩌다 '좀비' 소리를 듣게 됐나〉, 《노컷뉴스》, 2019.11.19.
〈대구 시민은 '일베충'? 악플 도 넘었다. 지역이슈 관련 언론·SNS
    비난 댓글 줄이어 원색적 조롱도 쏟아져…대통합 리더십 필요〉,
    《대구일보》, 2018.7.5.
〈청년들 쓴소리 경청한 황교안 "아주 날카로운 말씀 잘들어"〉《동아일보》,
    2019.11.19.
〈"나라 팔아먹어도 뽑을 사람들" SNS상 지역 전체 싸잡아 비난〉,
    《매일신문》, 2017.5.11.
〈대구경북 자존심 밟았다."…'꼴통 발언' 정치권 발칵〉, 《매일신문》,
    2010.10.16.
〈[기고] 대구·경북 정말 수구꼴통인가〉, 《매일신문》, 2010.10.30.
〈[신공항 백지화] 위천산단·삼성車 무산, 되살아난 20년 전 악몽〉,
    《매일신문》, 2016.6.21.
〈24년 전 오늘… '초원복집'에 모인 사람들 우리가 남이가〉,
    《머니투데이》, 2016.12.11.
〈[이슈포커스]-풀뿌리경제 자영업 위기의 현주소〉, 《스카이데일리》,
    2019.9.10.
〈대구경북시민은 북한 주민하고 똑같다는 생각이 든다 왜?〉,
    《아고라뉴스》, 2018.4.3.
〈대구 수돗물 발암 물질 검출 파문, 청와대 국민청원에 담긴 분노…
    이번이 처음도 아니고〉, 《업다운뉴스》, 2018.6.22.
〈우리끼리의 끝은〉, 《영남일보》, 2018.7.24.
〈이외수 'TK는 정치적 무인도' SNS 글 논란〉, 《영남일보》, 2018.6.16.
〈이회창 회고록 "탄핵 주된 책임자는 바로 박근혜 전 대통령"〉,
    《중앙일보》, 2017.8.21.

〈[노진호의 이나불] 조폭·건달만 사투리⋯ DJ "모래시계 PD 용서 못해"〉,
　　《중앙일보》, 2018.6.27.
〈중산층, 프랑스·미국·한국 기준 따져보니⋯〉,《한겨레》, 2015.11.4.

웹사이트

〈대체! 대구경북 지역이 꼴통 보수 지역〉 http://blog.naver.com/
　　clea93/220993790781 Clea93의 블로그(게시일: 2017.4.28)
〈대구경북권 살면서 느낀 점(정치). (혈압주의)〉 http://cafe.daum.net/
　　ASMONACOFC/gAVU/673943 SOCCER의 블로그(게시일:
　　2017.11.18)

대구경북의 사회학

초판 1쇄 펴낸날 2020년 1월 28일
지은이 최종희
펴낸이 박재영
편집 이정신·임세현
마케팅 김민수
디자인 조하늘
제작 제이오
펴낸곳 도서출판 오월의봄
주소 경기도 파주시 회동길 363-15 201호
등록 제406-2010-000111호
전화 070-7704-2131
팩스 0505-300-0518
이메일 maybook05@naver.com
트위터 @oohbom
블로그 blog.naver.com/maybook05
페이스북 facebook.com/maybook05
인스타그램 instagram.com/maybooks_05

ISBN 979-11-90422-24-6 93300

이 도서의 국립중앙도서관 출판시도서목록(CIP)은 e-CIP홈페이지(http://nl.go.kr/ecip)와
국가자료공동목록시스템(http://www.nl.go.kr/kolisnet)에서 이용하실 수 있습니다.
(CIP 제어번호 : CIP2020002174)

책값은 뒤표지에 있습니다. 잘못된 책은 바꾸어 드립니다.

만든 사람들
책임편집 박재영
디자인 조하늘